濃霧の中の方向感覚

鷲田清一

晶文社

カバー写真　畠山直哉
ブックデザイン　鈴木成一デザイン室

濃霧の中の方向感覚

はじめに

前世紀は《危機》の時代であった。二度の世界戦争、アウシュヴィッツとヒロシマ、経済恐慌、民族紛争などなど、人びとがもはや「人類文明」というものに十全の信頼を置けなくなるような事態が途絶えることなく起こった、という意味でももちろんある。けれどももう一つ、人類はいま破局寸前の事態にあるという危機意識を喚起しつづけていないともたないという下意識に駆り立てられてきた、という意味でも《危機》の時代であった。シュペングラー、ヴァレリー、フッサール、オルテガ、ハックスリ、オーウェル、ピカート……。《危機》を糸口に現代文明を論じた思想家たちは数え切れない。そして世紀の暮れ方になると、こんどは《改革》や《イノベーション》の必要を誰彼となく口に泡して語るようになった。

《危機》と《イノベーション》。この二つは、破局へのまなざしと成長へのまなざしというふうに、一見対立するもののようでありながら、じつは一つの意識の表裏だったのではないか。いま世界で何かが終わり、別の何かが始まりつつあるという意識をたえずかき立てないではやってゆけない「モダン」な社会の意識構造、まるでその最後の強迫であるかのように。

わたしたちが世紀を跨いで直面してきたさまざまの困難は、たぶん、これらとは少し違う相

2016年4月

貌をしている。「人間性」の気高い理念が崩壊しつつあるという危機意識よりはもっとささやかに、「生き物」としての自己の小ささに視線を下ろす、あるいは、方向も見えなければ制御もきかない濁流のような世界のただなかでどう生の舵を切ってゆくかを一つひとつ模索する、そういうところにいまあるような気がする。

先が見えないと、ひとは言う。視界が遮られているかのような思いが、人びとのなかでつのりつつある。そうも言えそうだが、でもほんとうに先が見えないのか。未来はそれほど不確定なのか。この時代の塞ぎの理由はじつは逆ではないのか。

未来が不確定なのではなくて、ある未来が確実に来ることがわかっていながら、それにどう対処したものか、どこから手をつけたらいいのか、見当がつかないことが、そうした塞ぎの理由ではないのか。すでに確定している未来の一つが、人口減少とそれにともなう社会の縮小である。あるいは石油資源の枯渇、資本主義経済の臨界点、国家の財政破綻をもさらにそこに数え入れることができるだろう。これらが従来の手法の延長線上での方向修正ではたぶん済まないこと、そのことがわかっていながら、それに有効な手立てを講じることができていないこと。金融危機、震災と原発事故、テロリズム、貧困と格差の拡大。それらを立て続けに経験するなかで、世界が少なくともじぶんたちの手では制御不能なことを思い知らされる……。塞ぎとは、この、藻がからまりあって、浮上できる地点がわからないまま、水の中を潜りつづけているような状態のことかもしれない。

島や星空など、方位を知る手がかりもないまま、手をこまねいているほかない状態？　制御不能なものを前にして、たとえ小さな場所からでもいいから、いやそういう場所でこそ、じぶんたちにほんとうに可能なことを問いなおす、そのような作業がそちこちで始まろうとしているかに見える。じぶんたちの社会の初期設定を点検することから始めるといってもいいし、日々の暮らしのフォーマットを換える、ギアを入れ替えるといってもいい。不動の大地には届かなくても、せめて身を引っかけるフックなりともほしい。転形期のそんな思いである。

「忘れてええことと、忘れたらあかんことと、ほいから忘れなあかんこと」。河瀬直美監督の映画『沙羅双樹』のなかで登場人物の一人がこうつぶやく。まずは傷とその記憶を整理するところから始めるほかないか、と。わたしたちもまた暮らしのフォーマットの再点検から再開するよりないのかもしれない。ぜったいに無くしてはならないもの、手放してはいけないものと、あればいいけど無くてもいいものと、端的に無くていいものと、ぜったいあってはならないこと。これらを大ざっぱにでも区分けできる、そんな《価値の遠近法》をまずは固めなければと、それぞれにいまじぶんが立っている場所で思い定めつつあるのかもしれない。

そのために必要なのは、わたしたち一人ひとりが、できるだけ長く、答えが出ない、出せない状態のなかにいつづけられる肺活量をもつこと、いってみれば、問えば問うほど問題が増えてくるかに見えるなかで、その複雑性の増大に耐えうる知的体力をもつこと。いま一つは、迷ってもいつもそこに根を下ろしなおすことのできるたしかな言葉、そこから別のさまざまな言葉を紡いでゆけるあきらかな言葉と出会うこと。

鶴見俊輔は関川夏央との語らいのなかで、真理は「方向感覚」のことだと言っていた（『日本人は何を捨ててきたのか』）。「真理は間違いから、逆にその方向を指定できる」、だから「間違いの記憶」をきちんと保ちつづけることが大事なのだ、と。フォーマットの再点検にあたってまず手にしておきたい、たしかであきらかな言葉の一つである。

濃霧の中の方向感覚／目次

1 社会 Society

2 政治 Politics

3 文化 Culture

4 教育 Education

1

社会

Society

「摩擦」の意味――知性的であるということについて

賢者は、自分がつねに愚者になり果てる寸前であることを肝に銘じている。

（オルテガ・イ・ガセット）

2015年3月

分断の過剰

「話せばわかる」――。これは、五・一五事件、昭和7年5月15日に海軍青年将校たちによって時の内閣総理大臣、犬養毅が狙撃されたその直前に口にした言葉として伝えられているものです。こうした言葉がなんの逡巡もなしに無視されるとき、社会は壊れるのだと思います。

とっさに口をついて出たこの言葉に、言論の力と相互理解の可能性が賭けられていたことは疑いありません。けれども、それを聴き入れる魂をもはやもたない人たちにおいては、犬養が信じた言論の力は肉体の（暴）力に転位し、相互理解の可能性は相互遮断の現実性へと裏返ってしまっていました。

意見の対立が調停不可能なまでに激化していたこと、そのことに問題があるのではありません。そうではなくて、そういう対立が対立として認められる場所そのものが損ねられたこと、

1
社会
Society

壊れてしまったこと、それが問題なのだと思います。理路をつまびらかにする、そういう説得にもはや「耳を貸す」「聞く耳をもつ」ことを拒む人たちが、暗殺といった惨劇を惹き起こしました。ここには、別の言葉はあっても、そのあいだに公分母は存在しませんでした。

　わたしがこれまでとおなじくここでもしようとしているように、「わたしたち」という語を使うということには、つまり、みずからの個人的な主張を（他の人たちにもさまざまの異論がありうることを承知のうえで）「わたしたち」というふうに第一人称複数形で語りだすことには、わたしが「わたしたち」を僭称する、という面がたしかにあります。あるいは、おもねりやもたれつき、つまりは同意への根拠なき期待といったものがあるにちがいありません。とはいえそこで、「わたしたち」を「わたし」と言い替えたところで、事は変わりません。「わたし」とはそのように語る者のことであるという「話者」の当然の権利を、というか了解を、他者にあたりまえのように求めているからです。この了解を拒むこと、それを「問答無用」と言って拒んだのが、あの狙撃者たちです。その襲撃の場では、「わたし」という第一人称と「きみたち」という第二人称を包括する「わたしたち」が一方的に否認されたのでした。

「話してもわからない」ことはもちろんいっぱいあります。そういうときでも「わかりあえないこと」からこそ始めようという姿勢が、メッセージが、「わたしたち」という語には籠められています。けれども、それがもはや他者に通用しないとき、意味（meaning）として理解できても意味あるもの、significantなものとしては聴かれないとき、一つの社会、一つの文化が壊れてしまいます。

そうした壊れ、崩れには、すくなくとも二つのかたちがあります。一つは、外部の権力による侵襲、あるいは内部の権力による圧制が、その社会の構成員を「難民」として離散させるかたちであり、いま一つは、ある社会のなかで格差と分断が修復しがたいまでに昂じるというかたちです。

後者について、T・S・エリオットはかつて「文化の定義のための覚書」（1948年）のなかで、こんなふうに述べていました——

> 文化の解体は二つもしくはそれ以上の社会層が全くかけ離れてしまって、それらが事実上別個の文化と化する場合に現われます。また上層水準の集団における文化が分裂して断片化し、それらの各々が一つの文化的活動のみを代表する場合にも現われます。
>
> （「文化の定義のための覚書」『エリオット全集5』深瀬基寛訳）

交通の不能、伝達の不能。そういうかたちでの人びとのあいだの乖離によって一つの〈文化〉が崩壊する可能性は、そもそも社会というものが、異なる共同体、異なる文化集団、異なる階層が「統合」されたものとしてある以上は、その社会につねに伏在しています。それは、ここに述べられているように、職能の複雑化や個別化などをとおして、根菜に鬆《す》が入るようにそれと気づかれることなく進行することもあれば、社会の異なるセクター、異なる階層、異なる文化集団などの利害が和解不能なほどに対立し、その軋轢がいっきょに激しく噴きだすというふうに起こることもあります。しかしそれらがめったなことでは最終的な解体や崩壊にまで行きつくことがないのは、出自や利害や文化的な背景を異にしながらも、それらの差異をある共通の理念で覆いえてきたからです。国民国家として成形される現代の社会でいえば、〈民主制〉と〈立憲制〉という理念がそれにあたるでしょう。

このような理念が共有されないところでは、社会のなかの複数の異なるセクターが他との交通を遮断して、経済的な依存関係とは別に、おのおのが閉鎖された共同性へと収縮したままです。それを超えて、たがいに見知らぬ人びとがそれでも見知らぬまま、国民国家という、一つの擬制的（fictitious）ともいえる政治的共同体を形成するには、共通の理念が、そしてときにはその「象徴」となる存在が、必要となるのです。

ただ、ある理念を共有しようというその意志は、一定の権勢をもつ集団による他集団の「同化」というふうに、いわば同心円状にそれを拡大したところに成り立つものであってはなりません。いわゆる西欧発の《近代性》はある面、ヨーロッパというローカルな場所で生まれた社会の構成理念が世界へと同心円状に広がっていったものと見ることができます。ですが、異なった歴史的時間を刻んできた国々に、伝搬もしくは強行というかたちで移植されたあと、それぞれの国で伝統文化との複雑な軋轢を生みました。《近代性》の諸制度はそれぞれの場所で、希望を育むとともにさまざまの軋みや傷や歪みを強いてきもしました。そうした経験をへて現在、それぞれの地域でそれぞれに異なる複数の《近代性》があらためて模索されつつあります。《近代性》を「未完のプロジェクト」と呼んだのはJ・ハーバーマスですが、これは理念の完全な実現の途上にあるという意味のみならず、その理念の具体化には未知の複数のかたちがありうるという意味でも解されるべきだろうと思います。

「支配的な思想とは、まさしくある一つの階級を支配階級たらしめる諸関係の観念的表現であり、その階級の支配の思想である」とK・マルクスが看破したように、この共通の意志もまた、支配的な集団の一つの「信仰」であることは否めません。じじつ、《近代性》という「信仰」は、それ自身がなにより《普遍性》を謳うものであるのですから、これまでいろいろな場所で目撃されてきたように、これに従わない人たちの存在を事前に否認し、政治という交渉の場所から排除してしまいます。そしてそれゆえにこそ、ある社会を構成する複数文化のその《共存》のありようがきわめて重要になるのです。〈民主制〉と〈立憲制〉を下支えする《寛容》の精神は、他者の自由に対して不寛容な人たちにさえも寛容であることを求めるものであるはずだからです。これは綱渡りのようにきわめて困難な課題をすすんで引き受けようとする精神なのです。

エリオットはこの《共存》の可能性を、なにかある「信仰」やイデオロギーの共有にではなく、あくまで社会の諸構成部分のあいだの「摩擦」のなかに見ようとしました。あえて「摩擦」を維持するとは、これもまたなかなか容易いことではありませんが、エリオットはこう言っています（傍点は引用者による）――

〔一つの社会のなかに階層や地域などの相違が〕多ければ多いほど、あらゆる人間が何等かの点において他のあらゆる人間の同盟者となり、他の何等かの点においては敵対者となり、かくしてはじめて単に一種の闘争、嫉視、恐怖のみが他のすべてを支配するという危険から脱却することが可能となるのであります。（同書）

一つの社会の「重大な生命」はこの「摩擦」によって育まれるというのです。社会のそれぞれの階層やセクターはかならず「余分の附加物と補うべき欠陥」とを併せもっているのであって、それゆえに生じる恒常的な「摩擦」によって「刺戟が絶えず遍在していることが何よりも確実な平和の保障なのであります」とまで、エリオットは言います。というのも、「互いに交錯する分割線が多ければ多いだけ、敵対心を分散させ混乱させることによって一国民の内部の平和というものに有利にはたらく結果を生ずる」からです。

こうした「摩擦」を縮減し、消去し、一つの「信仰」へと均してゆこうとする社会は、「牽引力」と「反撥力」との緊張をなくし、その「生命」を失ってしまいます。この点についてエリオットはこう言っています。――「一国の文化が繁栄するためには、その国民は統一されすぎてもまた分割されすぎてもいけない。（……）過度の統一は野蛮に起因する場合が多く、それは結局、圧制に導く可能性があり、過度の分割は頽廃に起因する場合が多く、これまた圧制に導く可能性があります」、と。

以上の議論は半世紀以上前のものですが、現代においても、というか現代においてよりいっそう、リアルになってきています。権力といえば、わたしたちは長らく、じぶんたちの暮らしを細部まで管理し、一つに糾合しようという、「翼賛」的な権力による《統合の過剰》をひどく警戒してきました。けれども、昨今における格差の異様な肥大、排外主義の止めようのないエスカレーションなどを見れば、わたしたちが憂うべきはむしろその逆、人びとを一つにまとめさせない《分断の深化》（齋藤純一）ではないかと思われます。じっさい、原発の再稼働へのシフト、特定秘密保護法、集団的自衛権へと現政府があからさまに舵を切っても、それを危ぶむ多くの声はくぐもったままなかなか横につながりません。つなげようにもその回路がすぐには見つからないのです。なかでも、媒介者としてその声を十分に汲みとるべき野党はほとんど機能しなくなっています。《分断の深化》というこの鏡には、きっと、政治のもっとも身近な回路をみずからの手で紡いでゆく術を磨いてこなかったわたしたち自身が映っているのでしょう。

「知性的」ということの意味

「摩擦」を消すのではなく、「摩擦」に耐え、そのことで「圧制」と「頽廃」のいずれをも回避するためには、煩雑さへの耐性というものが人びとに強く求められます。知性は、それを身につければ世界がよりクリスタルクリアに見えてくるというものではありません。むしろ世界を理解するときの補助線、あるいは参照軸が増殖し、世界の複雑性はますますつのっていきます。世界の理解はますます煩雑になってくるのです。わたしたちが生きるこの場、この世界が壊れないためには、煩雑さに耐えることがなにより必要です。そのことがいっそう明確に見えてくるということ、それが知性的ということなのです。世界を理解するうえでのこの複雑さの増大に堪えきれる耐性を身につけていることが、知性的ということなのです。ここで大急ぎでつけ加えておけば、知性的であるということは、「教養人」であること、「文化人」であることとは、なんの関係もありません。

この煩雑さについては、エリオットとほぼ同時代のヨーロッパを生きたスペインの思想家、オルテガ・イ・ガセットがとても大事なことを言っています。「手続き、規則、礼儀、調停、正義、道理！　これらすべてはいったい何のために発明されたのだろうか」と、彼はその著『大衆の反逆』（1930年）のなかで問うています。こうした「煩雑さ」が創出されたその理由を問題にしています。

わたしたちはいつも、ある限定された場所から世界を見ています。世界を総体として俯瞰できる場所は、だれももっていません。しかもその限定された場所は、座標系の点のようにある共有の軸からの隔たりによって個々にその位置を示されるような抽象的な場所でもありません。それは、いってみれば特定の歴史を背負った場所です。わたしたちは目の前に広がる世界を何かとして解釈しながら生きていますが、その解釈はやはりおなじ言葉を話す先行世代から引き継ぎ、さらに、いたるところにあるそのほころびを繕いながら、より整合的なそれをめざして少しずつ手直ししてきたものです。

その解釈を、より正確なもの、より立体的なものにしようとすれば、じぶんとは異なる別の位置からの証言というものが重要になります。そしてその証言はしばしば、じぶんがそれまで手にしてきた解釈に大きな修正をうながしもします。けれどもそれは、じぶんの前に広がる世界の眺望が揺らぐことでもあるので、つねに大きな不安をともないます。そういう意味で、「自分の思想の限られたレパートリーの中に決定的に住みついてしまう」（オルテガ）そのような性向はなかなかに根深いもので、そうした思い込みから放たれるには大きな努力を要します。「何かを学びましたな。それはいつも、はじめは何かを失ったような気がするものです」（You have learnt something. That always feels at first as if you had lost something.）という言葉がバーナード・ショーにありますが、魂のそうした閉塞がいかに根深いかは、つねにじぶんに不快な解釈を避けようという傾向に見ることができます。解釈をより立体的なものにするためにはだから《対話》というものを欠くことができませんが、その重要性も困難も、一にしてそこにあります。そしてその困難を乗り越える作法として、文化や文明というものが築かれてきました。オルテガの言っていた、あの「手続き、規則、礼儀、調整、正義、道理」です。そういう共有された作法に則って、わたしたちは、限られたじぶんの視野を点検し、吟味しつづけてきたのです。

オルテガはおなじ本のなかで、これをスポーツに喩えてもいます。「自分を他人と比較するということは、しばらくの間自分から抜け出て隣人のところへ自分を移すことに他ならないであろう。しかし、凡庸な魂はこの移転——崇高なスポーツ——をなしえないのである」（神吉敬三訳）と言います。さらにすこし詳しくこうも書いています——

思想をもちたいと望む人は、その前に真理を欲し、真理が要求するゲームのルールを認める用意をととのえる必要がある。思想や意見を調整する審判や、議論に際して依拠しうる一連の規則を認めなければ、思想とか意見とかいってみても無意味である。そうした規則こそ文化の原理なのである。その規則がどういう種類のものであってもかまわない。わたしがいいたいのは、われわれの隣人が訴えてゆける規則がないところに文化はないということである。(……)議論に際して考慮さるべきいくつかの究極的な知的態度に対する尊敬の念のないところには文化はない。人間がその庇護のもとに身を守りうるような交通制度が経済関係を支配していないようなところには文化はない。

(『大衆の反逆』)

オルテガが「大衆の反逆」ということを口にしたのは、「自分の思想の限られたレパートリーの中に決定的に住みついてしまう」性向、もっといえば、「理由を示して相手を説得することも、自分の主張を正当化することも望まず、ただ自分の意見を断固として強制しようとする」、そういう性向を、ひとが羞じるどころか逆に当然の権利として主張するような大きな傾向を、1930年の時点でヨーロッパ社会にひしひしと感じたからです。《対話》を回避し、むしろ他の解釈を斥けたい——一掃＝粛清(clean up)したい——という欲望をそこに見てとったからこそ、それと対抗的に「われわれの隣人が訴えてゆける規則がないところに文化はない」と言い切ったのでした。「規則の不在、控訴の可能性の欠如」こそ「野蛮」のしるしなのだ、と。「人間は自分以外の人に対して意を用いない度合いに従って、それだけ未開であり、野蛮である」、とも。ちなみにここで、「大衆」とは「文化人」「教養人」に対比していわれているのではありません。今日では専門科学者やテクノクラート、さらには上級官僚こそこうした「大衆」

の典型になりはてていると、オルテガは言ったのです。

エリオットとおなじく、オルテガもまさにここ、対立が対立として認められる場所そのものが損なわれているところに「文化の解体」を見ています。そう、分離・分断の過剰が一つの社会、一つの文化を成り立ちえなくしている、と。だからこの本でオルテガは、解体を超える「最も高度な共存への意志」として自由主義的デモクラシーを強く擁護します。「パワーは強大であるのにあえて原則に従ってみずからを制限し、抑制し、犠牲にしてまでも、みずからの国家の中に、その社会的権力、つまり、最も強い人々、大多数の人々と同じ考え方も感じ方もしない人びとが生きていける場所を残すよう努める」不断の努力を、です。そしてそれを次のような感動的な言葉で書き記しました——


自由主義とは（……）多数者が少数者に与える権利なのであり、したがって、かつて地球上できかれた最も気高い叫びなのである。自由主義は、敵との共存、それればかりか弱い敵との共存の決意を表明する。人類がかくも美しく、かくも矛盾に満ち、かくも優雅で、かくも曲芸的で、かくも自然に反することに到着したということは信じがたいことである。

（同書）

多文化性という淵

この精神が現在、ふたたびひどく揺るがされています。多文化性を懐深く受け容れることのできる文化を構築することをめざしてきた社会が、一つの解釈（＝「信仰」）をみずから吟味することなく声高に叫び、他のそれを怒号をもって封印しようとする動きによって脅かされつつあります。このとき、オルテガが擁護しようとした自由主義の「気高い叫び」を国是とする国が、その国是を同心円的に拡張しようとすることで、逆に排外主義へと裏返ってしまう、そのような危機に直面しています。

ここで思い出されるのが、フランスにおけるいわゆる《ヴェール》問題です。2004年のことになりますが、フランス共和国議会は、公立学校において宗教的帰属を「誇示的」に表わすアイテムの着用を禁じる法律を可決しました。そして2010年には、公共の場で顔を覆い隠す服装を禁止する法律を成立させました。ターゲットになったのは、ムスリム女性の、前者ではヘッドスカーフ、後者ではブルカです。ブルカを装着している女性が、じっさいにはフランスのムスリム人口の0・01パーセントにも満たないにもかかわらず、です。

ここで、人権先進国といわれるフランスが服装の自由を否定してまで防禦しようとしたものはいったい何だったのでしょうか。なかでもイスラームのヘッドスカーフ（ヴェール）がまず標的になったのはなぜだったのでしょうか。

ヴェールは、フランス人の多くにとっては、イスラーム文化の後進性と女性に対する抑圧（家父長制の犠牲）の象徴であると同時に、フランスによるイスラーム移民の「同化」の挫折の象徴でもあるのですが、一方、ムスリムにとってはときに個人のアイデンティティの表明方法であり、ときに集団としての抵抗の防壁でもあります。いいえ、ムスリムにとってはと言うのはおそらく不正確で、ヴェールはそのように一括りにはできないほど多義的なものであるでしょう。にもかかわらず、フランスがこのヴェールを一つの象徴として、イスラームを無理やり一つの解釈に嵌め込もうとしたのは、それが「共和国」の理念、「ライシテ」（政治の脱宗教性）という国是の侵犯と映ったからだと思われます。

この問題の根には、すべての個人がおなじ存在の権利を有していると仮定することで成り立つフランス特有の普遍主義、いってみれば「人権」の普遍性を掲げるナショナリズムという逆説があります。これもまたまぎれもない一つの「信仰」であるのに、この「信仰」は（先にもすこし述べたように）普遍性を謳うがゆえに、これに従わない人たちの存在を事前に否認し、政治という交渉の場所から排除してしまう可能性を伏在させています。そういう意味で、過剰な読み込みが錯綜するヴェール問題は、共和制もまた一つの信念体系であることにそれこそヴェールをかけかねないものなのです。そこに透けて見えるのは、J・W・スコットが『ヴェールの政治学』（2007年）で指摘しているところによれば、たとえば政治的平等と性的差異の矛盾という共和制の根幹にかかわる問題であり、フランス社会の歪《いびつ》なジェンダー体制であり、また深刻化する失業率や財政危機といった内政問題の堆積であります。ヴェールはこれらを外部に転倒的に映すスクリーンだというのが、《ヴェール》問題に取り組んだ社会科学者、スコットの見立てでした。

多文化性のこのような淵を、先進国と位置づけられてきたさまざまな国がいまその懐に内蔵させています。ヘイト・スピーチと呼ばれる怒号まみれの暴力や、極右による襲撃行為、さらにはそれへの対抗テロなどが、それらの国々でそういう淵から噴出しています。このとき、わたしたちがはまり込んではならないのは、多文化性をはてしなき相対主義の淵へと転落させることです。そういう過剰な分離、過剰な分断を阻止するためには「普遍」の覆いをかけることしかありませんが、「普遍」を謳うがゆえに、これに従わない人たちの存在を事前に否認し、政治という交渉の場所から排除してしまう「自由主義」的な言説の危うさについては、先にも見たところです。ただし、あくまでそのうえでのことなのですが、「少なくとも潜勢的には、他の諸々の文化のなかにも実現されているごとき宗教を実現している文化というものは、一つの宗教を独占する文化よりも高等であります」というエリオットの言葉を、幾度も、謙虚に反芻しておく必要はありそうです。

そのうえで、それにもかかわらず、オルテガのあの「自由主義」の綱渡りのような規定は、どうあっても保持されねばならないと思います。それは、多文化性を受け容れる文化もまた多型的であるはずだという認識です。いえ、認識というより貫かれるべき意志と言ったほうがいいかもしれません。ヘイト・スピーチであれ、新聞社への襲撃であれ、ここで見逃されてならないのは、擁護か批難かの二極対立ではなく、先の「シャルリー・エブド」誌編集部へのテロ行為とそれへの抗議デモの渦中で酒井啓子さんが着目したことを例としていえば、「欧米社会で差別を受け辺境に追いやられてきたイスラーム教徒の移民社会の憤懣を、合法的な手段に訴え解決を図ってきた、在欧米社会のイスラーム教徒の地道な努力」です。排他的応酬ではなく交渉を軸とする政治的活動です。おなじ問題にじつはイスラーム諸国のジャーナリストたちもまた直面してきました。酒井さんの言葉を借りれば、重要なのは、「シャルリー誌の侮辱は許せない、だが表現の自由をテロで奪うのはケシカラン、というごく真っ当な感覚を、イスラーム教徒も当然持っているのだ、と認識する」ということです。多文化性の淵ということでわたしが言いたかったのは、そういうことです。

すこし旧い言葉になりますが、ここでは自己への懐疑の精神、あるいは自己の疎隔化ということがとても大きな意味を帯びてきます。それは、未知のもの、異文化としてあるものを認識し、理解するためには、それに先だってまずはじぶんをじぶんから遠ざけることができなければならないということです。じぶんをじぶんのほうから見るのではなく、じぶんの視野を他なる者たちのそれらのあいだに、たえずマッピングしなおすということです。はてしなき相対性に晒された淵のなかで、それでも断定より先に懐疑の精神を起動させるということです。これは淵をますます深くすることにつながってしまいますが、そのことに茫然として当然なくらいに、生の多型性というのは重い事実なのです。この懐疑の精神についてエリオットが述べたおなじ本のなかの文章を引いて、筆を擱《お》かせていただくことにします。

〔文化の〕発展の徴候の一つとして見るべきものは懐疑的精神の出現ということであります。——この言葉によってもちろんわたくしは背信の精神を意味するのでもなければ破壊的精神を意味するのでもありません（まして元来知的怠慢に基づくところの不信の意味では全くありません）、ただわたくしの言わんとするのは、明証を検討する習性と、一気に事を決しないだけの能力ということであります。(……)懐疑的精神を強さの精神とすれば、〔あらゆる判断を斥ける〕ピロニズムは弱さの精神であります。何ゆえとなれば、われわれは決定を引き延ばすだけの強さをもたなければならないというに尽きないのであります——われわれは決断に至るだけの強さをもたなくてはならないからであります。

(「文化の定義のための覚書」『エリオット全集 5』)

*蛇足もはなはだしいのですが、昨今のこの国の政治の風景を見るにつけ、この際にどうしてもご紹介しておきたいエリオットの文章があり、補足として以下に引いておきます。

いくつかの文化的水準を保ち、権力と権威のいくつかの水準をいまだに失わない社会においては、政治家は、批判的能力を具えた少数の読者——そこでは散文体の規準というものがいまだ維持されているのですが——そういう読者の判断を尊敬し、その読者の嘲笑を恐れることによって、政治家自身が言語を使用する場合に、少くとも甚しい誤りに陥ることなくしてすますことができるでありましょう。もしもその社会が同時に、中央集権化されない社会である場合、つまり、地方的各文化が依然として繁栄し、問題の大部分が、それについてその地方の人々がみずからの経験や隣人との会話を材料としてともかく一家言をかたち作ることのできるような社会であるという場合には、政治家の発言もまたそれと同時に意味の明瞭性を増加し、聴き手の解釈の種類も遥かに少くてすむ傾向を示すでありましょう。地方的問題を地方的に論ずる演説は、全国民に向って呼びかけられた演説よりも意味が遥かに明瞭である場合が多いのであります。そうして、意味の曖昧と、まるで雲を摑むような一般論の掃き溜め場所というものは、とかく全世界を相手として呼びかけられた演説のなかに存することが観察されるでありましょう。

(「文化の定義のための覚書」『エリオット全集 5』)

社会に力がついたと言えるとき

２０１６年７月

想像しなかった負の可能性

難民？　難民といえば、昨今なら遠いシリアのこと、難民がめざしているヨーロッパのことを思い浮かべますが、じつはわたしたちもまた難民になる可能性に思いいたった経験があります。２０１１年３月、東日本大震災時に起きた東京電力福島第一原発事故に際してです。あのとき多くの周辺住民の方たちが避難を余儀なくされ、いまも元の場所に戻れずにおられますが、東京でも浄水場が汚染され、さらに飲料、電池その他の常備品がコンビニエンスストアの棚から消え、交通網も寸断されて、大勢の人たちが、避難を、疎開を、移住を採るべき選択肢の一つとして真剣に考えました。

それだけではありません。遠く離れた西日本の人たちでさえ、もし西日本でおなじ原発の「苛酷事故」が生じれば、東日本へも移住できず、国外へ脱出せざるをえない可能性が一瞬であれ頭をよぎったはずです。そう、日本列島に住む者が難民になる可能性です。

海外に行くときに持つ、というかそれがないと他国へは入れないパスポートというものをあらためてよく見ますと、冒頭に次のような文章が記載されています――

1
社会
Society

「日本国民である本旅券の所持人を通路故障なく旅行させ、かつ、同人に必要な保護扶助を与えられるよう、関係の諸官に要請する。日本国外務大臣」

この旅券を持つ人物の「ひと」としての基本的権利を保障するようにとの要請が、一国の大臣の名で記載されているのです。基本的人権というものは「国民」としていずれかの国家に登録されているかぎりでのみ保障されるという逆説が、ここに書きとめられているわけです。ひとは国家への帰属を外れれば、同時に「ひと」としての権利も失ってしまいます。そしてその国のなかに居場所をもつことを許されずに、そこを脱出するほかなくなった人びとは「難民」(もしくは流民、棄民、避難民、displaced persons）と呼ばれます。いうまでもなくその大半は政治的な動乱を理由とするものですが、福島での原発事故は、わたしたちが事故や災害によっても「難民」となりうることを思い知らせたのでした。

福島での原発事故はこのように、これまでほとんどの人が想像しなかった負の可能性にわたしたちを直面させました。それは、国土の何分の一かが「死の大地」になる可能性であり、事故が続発すれば、ついに国土を去らねばならない、そんな可能性でした。

ただ、原発事故については、これを迫害や被害と言ってすますわけにはゆきません。それはわたしたちが長らく望んできたことの帰結としてあるからです。じっさい、この事故については、その可能性を地道にずっと言いつづけてきた人たちがいました。が、大半の人びとは、《便利さ》と《快適さ》ばかりを求め、それに随伴する見たくもないものは見ないようにし、そうした警告には耳を傾けないようにしていました。その結果として、まさにその見たくないことが発生し、取り返しのつかない仕方で現実になってしまったのです。

不快な感情や苦痛な感覚を引き起こさせるものを遠ざけておきたい、だからそういう不快を引き起こす可能性のある刺激そのものをあらかじめ全面除去しておこうという動機に突き動かされた、わたしたちの内にある執拗な心的傾向のことを、藤田省三はかつて「根こぎ」の欲望と呼びました。不安の源泉を一掃しようという思考という意味で、『「安楽」への全体主義』とも呼びました。

「安楽」を得たことの代償

わたしたちが享受してきた「安楽」というものは、じつはわたしたち自身のある能力喪失と裏腹なものです。それは、ひとが生き物として生き存《ながら》えてゆくために、日々、他の人たちと協同しつつしなければならないこと、たとえば水、食材の調達と調理、排泄物の処理、出産と育児、教育、看病、看取り、防災・防犯、もめ事処理などを、ほぼ全面的に行政や企業が提供するサーヴィスに負うようになっているということです。これらのいとなみは、かつては地域共同体をなす一群の人びとがみずから協同してあたっていたものです。人びとは、社会を「近代的」なものに改造してゆくなかで、それらを一定の社会システムに委託する方式に切り換えてゆきました。調理から医療、教育までそれにあたる専門人材と専門施設とを国家的に養成・設置し、それらによるサーヴィスを、住民たちが税金もしくは料金を支払うことによって享受するかたちにしたのです。一世紀半ほどかけて整備されてきたその過程は、同時に人びとがそれらを自力でおこなう能力を失ってゆく過程でもありました。そうして人びとはいつのまにか、それらを自力で協同しておこなう共同体の構成員から、それらを社会サーヴィスとして消費する「顧客」になりきってしまったのです。

とりわけ第二次世界大戦後70年のあいだ、わたしたちは、安心で便利で快適な生活を公共的なシステムにぶら下がることによって得たその代償として、いのちの世話をしあう文化、そしてそれを支える一個人としての基礎能力を、ひたすら削ぎ落としてきたのではないかと思われます。じじつ、現在のわたしたちは、それらの社会サーヴィスが劣化したり機能停止したときに、クレームをつけることはできても、それらを引き取ってじぶんたちでやろうとは思いいたりません。その能力をすっかり失って、じぶんたちの社会生活であるにもかかわらず、その運営の当事者にはもうなれないということです。死活に関わることが消費の対象となること、このことが、無理に関わらなくても生きてゆけるというスタンス、あるいは、うまくゆかなくてもいつでもリセットできるという感覚を、わたしたちの生活感情の淵に淀ませてきたのではないでしょうか。「安楽」、つまりは高度なアメニティを得たことの代償はかくも大きいものでした。

当事者になれずに「顧客」として依存し、また翻弄されるほかないということ、この意味での制御不能は、昨今では、わたしたちの日々の暮らしが「原発」という制御不能なものの上に成り立ってきたということとともに、さらにこのような一国の近代的な社会整備よりももっと大きな文脈のなかにも有無を言わさず置かれるようになったことによるものです。グローバルな経済・金融市場です。ヘッジファンドとよばれる巨額の投機的資金と国境を超えて利を漁る多国籍企業とが市場を牛耳る世界経済は、あきらかに「経済」という軌道から逸れています。わたしがここで「経済」というのは、言うまでもなく「経世済民」（世を治め民を済《すく》う）という事業のことです。限られた資源と富の、適切な配分と運用を意味する「経済」は、いまや世界市場での熾烈《しれつ》なマネー・ゲームに、それを制御するすべもなく深く組み込まれています。こういう制御不能なものの上に、わたしたちの日常生活がある。物価や株価の変動も、もろもろの格差や過疎化の進行も、就労環境も、これに煽《あお》られ、左右されるほかないのです。

「自衛」のネットワークを編む

わたしたちの生活の基盤をなすものの、こうした何重もの制御不能という事態を前にして、人びとは暮らしのセイフティネットはもはや国家に期待できないという不安をつのらせているように思います。セイフティネットは自前で準備するしかない、と。

このところ、折りにふれて思い出す言葉があります。数学者の森田真生さんがツイッターで、周防大島の農業者の方から聞いたこととして、次のような言葉を紹介しています。「命に近い仕事ほどお金が動かない」というのです。これはつまり、よいコミュニティというのは本来、消費活動が少ないものだということでしょう。ちょっと助けて、ちょっと手伝ってと言えば、どこからともなくだれかの手が伸びてくる。困ったことがあればだれかに教えてもらえる、足りないものがあればだれかに貸してもらえる、用事ができたらだれか子どもを（あるいは介護の必要なお年寄りを）見ていてと頼むことができる……。そういうじかの交換のなかに身を置いている暮らしに、森田さんは注目したのです。

おもえば東日本で地震が起きたあの夜、東京では人びとが何時間もかけて家路につきました。帰宅できない人も数多くいました。けれども、と思うのです。昼休みに食事をとるために家に帰れないほど隔たった場所で働くというのが、そもそも異様なのではないか。また、帰るべき郊外の集合住宅地に、働く人の姿はほとんどなく、食事や買い物や教育や遊興などのサーヴィスを消費する人ばかりだということ。働く大人のあいだを子どもが走り回り、子どもは大人の働く姿を横目で見、といったことが起こりえない街になっていること。このこともまたひどく歪《いびつ》なことではないのか、と。

職住一致という、生きることのあたりまえの姿にあらためて思いを向けるとき、もう一つ思い浮かぶのが、「複業」という仕事のかたちです。

じぶんの仕事をどこかへの企業への「勤務」として一つに限るのではなく、いくつもの仕事を並行しておこなう。つまり「単業」でも「副業」でもない「複業」。江戸学の田中優子さんにこの「複業」という仕事のあり方について質問したことがあります。すると即座にこんな答えが返ってきました。「江戸の町人ならそんなのあたりまえ。たとえば朝は障子の張り替え、昼から豆腐を売り歩いて、夜は屋台に立つというのが普通のこととしてあった」というのです。生計を立てるためにする仕事、それが時代を下り、勤労、つまり会社に勤めることで収入を得るというかたちになって、単一の仕事に従事することがあたりまえになったのだと。

たしかに、勤労とは一日の大半を生活の場所とは異なる地域で働くことです。そうだとすると、これもまた出稼ぎではないのか。暮らしの場を留守にするミニマムの出稼ぎがいつのまにか仕事の普通のかたちになっていたということなのかもしれません。この過程で起こった二つのことがおそらく重要であると思います。

一つは、人びとが生計を立てるためになすさまざまな活動が「労働」として一括りにされていったこと。働く人が抽象的な「労働力」として、労働市場で選別され、売り買いされるものになったことです。

いま一つは、「勤め」以外の活動が余暇のそれとみなされるようになったこと。なかでも家族を世話し養う「家事」や、家の普請《ふしん》の手伝い、祭の準備など地域での活動が仕事に数え入れられなくなったということです。

この二つが、以後、仕事のあり方、地域の暮らしぶりを大きく変えることになりました。「家業」のような地域に根づいた生業《なりわい》では、男も女も、ひとりの人がいろんな技を身につけていました。仕事の合間に、隣近所の人に、家や備品の修繕を頼むとか、魚を捌《さば》いてもらうとか、さまざまの技術を提供しあうということが、暮らしのあたりまえの光景としてありました。地方の半農半漁の暮らしの中でも、それぞれに塩作りや酒造り、建築や土木の技術を身につけ、その技を交換していた。その技を活かして農閑期には出稼ぎに出たりもしました。ここで注目すべきは、そのことで人びとはおのずから複数のコミュニティに所属することになっていたということです。人びとの結びつきはそういう意味で、勤労と消費を軸とする現代の都市生活に比べ、はるかに流動的であったといえます。じぶんがここという場所にいる理由、いていい理由、いなければならない理由が、いまよりはるかに見やすかったのです。

そう考えると、現代の若い世代の人たちもまた、「勤労」へと痩せ細っていない「複業」という仕事のあり方を模索し、そしてそれらの仕事をつうじて人びとが多様につながれる回路を、だからまた子どもをいっとき近所の人に預かってもらえるような関係を、じぶんたちの手で編んでゆこうとしていると見ることができるでしょう。これまでのように何もかも社会システムに依存し、それに委託するというやり方ではこれからはうまくいかない、これからの時代を生き延びるにはそうした社会のシステムに依存するのではなく、「自衛」のネットワークを編んでゆくしかないとのせっぱつまった思いがあるのでしょう。国家が毀《こわ》れても社会は存続する、これは「難民」となる可能性を思い起こしたときにまっさきによぎる思いだからです。

職住一致と「複業」。このようなかつての仕事のかたちを再現するかのような動きに、「納得のゆく」暮らしをあらためてたぐり寄せることのできるような方法の模索を見ることができるように思います。いいかえると、自然や人的資源とも折り合いをつけながら、制御可能な、ということはみずからの判断で修正や停止が可能な、そういうスケールの「経世済民」の事業を軸に、社会を再設計してゆかねばならないという思いです。そこでは、なにか目につきにくい資源、見えないところで役立っているらしい資源へのまなざしもまた膨らみつつあります。いろんな情報交換、いろんなつながりの編み方を、自前で、すなわちじぶんたちでマネージできるような小さな規模で、試しているかのようです。先ほどの周防大島の農業者の言葉に若い人たちが注目した理由もそこにあったのではないでしょうか。

「地方」に賭ける自立性の回復

さまざまな世代のあいだでじわじわと広がる、地方へのUターンないしはIターンの動きもまた、この「複業」思考と無関係ではないと思われます。国家は毀れても社会は存続するというときの、その社会の存続の新たなかたちに賭ける行動として見るということです。そういう視点に立ったときに、重要だと思われる課題がいくつか浮かび上がってきます。

まず、「地方」という概念の再考です。

「地方」という言葉は、現在ではつねに「中央」との対比で口にされます。けれども「地方《ぢかた》」はもともと「中央」ではなく「町方《まちかた》」に対置される言葉でした。これについては民俗学者の柳田國男の指摘があります。日本の町は、防塁によって囲われたヨーロッパの都市とは異なって、農村部となだらかに、そして頻繁に交通しあうものでした。「都市と農村」という論考のなかで、柳田は、日本の都市が「もと農民の従兄弟」によって作られたという言い方をしています。つまり都市と農村の問題を都鄙《とひ》のそれとして論じるのは不用意だというのです。都鄙として対立するどころか、農村が都市を食料供給のみならず人的にも支えていた。町人のみならず武士の大半もまた農村から移り住んできた者であった、と。

その農村の現代における疲弊について、柳田はこう指摘しました。その主たる原因は「自然に反した生産の単純化」にあると。米田一色といわれる集落にあっても、かつて人びとは大豆や野菜を栽培し、蚕を養い、隣村の茶畑にも働きに出た。また工夫を重ねて、養鶏家や果樹園主、牛乳屋や油屋に転業したりした。が、こうした仕事の大部分は「村外の資本事業に取り上げられ、いわゆる農業の純化は甚だしく生存を狭隘《きょうあい》にした」。そしてこれがその後、柳田の知るところではありませんでしたが、ついに農業自体の放棄へと行きつき、大規模な部品工場や原発の誘致といった地域の産業構造の単純化というかたちをとるまでになったわけです。そして彼はこれを書いた一九二九年の時点で「地方《ちほう》分権」も口にしています。中央市場、中央政府のひも付きから脱却し、農村経済の自立性を回復すべきことをこの語で謳ったのです。現在、Uターン、Iターンというかたちで起こっている移住の動きのなかにも、ナショナルな、さらにはグローバルな産業経済と金融の（もはや経営者ですら制御不能な）システムに翻弄されることなく、じぶんたちの協働によってじぶんたちで制御可能なしくみを構築し、そのなかで安心して暮らし、働きたいという思いが色濃くあるのではないでしょうか。

じぶんが立っている場所を知る

いま一つの課題は「小さな規模」でというときのその「小さな」ということの意味にかかわるものです。藤田省三による「『安楽』への全体主義」への警告については先に述べましたが、こういう警告はいつの時代にもなされたことです。たとえば、17世紀フランスの思想家、ブレーズ・パスカルのこんな箴言《しんげん》をすぐに思い出します――「われわれは絶壁が見えないようにするために、何か目をさえぎるものを前方においた後、安心して絶壁のほうへ走っている」（『パンセ』)。このように警告はいずれの時代もなされてきたのに、そういう警告すらも忘れてきたのがわたしたちでした。だから、こうした大ぶりな心構えを云々するよりも、それが実現されている場を、どんなに小さなサイズでもいいから、それぞれがそれぞれの身のまわりできちんと創ってゆくということが必要になります。

こういう姿勢には一つの真理が宿っていると思います。それは、わたしたちが何かを変えようと思うなら、そういう改革について議論する場そのものが、それをすでに部分的には実現しているのでなければならないということです。たとえば、コミュニケーションのかたちを変えようというときには、コミュニケーションの新しいあり方について語りあう場が、部屋のレイアウトであれ、座席の並べ方であれ、議論の仕方であれ、それをつうじて実現すべきものをすでに実現しているのでなければならないということです。古い会議室では新しい会議のあり方は生まれません。

そのうえで、もっと生きやすい場所、もっと見晴らしのいい場所に立とうとするときに、わたしたちが試みなければならないのは何でしょうか。

まずは、じぶんがいま立っているこの場所を知ることです。じぶんの立つこの場所が、どんな歴史をもって形成させられてきて、現にどんな政治的な力線やどんな経済市場の圧力下にあるのかを、きちんと立体視することです。時代を立体視し、そこへといまじぶんたちが立っている場所をマッピングするには当然、複数の眼が必要です。異なる二つの眼をもつからこそ世界は立体的に見えてくるからです。これを視差《パララックス》といいます。視差は、じぶんの二つの眼のそれであるとともに、じぶんと他者との視角の差でもあります。世界を立体的に見るためのこの視差をより大きくするには、他の人たちの言葉にじっくり耳を傾けること、そして他の人たちが置かれている状況を事細かく想像することが不可欠です。つまりは社会への強い関心、あるいは歴史意識が求められます。そういう歴史意識をもって、他の人たちとの対話のなかに入ってゆくことが大切です。

暮らしのコンテクストを編む

制御不能なものに抗して、「小さな規模」でも制御可能な暮らしのあり方を模索するというとき、もう一つ大事なことは、じぶんたちの暮らしのコンテクストをじぶんたちの手で編んでゆくということです。暮らしのコンテクストをじぶんたちの手で編むというときに、心がけなければならないことはいったい何でしょうか。そのヒントが、次に引く陸上選手と建築家の言葉のなかにあります。

陸上男子400mハードルの選手として、シドニー、アテネ、北京とオリンピックに連続出場した為末大さんはいま、全国各地でスポーツ教育に取り組んでいるのですが、その為末さんから先日、こんな話をうかがいました。ハードルは、都会だと習っている子もいるのでそれなりにうまく跳べる子が多いが、ハードルにぶつかって動きが崩れたときにすっと立てなおす能力は地方の子のほうが上、都会から離れれば離れるほど高くなるというのです。都会の子は運動場や競技場のトラックで練習する。整備されたトラックではそれなりの力を発揮するが、凸凹やぬかるみのある普通の道で足を取られたり、転びそうになったときの回復力に劣る。畦道で練習している田舎の子のような、不測の事態への臨機応変の対応力が育たないというわけです。あらかじめ整地された道路の上を走っているだけでは、どんな不測の事態にも対応できる勁《つよ》い力は身につかないということを言おうとしているのでしょう。

もう一人、建築家の青木淳さんは『原っぱと遊園地』という本のなかで、この二つの遊び場を、対立する二つの建築理念の比喩として用いつつ、おおよそ次のように述べています。「原っぱ」とは、そこで行われることが空間の中身を作っていく場所のこと。「遊園地」とは、あらかじめそこで行われることがわかっている場所のことです。原っぱでは、ともかくそこへ行ってそれから何をして遊ぶか決める。そして建築は、どの行為のための空間を作るかではなく、行為と行為をつなぐものそれ自体をデザインするものでなければならないというのです。文化とは、人と空間との関係が、当初の機能以上に成熟し、その関係から新たな機能が育まれてゆく過程のことだからというのが、青木さんの建築文化についての深い洞察です。原っぱといっても、都会にはビルのあいだの空き地しかありません。けれどもそこに投げ捨てられた空き缶一つでも、それを使ったゲームを考えだし、それで遊ぶことはできます。ここで必要なのはじぶんたちでルールを工夫することと、ありあわせのものでやりくりするということです。そこでは「これ、いける」「これ、使える」といった狩人のような感覚が必要となります。

みずから進んで触媒になる

そして最後に、じぶんの手で他の人たちとの関係のコンテクストを編むには、みずからが進んで触媒的存在にならないといけないということです。じぶんが進んで触媒になるというのは、さまざまな圧力や過去の外傷経験や折り重なった断念のなかで怯《ひる》んでしまい、あるいは何をしてもむだだと諦めてしまい、声を上げられなくなっている人たちに声をかけるということです。声を上げられない人たちとは、「弱い」人、傷つきやすい人のことです。けれども、傷つきやすいとは過敏であるということ、つまりは周りの微細な変化への感度が高いということでもあります。たとえば病む人は、湿度や気圧、匂いや陽射しのちょっとした変化にすぐに気づく。危機が近づく微細な徴候に強い感受性を示します。かつて炭坑で、あるいはオウム事件の捜査でも、先頭はカナリアの籠を下げて前に進みました。停電時には眼の不自由な人がもっともよく案内してくれるように、です。このことの意味をしっかり摑《つか》む必要があります。

北海道の浦河に「べてるの家」という、精神障害という「苦労」をもつ人たちの自助のための施設があります。この町では、当初、施設の設置にかならずしも賛成でなかった人が、時が経ってこんな感想を漏らすようになったといいます。どうしてもご紹介したい文章なので、最後に少し長くなりますが以下に引いておきます——

私たちが、普段の暮らしのなかで忘れてきた、見ないようにしてきた大事なものを、精神障害という病気を通して、教えてくれている人たちなんだね。あの人たちは嘘を言ったりとか無理をしたりとか、人と競ったりとか、自分以外のものになろうとしたときに、病気というスイッチがちゃんとはいる人たちだよね。……私たちの隣に、そういう脆さを持った人たちが居てくれることの大切さを考えたときに、とっても大事な存在だよね。社会にとっても大事なことだよね。

（『浦河べてるの歩みから』同時代プロジェクト）

人を欺こうが、人を蹴落とそうが、人を言葉で傷つけようが病気にならない、そのことの異様さに気づかせてくれる人。その人たちに感謝できるようになってはじめて、右に引いた声があたりに満ちてくるようになってはじめて、わたしたちの社会はすこしばかり力がついたと言えるのでしょう。

2014年7月

中間の消失

ふと、ハンナ・アーレントのいう「降神術」の喩えを思い出した。

人びとは一つのテーブルを囲んで、神の降臨を待っている。ところが（魔術によって？）突如、テーブルが消えてしまう。すると、そこに集まった人びとはみなたがいにまったく無関係になってしまう……。

「大学教育の質保証」をめぐる日本学術会議のある報告をうかがっていたときのことである。

1
社会
Society

その報告は、大学ではいつごろからか分野横断的な総合研究が増えて、一ディシプリンの確固たる訓練が疎かになり、研究のレベルがあきらかに下がってきたと、昨今の「学際化」の状況を憂う。学問が液状化しているというのである。ところがその報告は他方で、ひたすら細分化してゆく研究のなかで視野がどんどん狭まり、分野の壁を超えた「協働」がうまくゆかず、またじぶんのおこなっている研究の、学問全体のなかでの位置づけもできなくなっていると、こんどはその蛸壺化を憂えてもいる。

一見、相矛盾した意見が混在しているかのような印象を受けるが、じつは同じことがらの表裏なのだとおもう。それは学問という広大なシステムと、そのなかで個人が取り組むきわめて限定された課題とのあいだにあったある中間的な仕組みの消失ということである。いわば研究者たちのあいだにあったテーブルが消えてしまったのである。ちなみにその顕著な例として、医師、看護師、技師、薬剤師などの業務を統括する教育プログラムが不在のまま、「医工連携」というかたちでエンジニアリングや生命科学・技術と融合し、もはや「医学」全般を見渡す講義をひとりで受け持つ人がいないという、医学部の現状をあげることもできるであろう。

アーレントがテーブルの比喩で言おうとしたのは、社会におけるいわゆる中間集団の衰亡ということである。たとえば、家族、地域社会、会社、労働組合。小さな個人と巨大な社会システムとのあいだで、いわばその蝶番として、あるいはクッションとして、機能してきたそういう中間集団の紐帯が、この国でも、まるで乾いたスポンジのように空洞化してきたことは、だれもの実感としてある。個人を護る被膜が破けて、あるいは薄くなって、個人が社会のシステムにむきだしで繋がるほかなくなってきた。

子どもたちは消費者としてもはや家族という検問所（？）なしに、流通システムにじかにつながるようになっている。あるいは、出産から子育て、排泄物処理、医療、介護、葬送、防災、もめ事解決といった、かつて地域社会で住民が共同で担ってきた生活のベーシックな活動も、いまは行政やサービス企業が一手に引き受け、住民はそれぞれに税金もしくはサービス料を支払うというかたちでそれら巨大システムにぶら下がるだけになっている。あるいは、政治へのもっとも身近な回路であるはずの地方議会。この国の都市部では地元議会の議員の名を何名か挙げられる人はきわめて少ない。いってみれば複数の声をつなげるデモクラシーの裾野もまた空洞化し、市民の政治行動といえば数年に一度の国政選挙における投票行動のみとなっている。仕事もそう。現在では勤務というかたちで仕事に就いている人が9割近くになっている。遠隔の場所へと通勤し、デスクに向かって仕事をする「勤務」へと、仕事のかたちが画一化してきた。

個人がこのように社会システムに、中間集団を媒介とせずにじかにつながるようになるというのは、諸個人が同じ一つの物差しで動くということである。ここにはルールはあっても文化はない。というか、ぎりぎりにまで刈り込まれたルールという文化しかない。

かつて商いにも多様な文化があった。損をしてでもしなければならないこと、自組織のためではなく同朋のためにどうしてもしなければならないことをわきまえていた。「儲けられるときに儲けすぎてはいけない」といった家訓もあった。会社は貧弱な福祉政策を穴埋めしもしていた。そういう中間集団のなかでは、構成員それぞれに、いってみれば「務め」があって、それがある以上、ひとは「じぶんがここにあることの理由」をみずからに強迫的に問いたださなくてすんでいた。そういう緩衝地帯が貧相になって、逆にグローバル化の名とともに、あからさまな弱肉強食のゲームに人びとはむきだしで晒されるようになっている。

中間集団というのは、対立する二つの契機がきしみあう場である。家族であれば、自然と制度が交差する場所。そう、家族（と地域社会）は、個人が避難できる親密な場所であるとともに、権力の最小単位でもあった。会社（と組合）は、熾烈な競争と手厚い福祉という二つの要求を調整する装置としてあった。そういう中間的な場をやりくりして維持することの難しさも、もとはといえば、自然と制度という、対立する二契機が交差する、《人間》という存在の両義性という事実からくるものだ。もっとも「人間的」なものであるそういう《中間》の消失が、いま、人びとを深く分断し、その日常生活に想像以上のダメージをあたえつつある。

2014年6月

「倫理」と「エチカ」

「倫理」という語は、法とは区別される道徳的な規範を意味するが、具体的には集団生活を送るうえでのさまざまの徳目を教えるものというイメージがずっと強かった。高校の「倫理」の授業といえば、なんとなく〈ひと〉としてなすべきことを教わり、考える授業というふうに、それこそかつての「修身」の授業の名残をとどめるものと受けとめられ、「敬して遠ざける」というのが生徒たちのおおかたの反応ではなかったかとおもう。まあもう相当に古い話にはなるのだが。

1980年代頃から、生命倫理や環境倫理、情報倫理といった社会問題が、個人の権利の擁護とその限界をめぐる議論と合わせて浮上するようになって、「倫理」という語のニュアンスも変わってきた。が、これは徳目というよりはむしろルール、つまりは法的な手続きに深くかかわる問題として出てきているもので、だからだろう、〈ひと〉としてのあり方を問うかつての「倫理」のほうには、あえて「エチカ」というラテン語をあてることもめずらしくなった。もとはといえば、この語（英語ではエシックス）の邦訳として「倫理（学）」という語が選ばれたのだったが。

それとともに、「倫理」も、徳目を列挙する、あるいは徳目の理由について考える、というよりもむしろ、人びとのあいだで〈ひと〉としてとるべきベーシックな態度や姿勢を、より濃く意味するようになった。ある種の揺り戻しである。

そこには次のような事情もはたらいていたのではないかとおもう。「倫理」がまるで押しつけのように受けとめられた時代には、ひとはじぶんたちの暮らしを細部まで管理し、一つに糾合しようという、「翼賛」的な権力による《統合の過剰》をひどく警戒した。社会党が野党として無視できぬ力をもっていた時代である。

ところが現代の権勢が腐心しているのは、その逆、人びとを一つにまとめさせない《分断の深化》（齋藤純一）である。じっさい、原発の再稼働へのシフト、特定秘密保護法、集団的自衛権へと現政府があからさまに舵を切っても、それを危ぶむ多くの声はくぐもったままなかなか横につながらない。つなげようにもその回路がすぐには見つからない。媒介者としてその声を十分に汲みとるべき野党はほとんど機能しない。《分断の深化》というこの鏡には、政治のもっとも身近な回路をみずからの手で紡いでゆく術《すべ》を磨いてこなかったわたしたち自身が映っている。

こうした政治の裾野の空洞をどうすれば埋めることができるのか。コミュニティの再生のためにイベントを企画すること、あるいは反対運動を組織することだけでは足らないとおもう。眼前の動向に振りまわされることなく、連帯すべき「同朋」に、死者と未来世代、つまりはいまは不在の他者たちを含み入れ、彼らとの対話のなかで反照的に現在を描くこと。人びとの、〈声〉としては立ち上がりえていない訴えや呼びかけを丹念に聴き取ること。そしてそれらを横につないでゆく回路、つまりは政治のコンテクストをみずから編んでゆく技（アート）を磨くこと。わたしたちがいま取り組まなければならないのは、身近な場所でのそのようなエチカの創出であろうとおもう。

未来からのまなざし

2014年8月

「責任」とか「務め」について、こんなところからも考えることができるのかと、しみじみ感じ入った文章がある。

民俗学者の宮本常一が『庶民の発見』(1961年)のなかで綴っていたある石工の話である。その石積み職人は、地方を歩いていて田んぼの岸などにふと見事な石の積み方がしてあるのを見て、心を打たれることがあるという。その石垣は村の人以外はだれも見ないし、積み上げたらその土地との縁も切れる。それでもやはり「いい仕事」をしておきたいとおもうその理由を、石工はこう語る。

「まえに仕事に来たものがザツな仕事をしておくと、こちらもついザツな仕事をする。〔…〕結局いい仕事をしておけば、それは自分ばかりでなく、あとから来るものもその気持ちをうけついでくれるものだ」、と。

じぶんのここでの仕事を未来の石工のことを思いつつなすということ。周りの人に「ほめられなくても気のすむ」仕事とはそういうものだと、石工はいう。そこに宮本は、「だれに命令せられるのでもなく、自らが自らに命令することのできる尊さ」を見た。人として生きるということの、そして世代から世代へと受け継がれてゆく仕事の、芯となるべきものを。わたしたちが久しく忘れてきたのも、未来からのまなざしを受けつつ仕事をするという、そんな矜持で

1
社会
Society

はなかったか。

自治体の審議会や委員会の役をときどきやらせてもらい、いつも空しさしか残らないのは、そこに石工のいう「気持ちのうけつぎ」がないからだ。首長が変わるたび、担当が変わるたびに、ゼロから議論しなおす。先達たちのあの議論は何だったんだろうかと、いつもおもう。

国の重要政策になると、教育「改革」であれ、憲法の「解釈変更」であれ、年金制度の「改定」であれ、それらの決定は、決定にかかわる人たちの任期をはるかに超えて、遠い未来世代の行く末にまで大きな影響を与える。その影響がどれほどのものかを見通せる人はいない。というか、未来世代のほうから現在の決定を見返そうとしないで、足下にあるニーズ、直近の課題のつじつま合わせで、政策が決まる。未来世代が抱え込むかもしれない負荷については、責任をとらないし、とれもしない。そのことに心を痛め、あがいている様子が、政策決定にあたる人たちにも、それを凝視すべきわたしたちの側にも、見えなさすぎる。

一方で、原発の再稼働への動きがなし崩し的に始まっている。廃炉に数十年、放射性廃棄物をたとえ厳重に貯蔵保管したにしても無害化するまでにこれまでの人類史よりもはるかに長い時間がかかる。終わりがないも同然だから、終わりのほうから、つまり未来のほうから見ることができないし、だからだれも責任をとらない。そんな「法外」な装置をわたしたちの社会は抱え込んでしまったのである。

だが、少なくとも廃炉への道には終わりはある。だから石工のいう「気持ちのうけつぎ」はありうる。「ほめられなくても気のすむ仕事」の積み重ねはありうる。わたしたちにはなかかなか顔の見えないそういう人たちの仕事には、事態がどう動こうとも、いつも思いをはせていたいとおもう。

概念の誤差

2014年10月

土木学会という工学系の全国レベルの学会が、今年でちょうど創立百周年を迎えたという。「土木」といえば、「電気」「機械」「建築」「航空」などと並んで、かつて大学の工学部では看板学科の一つであった。ところがその土木工学科の名がいまはほとんどないという。

土木といえば野外での工事、かつて3Kとよばれたなかなかに苛酷な労働を思い浮かべ、また汚職や談合などの不祥事が続いたこともあって、土木工学科の志願者は年を追って減少してきた。それではほとんどの大学工学部が学科名を変えた。「社会基盤工学科」とか「社会環境工学科」とかに、である。

「土木工学」という学科名は、英語でシヴィル・エンジニアリング。シヴィル・ロー（民法）がクリミナル・ロー（刑法）の対立概念であるように、シヴィル・エンジニアリングはミリタリー・エンジニアリング（軍事工学）に対置されたもので、直訳すれば「市民工学」である。「土木工学」と「市民工学」。イメージがあまりに隔たっている。ダムやトンネル、道路や橋、下水道など、市民生活の基盤となる構造物にかかわるから、「社会基盤工学」などと命名しなおされたのだろう。

そういう事情から、土木工学の研究者たちのあいだでは、「シヴィル」とは何かが、学科の存亡にかかわる問いとなっている。この問いは、エンジニアリングにおける公共性への問いでもある。「原子力工学」の研究者たちが、それぞれ核物理学や電子工学や制御工学といった専門領域に閉じこもって、原発稼働の是非についての公共的な議論を担ってこなかった経緯を思い起こすまでもなく、エンジニアリングにおけるこの「シヴィル」への問いは、もはや土木工学に限らぬ工学のあり方そのものの再考を促している。

こうしたことに思い至ったのは、直前に作家・赤坂真理さんの『愛と暴力の戦後とその後』を読んでいたからだ。その赤坂さんは、憲法改正論議に強烈な違和感をもった。憲法の「憲」の意味がわからず、だれかれとなく訊いたが答えてくれたのはたった一人。「おきて」だから法と同じ意味だよ、と教えてくれたという。だれもその語の意味を知らずに激論している「憲法」、英語ではコンスティテューション、「成り立ち」の謂いである。この国をどういう国にしたいかという（法ではなくて）「願い」こそが、憲法だったのだと悟ったという。

気になって「侵略」も調べたら、東京裁判の起訴状では、だれもがそう思い込んでいるインヴェージョンではなくてアグレッション（攻撃）だった。国際法廷で問題だったのは、日本が「侵略」したか否かでなく、「（先制）攻撃」したという事実であった。とすれば、わたしたちは何を謝罪したり、否認したりしてきたのか……と、赤坂さんは問う。

わたしたちが日々、深く巻き込まれながらその意味を捉えあぐねている「社会」も「個人」

も「恋愛」も「権利」も、かつて考えに考えて作られた翻訳語である。赤坂さんもいうように、「私たち自身が告発されたその言葉を、告発した側の言語に立ち、それを私たちの言語に照らし、じっくり精査」することから始めなければ、ほんとうの問題は見えてこないだろう。「慰安婦」と「セックス・スレイヴ」（性奴隷）という意味の落差もその一つである。

2015年11月

方法を模索するかのように

いまのところ、勘としか言いようのないものなのだが、若い世代の動きを見ていて一つ、とても気になることがある。方法の探究とでも言えばいいのだろうか、あるいはもう少しやわらかく、納得のゆく暮らしへの問いかけと言うべきか。

たとえば。

団地が出現するよりもはるか前のことだが、京都の街なかに、一階が商店、二階が住まいのアパートが造られたことがある。当時の人たちには、コンクリート（あるいはモルタルだったかもしれない）のアパートというのが、とてもモダンに見えた。が、地域住民の高齢化もあり、また近くにスーパーマーケットが出店したこともあって、もはや衰退の一途かとおもえば、じつは最近、そこがえらく賑わいだしている。行政の支援で建物がリフォームされたのをきっかけに、である。

1
社会
Society

コミュニティ・スペースができ、そのすぐ脇では空き店舗群を若い人たちが借り受けて、小さな洋服店とか雑貨屋とか食堂とかを開きはじめた。夕刻になると、毎日のように催事もあるらしく、にわか仕立ての屋台に親子連れが群がる。なにやら昭和の頃に見たような光景である。

かつての地域社会にはこういう光景があたりまえのようにあった。往来は人びとが交わる場所、情報交換の場所であった。なにか人手が必要になると、「これできる人、だれか知ってる？」と尋ねる。そういう技量の交換のなかで人びとが暮らしえた時代があった。そういうじかの交換のなかに身を置こうという空気が、いま若い人たちのあいだで漂いだしているらしい。

うって変わって、こんどはアーティストたちのふるまい。アーティストが地域のすきまに分け入ってゆく光景というのは今やめずらしいものではないが、その場合に彼らが口にする言葉はなんとも懐かしいものだ。「調査」「報告」「活動」「記録」……。戦後一時期みられた社会運動としての《サークル》をおもわせるような言葉遣いが復活している。

「カフェ」という言葉も懐かしい。サイエンスカフェ、哲学カフェ、書評カフェ、子育てカフェ……。市民のあいだでじわりじわり広がりつつある対話の新しい試みなのだが、ここに特徴的なのは、やり方の工夫である。どうすればだれもが入りやすい議論の形式となるか、会場はどんなレイアウトがいいか、黒板はどんなふうに使うかといった工夫であり、また料理が好きな人、食べることが好きな人がいると集いはうまくゆくといった類の経験知である。みなが納得するまで二晩も三晩も話し合いを続けた一昔前の「寄り合い」のような空気がここにはある。

これまで社会が用意してきたやり方ではこれからはうまくいかない、という思いがつのっているのだろうか。生き延びるには、既存のシステムに依存するのでなく、「自衛」のネットワークを編んでゆくしかないとのせっぱつまった思いがあるのだろうか。

昨今の若い世代は、もはや潤沢な資源があるわけではないという現実を思い知らされるなかで、まるで一昔前の貧しかった時代の知恵を自前で再構築しだしているかのようである。けっしてノスタルジックにではなく。そのなかでどうも、目につきにくい資源、見えないところで役立っているらしい資源へのまなざしが膨らみつつある。いろんな情報交換、いろんなつながりの編み方を、自前で、ということはつまりじぶんたちでマネージできるような小さな規模で、試しているかのようである。

若い人たちのあいだで兆しているもの、それは、「納得のゆく暮らし」をあらためてたぐり寄せることのできるような方法の模索ではないかとおもうのだ。現時点ではあくまで感触でしかないのだけれども。

2016年4月

インターディペンデンス——となりの畑で

芸術大学に勤めはじめて一年になる。ある日、「わたしの執務室を通りすがりにふらっと入れる部屋にしたい。みんなの交差点になればいいな」とつぶやいたら、それが知らないあいだにだれやかれやに伝わって、壁面に巨大なフレスコ画が描きはじめられ、斜めに立てかける手作りのコートハンガーが持ち込まれ、ドアを解体してたっぷりのぞき窓のあるものに取り替えられた。わたしの机も、教室から運んできた学習机を二つ並べ、その上にきれいに磨いた白木一枚を載せたものに変わっていた。椅子も当然、教室で学生たちが座るあの椅子である。老人にはやや硬いので、こんどだれかに座布団を作ってもらおうと思っている。

とくにだれかが指揮をするわけでもなく、油画、彫刻、プロダクツデザインの先生や学生たちが入り交じってどんどん作業を始め、およそ三ヶ月かけて模様替えが完了した。おかげでとてもシンプル、とても開放的な部屋になった。

わたしにとって驚愕ともいえるこの出来事は、先生や学生たちにとっては「普通」のことだったらしい。この大学には独特の教育方針があって、在学中からそれぞれに専門の実技を磨くが、同時に別の技をも一緒に一定度学ぶ。彫刻をやっていても版画、染織、陶芸の技術も身につける。弦楽をやっていてもピアノ、声楽もこなす。問題はその次である。自分の特技を、自分の得意でない別の領域でも活かせるよう鍛えるのである。アーティストが自身の分野で表現のスキルを突きつめるのはあたりまえ、それよりも「スキルと呼ばれるものは、隣の芝生に行って発揮されなきゃだめなんだ」（美術学部教員・小山田徹）という思いが教育のなかにみなぎっているのだ。

じぶんの専門領域でなくとも、基本は学んでいるので、起こっている問題はあるていど察しがつく。そこでこんなふうにしたら、と声をかけたくなる。学長室の模様替えの際も、通りかかった教職員、学生が「何してるの？」というふうにのぞき込み、ついでにちょこっと手伝ってゆくのだった。

この大学には守るべき大事な習慣がある。そこからくるどこかほどけた空気というか、見棄てられていない、孤立してないという安心感がある。教えてもらう、貸してもらう、直してもらう、手伝ってもらうということが、何の遠慮もなくあたりまえのようにできる空気がある。

自立というのは、他人の助けが必要でなくなることではなく、むしろ、いざとなったら「助けて」と声を上げれば、だれかがすぐに駆けつけてくれるようなネットワークが編めているということだ。独立（インディペンデンス）のことではなく、他者との相互的な支援の関係（インターディペンデンス）である。それは一枚だけのものでなく、重層的であればあるほど確かなものとなる。

良いコミュニティは消費活動が少ないと言われる。生活のコアはほんとうはお金が動かないものだ、とも。そう、生きるうえでどうしても欠かせないこと、たとえば食材の調達と調理、子育てや教育、看護や介護、そして弔い。元来これらは公共的な機関のサービスに頼るものではなく、人びとがじぶんたちの手でたがいにやりあうものであった。（お金の行き交う）サーヴィスとしてコミュニティの上空から降りてくるものではなく、地べたで横向きに、素手で紡いでゆくべきものであった。このたびの改修はわたしにとって、そういうインターディペンデンスの原点を見せつけられる「事件」としてあった。

命に近い仕事——「消費者」から「生活者」へ軸足を戻す

2016年5月

「独立研究者」として数学研究に取り組む森田真生さんが、昨春、周防大島に住む農業者のこんな言葉をツイッターで紹介していた。

「命に近い仕事ほどお金が動かない」

命に近い仕事ということですぐに思い浮かぶのは、たとえば調理であり、排泄物処理であり、子育て、介護であり、病気や災害の予防であり、看取りであろう。また、お金が動かないというのは、物品やサーヴィスを貨幣で購入するいわゆる「消費」行動ではないということであろう。

しかし、現代の都市生活はこの農業者の言葉とは正反対のかたちで営まれている。命に近いこれらの仕事も、ほぼ全面的に、行政や企業が提供するサーヴィスに依存している。流通とサーヴィスの緊密なシステムから成り立つ「消費社会」では、人びとは生活に必要な物品どころか、「命に近い仕事」まで、税金や料金を払ってそれらを享受する。

便利ではある。しかもこれは、「安楽」を求めてわたしたちが望んだことである。だが、それを購入する金銭が底をついたとき、あるいはそのシステムが機能不全に陥ったときは、自身の、あるいは家族の生存そのものが根底から脅かされる。その「命に近い仕事」をみずからの手でおこなう技法の大半は、コミュニティのなかで伝承されることが少なくなり、それらはもはやわたしたちの手にはないからだ。わたしたちの個人生活はすでに、市場によっていわば植民地化されている。そのことを近年、大きな災害のたびに、あるいは目に見えて進行する社会格差の増大や失職の不安のなかで、思い知らされつつある。

「消費」とはそもそも「費やしてなくすること。つかいつくすこと」（『広辞苑』）である。消費はその意味で、生産や蓄積の対極にある行為である。都市生活は物品やサーヴィスを市場で買うことで維持されるのであるから、財貨を消耗するという意味ではたしかに「消費」がその中心にある。

しかし、20世紀フランスの哲学者、ベルクソンによれば、そうした購買行為とは異なる意味で、生命の維持そのものが「消費」である。植物が採り集め、葉緑素のはたらきを介して蓄積した太陽のエネルギーを、動物が体内に取り込み、通過させ、運動エネルギーに変換する、つまりは「徐々に蓄積し、瞬時に消費する」というのが、動物の生命の実相だというのである。「徐々に蓄積し、瞬時に消費する」その生命維持の過程を、人びとはずっと協同しておこなってきた。「生活者」として。が、わたしたちは現在、そのほとんどを購買行為に転換して暮らしている。「消費者」として。

わたしたちはいま、ナショナルな経済システムにぶら下がりつつ、さらにそれを深く侵蝕するグローバルな市場にじぶんたちの生活が翻弄されるなかで、それらに身をそっくりあずけることを危ういと感じだしている。地方に移住する人びとがじわりじわり増えているのも、みずからの手で制御できるサイズの経済行為を保持しておくことが、生き延びるために不可欠のことだと思い定めつつあるからではないか。

そういう視点からあらためて生活を見なおすならば、地産のものとエネルギー、ありあわせのものをどのように活用するかという素手の知恵やわざを磨くことと、人びとのあいだでその生存の知恵とわざが世代を超えて伝承されるようなコミュニティを再建することとが、一つの課題として見えてくる。そう、「消費者」から「生活者」へと軸足を戻すこと。

サイズを考えなおす

2016年6月

地方の選挙でありながら、そこから遠く隔たった地域でも大きな意味をもつ選挙がいくつかある。その代表的な例が沖縄県の選挙であり、東京都の選挙である。前者では地域という視点からする〈国家〉の問題が、後者ではおなじく地域という視点からする〈都市〉の問題が、いやでも前景に出てこざるをえないからだ。

まず沖縄。「国家」防衛のための共同負担であるはずのものがこれほど一地域に偏りながら、その不等性と差別の事実が放置されたままになっている例はほかにない。また揺れ動く国際状況のなかでその戦略的な位置づけの根本的な再検討も長く先延ばしにされたままだ。このことを、沖縄の選挙は、沖縄以外の「国民」たちに問いただす。

東京の場合は、それこそ課題先進都市の典型であることから、〈都市〉というものの未来、ひいては中央と地方のありうべき関係を、都民以外の人も考えざるをえない。

東京都知事の辞任騒動のさなか、前回の知事選のときの新聞の切り抜きを調べるうち、広井良典氏の「『東京』という問題」と題した文章（「京都新聞 ２０１４年2月14日朝刊」）がふと目にとまった。

広井氏は、過疎や高齢化に見舞われている地方は自立が難しく、経済的に豊かな東京こそがもっとも自立しているというのは、まったくの幻想だという。じっさい、「マテリアル・フロー」（エネルギーや食料の物質的な循環）という視点でみると、東京ほど外部に依存している都市はない。原子力発電しかり、食材しかり。地産地消ということがきわめて貧弱な都市が東京だというのである。しかも、地方からのその電力と食料の調達の仕方にはある種の「不平等のメカニズム」もはたらいていると指摘する。

くわえて高齢化という視点からすれば、その例外的に厳しい状況にもうすぐ直面するのも東京だ。たしかに高齢化率が高いのは東北や四国などの諸県だが、高齢者の増加数でみれば、団塊世代がやがて後期高齢者となる頃には、その東京に人口の破格的なアンバランスが生まれる。しかも東京は出生率が全国でいちばん低いし、失業率もつねに上位を占める。ということから、広井氏は、新知事はこの「中央―地方」「都市―農村」の関係の再編にこそまっ先に取り組むべきだとしたのである。

じっさい、東日本大震災のときに東京に住み、働く人たちが体験したことは、まさに大都市で暮らすことのリスクそのものであった。電車が止まれば自宅に帰ることもままならない生活、災害時には流通施設の棚から食料や飲料、電池が消え、明日の暮らしにも困るという生活の異様さである。

社会というものの適正サイズという問題を、あらためて根本から考えなおさなければならない時代に入ってきているのだとおもう。いいかえると、国家の行政システム、グローバルな経済・金融市場に生活の基盤をそっくり預けてしまわずに、いざというときに駆動できる生活者としての地力をどう蓄えておくかという問題である。そのための生産と流通の仕組み、育児・介護などの素手での相互扶助が可能なコミュニティ、いざとなればすぐに帰宅できる就労先との距離等々の適正なサイズがどういうものか、そのチェックをいま、きちんとしておかないと、これからの暮らしは立ちゆかなくなるのではないかという漠とした予感が、多くの人びとの意識のうちに、じわりじわりと染み込んできているようにおもう。

さて、このたびの都知事選の候補者たちはこれについてどう語るのだろうか。

2017年9月

〈中景〉を厚くする

アニメーションの画像は〈近景〉〈中景〉〈遠景〉、三つの相で構成されているという。これを社会にあてはめると、家族が〈近景〉、社会が〈遠景〉にあたり、その中間に職場や地域のコミュニティが〈中景〉としてあるということになる。

ところが昨今、この〈中景〉がずいぶん痩せ細ってきて、一昔前までのようなかちっとした三重の遠近法をなさなくなっている。ひとは家族のような親密な関係から、地域社会、さらには国家、国際社会へと、より疎遠なものに向けて世界を少しずつ拡げてゆく。が、いまの子どもたちは、周囲の大人たちとの関係を、戸惑いつつ、また反撥もしながらじわじわ紡いでゆくより先に、インターネットのような装置をつうじていきなり社会の平面に触れる。そういう意味で、現代、人間関係の遠近法は大きく変容しつつある。

けれども、〈中景〉の痩せ細りは、これとは別の意味でも、しかもわたしたちの想像をはるかに超えるようなかたちで潜行してきたのではないか。

社会における〈中景〉とは、端的にいえば、人びとの相互扶助の場である。食材の調達から排泄物の処理まで、出産から遺体の処置まで、子育てから介護まで、近所のもめ事の解決から防災まで、人生のどの局面をとっても、他人の力を借りずには何一つやってゆけない。

その相互扶助のしくみを、わたしたちはこれまで地域社会から社会システムへと急速に移してきた。《いのちの世話》を、国や企業が提供するサーヴィスに、税金または料金を支払って委託するようになったのだ。そのことで《いのちの世話》のクオリティはずいぶんと向上したが、それとともに人びとは社会の（主ではなく）顧客に成り下がっていった。システムにぶら下がるばかりで、じぶんたちの抱える問題はじぶんたちで解決するという能力を失っていった。まさに〈中景〉の痩せ細りである。

地域での相互扶助のしくみを担うのはたしかに面倒なことだ。たえず気を遣うし、いろんな縛りもあって煩わしい。だから人びとは《いのちの世話》のシステム化に走ったのだが、そのことでたがいに扶助しあう能力もすっかり失っていった。

こうした能力喪失は、大きな災害に遭ったとき一挙に顕在化する。生活をゼロから立てなおすための知恵も技もまるで持ち合わせないことを思い知らされる。ふだんできないことは緊急のときはなおのことできない。じっさい、そういう声を東北の被災地で幾度か耳にした。《国はまるで積み荷のゆるんだ大型貨物船のようである。船が傾くと荷物が全部片より、船は沈んでしまう》

経済学者のE・F・シューマッハーは『スモール イズ ビューティフル』（小島慶三・酒井懋訳）のなかでこう書いた。荷物はあるていどまとめて括っておかないと危ないと。

いざというとき、万が一社会のサーヴィス・システムが破綻しても、どこかからだれかの手がすっと出てくる、そんな地域生活の復元力。それはどのようなサイズの集合態、どのような類のネットワークだと可能なのか。いま地方に移住する若者たちは、体を張ってそれを問うている。

2016年9月

納得のゆく仕事？

現在の労働状況を考えるときに、だれもがすぐに思い浮かべるのは《格差社会》であろう。増大しつづける「非正規」という就労形態は、低賃金でそれだけでは生計が成り立たない、不安定で先の見通しが立たない、何かの目標に向かって協働しているという実感がもてない、一人ひとりが孤立し交友が広がらない、自身の能力を仕事のなかで鍛えるというチャンスがない……など、それこそ「納得」のゆかないことばかりである。

他方でしかし、正規の職にあるからといって「納得」のゆく働き方ができているわけでもない。先日手にした『We Work HERE』(ミライインスティチュート出版)という本にこんな述懐が記されていた。

《当たり前に就職活動をして、自己分析と自己アピールを繰り返してようやく会社に入って、上から振ってきた仕事を日々こなしながら、役職アップと給料アップを目指す。二重人格的にワークとライフを切り分けて、仕事で溜まったストレスを移動中のスマホゲームやアフターファイブの飲み屋で解消し、週末はテレビで紹介されていた流行りのお店で買い物をし、食べログ高得点のレストランでおいしい料理を食べ、プライベートライフを満喫することで明日から始まる仕事に備える。》

「だましだまし」でかろうじて続けられるそんなワークの疲れを、ライフのほうをおもいっきりプライベートに閉じることでわずかなりとも癒やす。これもまたしかしライフの「だまし」になっていないか……。ワークとライフの足場がともにおぼつかなくなっているのだ。そんななかで「わたしはここにいる」といえる仕事と生活の足場、つまりはそれぞれのHEREを、この本は100人に質問している。ほとんどが企業という大きなシステムにぶら下がって働くことを辞め、「小商い」と「複業」を始めた人たちだ。

作業それじたいが楽しいこと。この作業がじぶん以外のだれかの役に立っているということ。この二つが感じられない仕事は辛い。それを回避するために、この人たちが企業というシステムに代えたものは何だったのか。

いまどきの言葉でいえば、手作りのネットワーク、かつての言葉でいえば「つて」ではないかとおもう。仕事とは、生きるため、生き延びるためのネットワークをつくることだ。困ったときに「あの人に相談してみよう」といえるような人びとのつながり。「こね」（コネクション）というよりも、頼りにできる手蔓《てづる》、つまりは「つて」である。

もとはといえば、会社とは、一人でやる仕事のリスクを減らし、一人でやるのは困難なチャレンジを可能にするために編みだされた協働のかたちである。個人がもっと活動の枠を拡げられるよう工夫された装置である。それが内に閉じた巨大組織になって、それぞれが市場でのシェア（占有率）を競うようになった。本来のシェア（分有）が転倒してしまっているのだ。

若い人たちの「小商い」と「複業」というふるまいには、やむなくそうせざるをえなかった面もあるにせよ、「働く」ことの意味への、身を挺した問いかけが含まれている。素手で「つて」を編んでゆくさまざまの（愉しい？）知恵もある。「キャリア教育」や「キャリアデザイン」の講座を受けるよりも、じぶんにとって仕事における「納得」とは何かを考えるほうが、じぶんの可能性を広げるには先なのではないかとおもう。

まっとうなワークを模索する？

2017年4月

大学という場所で仕事をしていると、近年の若者たちの懐ぐあいの寂しさというのがよく見える。アルバイト探し、授業料の支払い、奨学金という名のローン、そしてひどくストレスのかかる就職活動。大半の学生は、勉学より先にこちらのほうに頭がいく。就職せんでもなんとかなるやろ、といった右肩上がりの時代の〝いいかげんさ〟はもはやない。

20世紀の末に、いったいだれが、来るべき世紀に先進国でこうした〈貧困〉や〈格差〉が問題になると予測しただろう。ほんの数週間、数ヵ月のあいだの株価や為替レートの変化にうつつを抜かし、時代の地殻でどのような構造変動が起こっているかを語ってこなかった経済学者や経済評論家を恨めしく思うのは、たぶんわたしだけではあるまい。

しかし、そうした苛酷な状況のなかにも、おやっと思うところに、この世代が、というよりこの世代だからこそ取り組まざるをえない、とても前向きの課題を見つけることがある。それというのも、時代がこれからいやでも直面する社会の〝縮小〟という問題に、この世代がいちはやくリアルに肌を晒してきたからである。

追い風が吹かず、状況の好転も見越せないこの時代にあって、若い世代——バブル崩壊の後に10代を過ごし、これまで〝右肩上がり〟の社会というものを体感したことのない、いまの30代後半以降の世代を念頭においている——は、もはや既存の、複雑というより以上に錯綜した

1
社会
Society

社会システムのなかにうまく身をはめ込んで生き存えてゆけるかどうかが、人の死活を決するとはもはや思わなくなっている。無理にこんなシステムに身を沿わせて生きていても得策ではないなと感じつつ、それならと、むしろじぶんの手で別のシステムを作り上げたほうがましだと思うようになっている。いわゆるUターンやIターンを試みる人たち、さらには地方でソーシャルデザイン、コミュニティデザインを試みる人たちである。

一方、これとは対極より同じような流れに合流してきている人たちがいる。社会の高齢化にともなう社会福祉費の増大という問題や、雇用形態、家族の多様化にともなう新しい困窮のかたち、さらには頑迷なまでに修正されない男性中心の組織など、現代社会は、「従来の行政サービスや市場経済の枠組みでは対応しきれない数多くの社会問題を抱える」ようになっている。いいかえると、営利目的の社会貢献事業であるソーシャルビジネス、もしくは非営利の社会貢献事業であるNPOの活動など、「民間セクターと行政セクターの溝を埋め、つなぎ役となるセクター、すなわちソーシャルセクターの成長が求められ」るようになっている（中村安希『N女の研究』参照）。そして一流大手企業やベンチャー企業からたとえ給与が半減しても、こちらへ転職してくる人も増えている。

いずれの人たちも共通に、それぞれの場所で問いはじめているのは、まっとうな働き方、ひいては家族や地域の暮らしのあり方である。いわばゼロ地点から始めざるをえないために、かえって、働くことの意味をもまたゼロから問いなおすことになるのだ。

働くことと「勤労」（会社に勤めること）とは同じでない。通勤というかたちで、日中は暮らしの場を留守にすること、つまりはミニマムの出稼ぎがいつのまにか仕事の普通のかたちになっている。職住不一致というのがいつのまにか、暮らしのあたりまえのかたちになった。そのことで、「勤め」以外の人びとの活動は余暇のそれとみなされるようになった。なかでも家族を世話し養う「家事」や、家の普請の手伝い、祭の準備など地域での活動が仕事に数え入れられなくなった。このことと、コミュニティの空洞化という現実とは、表裏一体の問題だ。

暮らす場所で働くのが人として基本ではないかというこの問題とともにもう一つ、働くことには、作業それじたいが楽しいこと、そしてこの作業がじぶん以外の誰かの役に立っているということがともなうはずで、それらが感じられない仕事は空しいものである。

働くことのもっとも基本的な次元にあるこういう事柄がじぶんの仕事のなかでまっとうに実現されているかどうか、若い世代はあたりまえのように問いただすなかで、新しい働き方を模索しはじめている。

そのプリンシプルの一つが「シェア」ということだ。「シェア」という語ほど、その意味が反転したことばはない。「シェア」といえばずっと市場における特定企業の「占有率」を意味していた。いまは逆に、というか本来の意味に戻って、「分かちあい」を意味するようになっている。シェアハウス、シェアオフィス、そしてワークシェアリング。資金も資材も足らないならみんなで分かちあおうという算段である。一つの場所を共有する、スキルを提供しあう、そしてそのことによって、必要なときはいつでもだれかが手伝ってくれるという信頼が生まれる。仕事が手一杯なときはだれかに子どもを預けられるという安心感も生まれる。

ついでにいえば、「パート」という語も、最近になって意味が反転したことばの一つだ。「パート」といえば非正規の労働の代名詞となっているが、ほんらいはパートテイキング、全体のなかのある部分として役割を担うということだ。そういう社会貢献を仕事のなかに含み込むこと、つまりは個人の生活設計と社会的な問題解決との連続を、日々の働きのなかで実現するということも、若い世代のあいだでは新しいワークのかたちとして模索されている。

潤沢ということがもはやあたりまえでなくなった時代を生きる若い世代に、まだまだ一部分かもしれないが、どこか愉快な顔つき、手作りを大事にする気風、そして目立ちはしないがそれぞれに個性的な軽装が目につくのも、みなで協力しながら素手で別の社会システムを構築してゆくという手応えがあるからだろう。働くことの基本、そのあたりまえを軸にしてこれからの仕事のあり方を考え、実践しようとしている人たちに、先行する世代は学ぶことがどうもいっぱいありそうだ。

２０１６年2月

子どもとお金

昭和37年の春に京都教育大学附属京都中学校に入学しました。戦後しばらくして生まれたとにかく人数の多い世代ですので、入試の競争率もたしか28倍でした。

下京の公立小学校から編入した者からすれば、えらく裕福な家庭の子が多いなというのが、入学して最初に感じたことでした。けれどもそんな同級生にはあまり貧相な感じがない。裕福だから貧相でないというのはあたりまえのことを言っているようですが、じつはそうではありません。世の中には裕福なのに貧相な人がたくさんいるからです。

社会全体が貧しかったわたしの子ども時代と較べ、時代はその後「一億総中流」といわれるまでに豊かになっていきました。けれどもそれにつれて人びとは逆により貧相になっていったのではないかと、近ごろしきりに思います。

わたしたちの世代からしてすでにその兆しはありましたが、戦後、人びとはしだいに「消費者」として社会にせり出してゆくようになりました。物品はもとより、それまでにはなかったさまざまのサーヴィスがお金で購入できるようになったのです。接客や情報のサーヴィスがその典型です。

そういうサーヴィスはやがて子どもたちを狙い撃つようになりました。販路拡大のために子どもを対象とした商品開発を進めたのです。最初は親に買ってもらうのが普通でしたが、やがて子ども自身が文字どおり「金持ち」になり、消費主体として市場でふるまうようになったのです。

子どもが消費主体になるというのは、親の許可をわざわざ得ずとも、じぶんの金で物やサーヴィスが買えるということです。そして小学生でも、たとえば家族と出かけた鮨屋で直接注文したり、同級生と連れ立ってタクシーに乗ったりということが、あたりまえの光景となりました。

わたしはこの光景に今もなじめずにいます。じぶんと家族の暮らしを成り立たせるために働いて金を得るという経験をしていない子が、たとえ小遣いを持っているにしても、それを使って大人を自分のために働かせていいものだろうかと思うのです。それは人の尊厳もしくは品位を蔑ろにする行ないではないのか、と。

じつはさらに心配なことがあります。貨幣は何とでも交換できます。子どもはそれで欲しいものを手に入れられる。まるで自力で得たかのようにです。このことが子どもに身の丈に合わぬ全能感を与えてしまいます。そしてお金が足りず、親の援助もなくて、何かを買えないとなると、こんどは逆にこれまた過剰な無能感に苛まれるようになります。全能感と無能感のあいだのぶれが、異様なまでに大きくなるのです。そのことでひどく傷つきやすくもなっています。買ってもらえないのは家の事情ですが、買えないのはまるでじぶんの限界のようであるからです。

社会というものに子どもがまずは「買える／買えない」という位相で出会うことが、どれほど子どもの魂を蝕んでいるかを、いちどきちんと見ておいたほうがいいと思います。

2017年2月

エリオットの炯眼

詩人のT・S・エリオットはかつて「文化の定義のための覚書」（深瀬基寛訳）のなかでこ

う述べていた。
《文化の解体は二つもしくはそれ以上の社会層が全くかけ離れてしまって、それらが事実上別個の文化と化する場合に現われます。また上層水準の集団における文化が分裂して断片化し、それらの各々が一つの文化的活動のみを代表する場合にも現われます》

第二次世界大戦が終わってしばらくしてのことである。まるで現在の欧米社会で起こっていることと、そしてわが国でもすぐに噴き上げそうな事態について書きつけているかのようである。じっさい国民による民主的な選挙の結果として、「多文化共生社会」どころか逆に、米国大統領選でのトランプの勝利に象徴される排外主義の怒濤のような動きが生まれたという事実を前にして、わたしたちはいま、あらためて「民主主義」の難しさについて考えざるをえなくなっている。

エリオットの炯眼はすでにそのことをも見越していた。エリオットはこうした社会の分裂と解体が進行しているからといって、すぐに統合の必要を述べはしなかった。意外なことに、むしろ「摩擦」の分散が重要なのだと説いた。多様で細々とした摩擦の起こる場が多ければ多いだけ、社会の刺激も分散し、結果として単一種の嫉妬や憎しみ、恐怖や敵対心が社会を覆い尽くすといった危険を回避できるというのだ。だから、「一国の文化が繁栄するためには、その国民は統一されすぎてもまた分割されすぎてもいけない」と。

それが意味するところを、以下、わたしなりに敷衍してみたい。

エリオットも書いているように、過度の統合も過度の分断もいずれ「圧制」を招きよせる。

民主主義はだから一方で、社会の過剰な統合に対しリベラルな「民主化」の運動として立ち上がるだけでなく、もう一方で、現在のように「格差」や民族対立、排外主義といった社会の分断が過剰なまでに深化してきているなかでは、むしろ共有可能な価値を模索しつつ人びとをつないでゆく運動としても求められもする。民主主義はそのときどきの政治状況のなかで、いわば流動的なかたちで発動すべきものである。

次に、民主主義は「国民」という同質的な枠組みにおいて機能するだけでなく、家族や地域コミュニティ、エスニック集団や国家からさらには人類社会まで、いわば多次元的に模索されるべきだということ。民主主義にはどの集団にもあまねく適用できる一義的な形態はありえず、その理念の具体化にはつねに未知の複数のかたちがありうるということである。

最後にもう一つ、民主主義的な決定は、社会を構成する現メンバーだけでなく、死者や未来世代という不在の人たちの存在をも背負っているということがある。現在の社会的決定は、死者や未来世代の思いをも深く引き入れるかたちでなされねばならない。そのためには、そういう不在の他者たちに思いをはせる想像力を日々手入れし、磨くことを疎かにしてはならない。

以上の観点からすれば、民主主義はどこまでも未完のプロジェクトなのだろう。以前、作家の高橋源一郎さんと対談したおり、彼は、文学では過去の作家たちとのまったく対等な対話が可能なのだから、そこにもデモクラシーがあると語った。だから、民主主義を政治という文脈からいちど切り離し、その概念を哲学や文学の領域にまで拡張してゆく必要があるのではないかと。これもまた炯眼である。

下がりゆく許容不能の水準

2017年5月

いま国会の委員会でくり返される情景に報道で接するかぎりでいえば、どんな詭弁、強弁、虚言にも、どんな隠蔽工作、ごり押しにも、「ああ、またか」「やっぱりな」となれっこになっているじぶんにふと気づき、愕然とすることがある。知らぬまに「許容不能」の水準がわずかずつ下がっていたことに。

そうした負の惰性に抗おうとして、ひとは「ニュース」に飛びつくのかもしれない。ニューズ、つまりは意表を突く新しい刺激で人の意識をたえず覚醒しなおさなければ、どんな異様な事態にも人は慣れることへの自戒として。もちろんそれはただのネオマニア(新しいもの好き)として、健忘症というもう一つの負の惰性へとすぐに裏返りもするのだが。

「人は絞首台にも慣れる」と言った人がいる。チェコの哲学者、カレル・コシークである。彼はその著『具体性の弁証法』のなかで、戦争の最前線でも強制収容所でも、日常はしぶとく回復するという。非日常の最たるものである死も、そのあと法要や、さらに日々の食事や身じたく、片づけをくり返すなかで、暮らしが一定のリズムをとり戻し、やがて更新されたその生のかたちがあたりまえになってゆく……。

生き延びるためのいわば自衛の措置なのであろう。だが、それはまた、痛恨の経験を二度とくり返すまいとしてせっかく組み立てたものをなしくずしに失いゆく過程でもある。意識や感

1
社会
Society

覚の閾《しきい》をうんと上げることで情報量を絞り、多くのことがらに無感覚（アパシー）になることによってである。

《幻影肢》という現象がある。戦闘や事故で負傷し、手足の切断手術を施された人は、手足がかつてあったその場所に痛みや痒みを感じることがあるという。神経の突端は切断された断面にあるはずなのに、患者はもはや存在しない手足が位置していたその虚空に痛みや痒みを感じるのだから《幻影肢》と呼ばれるわけだが、こういう身体感覚も何ヵ月か経てば縮こまって、現にある身体にすっぽり収まるらしい。

こういう現象が起こるのは、人が手足の欠損を拒否してこれまでどおりの活動を維持しようと抗うからだが、やがて欠損した「新しい」身体にもしだいに慣れて、この症状は消える。このように人は、身体のどんな欠損、どんな故障にも、拒否から受容へと対処しなおし、そうして新しい状況になじんでゆく。生き延びるにはたしかにそうするしかない。

持病や後遺症を患う人もまた、じぶんをたえず苛む微かな痛みを受容し、それを日々だましだまし凌いでゆくほかない。が、そのなかで手術前後の激痛はすっかり忘れても、通奏低音のようなこの微痛だけは慣れることができない。

安らかな秩序というものはあたりまえにあるものではなく、たえず手入れや手当てをしていないともたない。身体のみならず、家族でも組織でも、人が組み立てたものは知らぬまに弛み、蝕まれる。それを見逃しているとやがて崩れる。それを防ぐために、社会にも慣れることを許さない〝持病〟があるはずだ。困難な〈自由〉、困難な〈デモクラシー〉。それを護るために、日々手当てしつづけなければならないことが。

こうの史代はコミックス『この世界の片隅に』のなかで、太平洋戦争時、戦況がだれによっても堰き止められずどんどん深みにはまってゆくなかで、一人の女性にこう語らせていた。

《大ごとじゃった。大ごとじゃ思うとった、あの頃は。大ごとじゃ思えた頃がなつかしいわ》

エクストラオーディナリーということ

2015年7月

午後の「ちちんぷいぷい」は見られないが、夕方早めに帰れた日は報道番組「VOICE」を観るのを楽しみにしている。毎日放送のアナウンサー、西靖さんの語り口には偉ぶるところがなく、小さい頃から知っている近所の「にいちゃん」の風情がある。温かいのに熱くならないし、理を一つひとつ確認してゆくその緩やかさがなんともいい。

西さんは大阪大学の法学部の出身。わたしが大阪大学にいた頃、大阪市内で催すちょっと実験的なイベントでも、何度か司会役として助けてもらった。そしてこの5月の同窓会には、ゲスト・スピーカーとして参加してくれた。

その日、彼は大学時代の鮮烈な思い出をこんなふうに語った。

地方都市から都会の大きな大学にやってきて驚いたのは、大学には何やらようわからん場所がいくつもあったこと、何をやってるのかようわからん人がうようよいたこと。教室にはなぜ

1
社会
Society

こういうことに命を削って取り組むのかわからない先生がいたし、部室棟にはどういう活動しているのかよくわからない人たちがいた。そういう場所で、これまでそのようなものが存在するとは想像もしなかった問いにふれ、活動を知った。自分の関心の外にあるものへの関心がいやでも拓かれた。そのことが大学で経験したいちばん大事なことであり、それがいまの仕事にたしかにつながっているというのである。

じぶんが何を知らないかを知ることは、たんに何かを知ることよりもはるかに難しい。いいかえると、じぶんには何が見えていないかがうっすらと見えてきたときはもう、理解への足どりはかなり進んでいると思ってよい。ただし、そのことはずいぶん後になってはじめてわかることなのだが。

エクストラオーディナリーという語がある。「法外な」とか「破格の」とか「尋常でない」と訳されたりするが、要は「普通」の外、オーディナリーを超えている、はみ出ているということである。

大学にはこういうエクストラオーディナリーな問いが溢れかえっている。物質の元基となるもの、宇宙の果てにあるものへの問い、勘定に入れるべき無数の不確定要因をより分けながら歴史の道筋を読み取ろうとする作業、他の生きものの行動原理を知るためにおこなう果てしのない調査、ありとあらゆる言語のしくみ、婚姻の規則などの探究などなどである。これらは学問というもののほんの限られた例でしかない。そしてこれらは、わたしたちの日常の視野から大きく外れるもの、わたしたちにはこれまで見えていなかったもののほうから、いまわたしたちの目の前にあるものに光を当てなおすいとなみである。優れた研究者はそんな法外ないとなみに命を削っている。

考えてみれば、宗教もそう。この世をその〈外〉、つまりはあの世から発する視線でもって照らしだそうとする。美術は見えないものを見るために、あるいは見えているものをふだんとは別なふうに見るために、そのフックとなるものを造形する。音楽もおなじであろう。

学問と宗教と芸術。これらのエクストラオーディナリーないとなみが、わたしたちの人生を、世界を、これまでとは違った眼で見るための補助線を与えてくれる。そうした補助線に日々の暮らしのなかでさりげなくふれられる街を、ひとは奥行きがあると感じるのだろう。

2018年7月

タウンの行方

大阪の大学に勤めていた頃、千里ニュータウンを走るタクシーの運転手さんからこんな話を聞いたことがある。70年万博の頃にできた府営の集合住宅へ客を迎えに行くとき、エレベーターも呼び出しボタンもないので階段を昇らないといけないが、北側の階段下にはみみずがひしめいていて肝を冷やすことがあると。

理由はあきらかで、空室が多く、共有の場を整えるにも手が足りないからだ。高齢の単身者が増えて「限界集落」のようになっているらしい。「ニューファミリー」族の憧れの対象であった郊外型の大規模集合住宅群が、おなじく高齢化した西成のあいりん地区と共通の問題を抱え込むようになるとは、かつてだれが想像したことだろう。

だが一方で、じわりじわり若い世帯の入居が進んでいる地区もある。古くても賃料が安いし、交通も都心に直結して便がいい。新しい世代が2戸分を借り、壁を取り払って自前でリフォームし、オフィス兼住宅とするような試みも生まれつつある。半世紀ほど経って緑はずいぶん豊かになったし、棟の間隔も広くて、子どもだけで遊ばせておいても上から見られ、安心だからと。

この地区、ニュータウンと称しながら、じつはタウンからほど遠かった。タウンというのは、個々の生業《なりわい》を協同させることによってしか成り立たない。いろんなお店が「持ちつ持たれつ」ともに繁栄する。そういう相互扶助や交際をつうじてコミュニティが生まれる。

その生業をつうじての交際がニュータウンにはない。住人たちはほとんどが通勤生活者で日中は不在。家族は、衣食住から防災・防犯まで、行政もしくは大企業によるさまざまなサーヴィスを受ける、あるいは購入するだけで、それぞれの生業をたがいに交わらせることがない。あるのはまるで砂粒のような匿名の消費者としての生活ばかり。働くことと暮らすことがここまで切り離されては、タウンも成り立ちようがない。

ひるがえって、未だタウンの風情をたっぷり残しているかに見える京都はどうか。新しいまちがブロックごとに区切られているのに対し、京都の市中では街路をはさんで向かい合わせで一つの「お町内」が形成されてきた。いわゆる「両側町」だ。そこではみなが顔見知り。世帯数は数十、人口もおおよそ150となれば、これは人類学でいう「マジックナンバー」、たがいの顔と名前が一致する上限の人数とほぼ一致する。

人びとがその履歴ごと「人格」として集まり住む空間がタウンだ。そこがシティにおける「契約や協定」よる集団形成と異なるところで、タウンでは「習慣と記憶」によってものごとが決まってゆく。そのことがしがらみとして敬遠されもするのだが、しかし、コミュニティの地力は生き延びるにあたってどうしても外せないものを共同で維持するところにしか生まれない。

職住不一致の暮らし、匿名の消費者としての暮らしをこのまま続けてゆけば、見かけはタウンでもいつか萎びた大根のように鬆《す》だらけになり、ニュータウンとおなじく「限界集落」への道を歩みかねないのでは。

2018年8月

〈安心〉の生まれる場所

その2行に釘づけになった。
《人からにしても、子どもからにしても、「助けて！」って言う言葉をかけられたことある？その経験がない人には、何を言ったってわかりゃせん》
広島市内でおよそ40年にわたり子どもたちに無償で食事を提供しつづけてきた元保護司の中本忠子《ちかこ》さんの言葉だ。中本さんのその取り組みは《子ども食堂》の先駆ともされるが、たとえば電気もガスも水道も止められた家の子もいれば、暴力団の家族の仕事や母親の薬物注射を手伝わされている子もいるというふうに、ここにはひどく「重たい」環境にある子も少なからず訪れる。「ドロドロして、言葉も出ないようなこと」もしょっちゅう。「きれいごとではないんです」と、中本さんは言う（『あんた、ご飯食うたん？』２０１７年）。

保護司になって間もないころ、シンナーを吸っている少年に「どうしてシンナーやめられんの」と訊くと、少年は「しょうがないじゃぁ、腹が減っとるんじゃけん」と言う。「腹が減ってるときにシンナー吸ったら、腹が満タンになるん？」と重ねて訊くと、「腹がすいたの忘れることができる」と言う。「そんな単純なもんか」と思った中本さんは、「ほんじゃ、うちでご飯食べる？　飯ぐらい食わすど」と少年を連れ帰った。やがて少年は似た境遇の仲間を次々と連れてきて、彼女の家はシンナー少年の「たまり場」になった。それがきっかけなのだと、中本さんは語る。

あなた、だれかに「助けて！」って言われたことある？　この問いかけ、きっと多くの人の虚をつくだろう。ちょっと手を貸して、という意味で「助けて」と言うことならだれにもある。事故や災害に遭って、とにかく誰彼になくそう叫ぶこともある。が、もう行き場がない、身がもたないといった限界状況のなかで、「助けて」と大声を上げることが、この時代、ひどく難しくなっている。

幼いころ、路地向かいのご主人が、何かの用で押しかけてきた弟さんと殴りあいの喧嘩になったとき、奥さんが「助けて」と叫びながら家を飛び出してこられたのを憶えている。あらんかぎりの声で発せられる「助けて」だった。

子育てと家族の介護、いじめと虐待、収入の見通しの立たない生活、高齢での単身生活……。気がつけばひとり《孤立》していたという経験に、だれもがいつ晒されてもおかしくない時代である。が、「助けて」と大声を張り上げられない。「共同防貧」の仕組みが崩れ、人びとが《孤立》のなかで貧困を耐え忍ぶほかなくなったという、昭和初めの柳田國男の憂いを、より根の深いかたちで確認せざるをえない時代になっている。

人には、生きるうえでそれと意識することなくあてにしているものがある。行き場がないと思い詰めるなかで、ああそうか、わたしの毎日はこの上に成り立っていたのかと気づけば次の手も考えられようが、そういうふり返りのなかで逆にそれの喪失をこそ思い知らされたとき、人はじぶんを浮き草のように感じる。

が、問題はその次にある。人は内に閉じこもり、そこでみずからの存在を問いただしはじめるからだ。たとえば「わたし、まだここにいていいの?」というふうに。

戦時下フランスのレジスタンスの闘士でもあった思想家、シモーヌ・ヴェイユは、若き日の苛酷な工場体験をふり返ってこう記している。人は「自尊心とか自重の思いとかの拠りどころ」となっていたものが蝕まれ、崩れたとき、「メスをあてられる前に肉体がちぢむように、思考もちぢんでしまう」。だから言葉を呑み込み、意識も消して「屈服」するほかなかったと(『工場日記』田辺保訳)。

「助けて」と叫ぶのは、その叫びを受け取ってくれる人がいると信じるからだ。人はそういう受け手の存在を「安心」の糊代としてあてにしつつ生きている。が、「安心」は「安全《セキュリティ》」と同じではない。「安全」とは不安や恐怖の原因となるものがあらかじめ制度的に除去されていることである。これに対し「安心」は、具体的なだれかをあてにできる、いざとなれば頼れる人がまわりにいる、ということである。

「あてにする」は英語ではたぶん「リライ・オン」とか「カウント・オン」にあたる。その「あてにできる」（リライアブル）な人たちに二重三重に取り巻かれるなかで落ち着きを得られていること（カウンテナンス）が、「安心」なのだ。それはしかし、制度的な保障だけでは不十分で、たがいに顔の見える距離で人と人が素手で編みまた繕ってゆく小さくとも丹念な努力の積み重ねのなかでしか育まれない。

そういえば中本さんはこうも語っていた。食堂に来た子どもには「よう来たの」とだけ言って、何も聞かない。何度も来るうち、じぶんのほうから口を開き、「こちらが聞きたくないことまで話してくるようになります」と。

2018年7月

歴史の踊り場

「明治維新１５０年」。それを慶賀するのはいったいだれなのか。おなじ１５０年といっても、たとえば東北にとっては「戊辰戦争」から数えてのそれであろうし、沖縄にとってはむしろ明治5年の「琉球処分」を機として数えられるものであろう。いうまでもなく、ともに不遇と苦難の歴史として。

それに対抗しようと始めたわけではないが、この春まで6年間、年来の友人たちと大正期の社会をめぐる研究会を続けてきた。コアとなるメンバーは、詩人の佐々木幹郎、法政思想史家の山室信一、音楽学者の渡辺裕の三人とわたしである。

「大衆社会」「消費社会」といった現代生活の祖型が、大正というエポックにある。そういう歴史の場を、そこで未発のままに終わった諸可能性をも含めて検証したいという思いがまずあった。

それとともに、1995年の阪神淡路大震災がその復興への取り組みのなかで〈ケア〉と〈ヴォランティア〉の文化を定着させたとすれば、2011年の東日本大震災はこののちいったいどのような文化を醸成してゆくのかという問題意識から、ふり返って1923年の関東大震災のあとはどうだったのか、それを検証したいという思いも強くあった。

議論を続けるなかで浮かび上がってきたのは、現代と大正期というこの二つの時代のおどろくばかりの相同性である。

「サラリーマン」という俸給生活者の急増、「女性の自立」をめざす婦人運動、窮民救済のための「方面委員」（のちの民生委員）の制度など、現代の労働状況の、フェミニズムの、そしてヴォランティアのはしりとなる現象がまず注目される。ラジオ・レコード・電話・雑誌など新しい情報・娯楽媒体の登場、関東大震災時の「流言蜚語」、「地方学《ちかた》」の提唱なども、現代社会の議論と共振する。「チョイ悪おやじ」（不良老年）にあたる「モダン・ヂイ」が流行語になったことなども含め、まさに大正期に現代生活のさまざまな祖型が出現していた。

なかでも「給料取り」という就労形態の広がりは、勤労者と専業主婦という性役割分担を固定してゆくとともに、現代の地域コミュニティの崩れにつながる職住不一致の生活様式を急速に進行させていった点で重要である。

それに、これらの現象はいずれも双面をもっていた。大衆の華やかな消費ブームの陰には、貧困にあえぐ「細民」の増加、つまりは「格差」社会の進行があったし、大正デモクラシーの象徴となる普通選挙法案が可決された5日後には治安維持法案が可決された。思想レヴェルでの文化主義の提唱の対極には、文化庖丁・文化風呂・文化住宅のような、新式の便利なモノという意味での「文化」の流行があり、その中間に「文化生活」をめざす生活改善の運動や「文化学院」の創設、「文化アパートメント」の建設などがあった。

時代はこのあと満州事変、太平洋戦争へとなだれ込んでいったが、その過程で抑止され、後退し、封殺されていったもろもろの可能性を、一つの文脈へと糾合せずに、いわば散乱状態にある《踊り場》として取り出すこと。わたしたちがめざしたのはそれだった。権勢史や思想史といった上空からのまなざしで時代を語るのではなく、地べたの「民の声」を聴き取ってゆく作業だった。山室に言わせれば「地表に顔をすりつけるようにして」である。

そしてこの5月、その中間報告を『大正＝歴史の踊り場とは何か』として上梓した。

2

政治

Politics

政治の話法

2014年7月

政治という場面で言葉が機能しなくなっている。

ヘイト・スピーチは、いうまでもなく相手を斬りつける言葉の刃である。都議会でのヤジは、相手を怯ませるために投げつけられた言葉の礫である。「最後は金目でしょ」という環境相の発言は、苦境にある人への想像力を欠いた捨てぜりふである。兵庫県会議員の号泣は、釈明ができずに進退窮まった者の居直りである。そこにはそもそも言葉を交わそうとの意志はみとめられない。いや、それを拒絶するためだけに言葉がある。

けれどもこれはまだ「場外」の言葉である。政治の「場内」、つまりは議会での、記者会見での、政治家の公的な発言じたいがもはや政治の言葉ではなくなっている。ここでいう政治の言葉とは、多角的な状況判断を示したうえでこの国が進むべき長い道を語ること、そしてそれを理を尽くして説くこと。対立する意見のあるときに、いずれに理があるか、公の場で切々と説き、より多くの国民を納得させる術のことだ。

集団的自衛権をめぐる閣議決定にいたるまでの議論は、そういう理路を尽くすものではなかった。このたびの閣議決定をめぐって国民が知りたいのは、その文言が憲法第九条になぜ背馳しないとされるのか、その納得のゆく理由である。「国権の発動たる戦争と、武力による威嚇又は武力の行使は、国際紛争を解決する手段としては、永久にこれを放棄する」という条文をいくら読んでも、さらにこれに続く「国の交戦権は、これを認めない」を読んでも、これまでの個別的自衛権という観点からのぎりぎりの解釈を超えて、他国での武力行使に道を開くこのたびの「解釈変更」は、この条文に反するとしか読みようがないからである。

憲法の改正案として国民に問うべき国政上の「決定」であるにもかかわらず、与党の密室での会議と閣議決定だけでそれがなされたことへの異議、非現実的な想定事例への疑問、武力行使の条件をめぐるそのときどきの解釈の恣意性と歯止めなき拡大解釈への危惧など、数々の疑義が持ち上がっているのに、それらの問いに対して、首相は「国民の安全を守る」「平和に積極的に資する」というだれも反対できない大前提で答える。「断じてありえない」と啖呵を切る（そして追って反故にする）……。問いをはぐらかす言葉、とりあわない言葉で、みなが求めている議論を空回りさせる。文字どおり「話にならない」のだ。

「閣議決定」がいうように、「安全保障環境」はたしかに刻々と変化する。にもかかわらず、憲法第九条の護持によって戦後長らく戦闘による死者を一人も出してこなかったという、じつに重い事実がある。「安全保障環境が厳しさを増している」というときにまず取り組まれるべきは、万一の事態が起こらぬよう、近隣諸国とのあいだで最大限の外交努力を尽くすことであるはずだ。

ところが、「閣議決定」のいう、万一の事態が起こったときの対処のための方策が、逆に近隣諸国の警戒感を煽り、その万一のことを招きかねない最大の要因となっている。その意味で、六月二十三日、沖縄の「慰霊の日」の式典で、安倍首相が「戦争を憎み、平和を築く努力を惜しまない」と宣言したのも、悪い冗談としか聞こえなかった。ここに、政治というものを支える《言葉への信》はもはや求めようがない。憲法の言葉を根菜の鬆《す》にしてはならない。

2015年1月

削がれゆく国家

「公務」と呼ばれるような仕事から離れて4年近くになる。もともと出不精な質《たち》なので、以来、海外に行くことはなかった。気がつけば、パスポートの有効期限が過ぎていた。旅券をあらためてよく見ると、冒頭にこんな文章が掲げられている。

「日本国民である本旅券の所持人を通路故障なく旅行させ、かつ、同人に必要な保護扶助を与えられるよう、関係の諸官に要請する。日本国外務大臣」

この旅券を持つ人物の「ひと」としての基本的権利を保障するようにとの要請が、一国の大臣の名で記載されている。基本的人権というものは「国民」としていずれかの国家に登録されているかぎりでのみ保障されるという逆説が、ここに書きとめられている。ひとは国家への帰属を外れ難民化すれば、同時に「ひと」としての権利も失ってしまうということだ。

国民国家とはそもそもが不安定な存在である。「個人」にとっては私的利害を超えた公益を担う一般的な存在である一方で、「人類」に対しては特定の社会の利害を代表する特殊な存在なのである。

2
政治
Politics

昨年末の総選挙における投票率の低さについては、野党が対抗政策を明確に提示できなかったのが最大要因だとされたりしたが、それと同時に、国家がもはや公益を担うものとして受けとめられなくなっているという観点からも論じられるべきだったとおもう。

国民国家はいま、たしかにその内外から力を削がれつつある。世界貿易機関（WTO）、国際通貨基金（IMF）といった国際機関や欧州連合（EU）のような地域連合のみならず、国境を無化するグローバル経済や電子メディアなど、国家に〈外〉から主権の制限や規制の廃棄を迫るような動きが一方にある。他方、〈内〉から見れば、階層間の格差の拡大や、エスニックな文化の多様性の承認要求などによって、国家による「統合」にあきらかな限界が露見しだしている。

グローバルな市場の熾烈な競争のなかで、いずれの大企業も、もはや「経世済民」（世を治め民を救う）でなく組織防衛を最優先せざるをえなくなっている。そのためのコスト削減が国民の労働環境の劣化をもたらし、さらに年金や保険、生活保護制度の破綻の可能性も国民の視野にはっきり入ってきている。

そうしたなかで、暮らしのセイフティネットをもはや国家に期待できないという不安を、人びとはつのらせている。セイフティネットは自前で準備するしかない、と。

そういう不安を一挙に加速したのが福島第一原発の事故だった。あの直後、多くの国民はこれが連発すればみずからも「難民」となる可能性を意識したはずだ。地産地消、自給自足経済への取り組みや、地方へのUターン、Iターンといった動きの加速も、このことと連動していたはずだ。
政府と経済団体が株価や円の交換レートの変動に神経を尖らせているあいだに、聡い若者たちは、「日本国」にもはやみずからの存在を重ね合わすことなく、地方に、あるいは海外に拠点を移そうとしている。あの、旅券に記載された事項が効力をもたない状況がありうるということから、目を逸らさないでいる。

2015年8月

デモクラシーの礎《いしずえ》

津田大介さんが主宰する「ポリタス」というサイトに、映画監督で作家の森達也さんの「『絶望しない国』で生きる、ということ」と題した文章が掲載されている（2015年8月15日）。読み進むなか、次のくだりに眼が止まった。
《ドイツでは憲法（正確には基本法）を改正するとき、国民投票という手続きを取らない。数年前にこのことを知ったとき、ナチス・ドイツの記憶を持つドイツこそ、国民投票を最優先すべきなのではと不思議だった。知り合いのドイツ人はその理由について、僕に『我々は自分たちに絶望したからです』と説明した。集団化したときの自分たちの判断を信用していないのだとも》
多数の意見をまずは尊重する。そのうえで少数者の意見にも可能なかぎり配慮する。これが

2
政治
Politics

デモクラシーの基本であろうが、ドイツ人がその最初の前提に全幅の信を置いていない、というかじぶんたちが集団としてなす判断につねに懐疑的であることを肝に銘じているという事実は、重い。二つの世界大戦のあいだ、国民の圧倒的多数が国家指導者としてナチスを戴いたことへの痛切な反省、というかあまりに深い「絶望」が、ここにはある。対して、森さんのいう「絶望しない国」がどこか、言うまでもなかろう。

多数。これが何かをきっかけに急激に膨張し、制御不能な群衆となる過程を、35年かけて分析しつづけた思想家がいる。エリアス・カネッティ。その著『群衆と権力』の分析は、冒頭より緊張をはらんだ文体で進められる。

未知のものとの接触、他なるものとの接触ほど、ひとを不安にするものはない。だから人びとは日々の暮らしのなかで細心にそれを回避しようとする。そんな「接触恐怖」が極点にまで昂じたとき、人びとは逆説的にも群衆のなかに入り込もうとする、とカネッティはいう。押し合いへし合い、自他の境界が不明になるまでに緊密な接触のなかではじめて、ひとは接触恐怖から解き放たれるのだ、と。

それのみでない。社会のなかに設定された無数の差異や障壁のなかにあってひとは日々神経をすり減らしてきたのだが、群衆のなかではそうした隔たりは消え、まったき平等という幻想のなかに浸れる。だから群衆を一つにまとめる何かある「方向づけ」があれば、人びとはそこへと殺到する……。

デモクラシー（民の力）には、他の生物の群れ行動にも通じるような非合理な心的傾向が潜んでいる。それに抗おうとすれば、それを自覚することから始めるしかない。群衆にみられるようなうわずった「方向づけ」ではなく、社会として守るべき価値とそれにもとづく制度を合理的に選び取ってゆく、そのような議論を人びとのあいだで辛抱強く続けるほかない。

そういうふるまいをこそわたしたちは「公共」と名づけたはずである。だが、その「公共」を「お上」に預ける、委ねるという習性を、わたしたちは未だに脱しえていない。「公共」は、上から下りてくるもの、つまりは「だれのものでもないもの」として受けとめられ、じぶんたちの私財や労力を提供するなかでともに担い、維持すべきもの、つまりは「みんなのもの」とは、未だ十分になりえていない。いま「憲法」を論じるなかで、わたしたちはこの前提をこそしっかり築いていかねばならないのだとおもう。それぞれの場所で。

2015年9月

「市民」とは誰か?

いやはやヘンな癖がついたものだ。このところ公共放送(国営放送ではない)のニュースキャスターの表情をつい食い入るように見てしまう。「局員」として、与えられた原稿をそのとおりに読むときのその心持ちをつい過度に忖度してしまうのだ。他の番組を担当していた頃のあの屈託のない表情はどこに行ったのか。職業倫理という名の無感覚? あるいは不本意? それゆえの深い苦渋? そんな疑問を抱きつつ見るのがしんどくなって、結局は途中で電源を切ってしまうのだが。

ちなみに元解説委員のあるキャスターは、同じ局のバラエティ番組で、「いままで言えなかったけれど」と断ったうえで、「いま岐路にある。わたしたち一人ひとりがじぶんのこととして考える時だ」と、たまらず(?)口走っていた。

18世紀の哲学者、カントは、『啓蒙とは何か』という論考のなかで、理性の公的使用と私的使用ということについて述べていた。ある組織のなかで、それがたとえ「公職」といわれるものであっても、みずからにあてがわれた職務に忠実に、ということは無批判的に、尽くすのは、みずからの理性を私的に使っていることになる、と。逆に理性を公的に使用するというのは、人間性というものを宿す人類の一員、そういう意味での〈個〉として、発言し、行動することだというのだ。そのような人類の一員であるということを、カントは「世界市民」と表現した。

それにしても「市民」とは、何を、あるいは誰をさすのだろう。「市民としての」を英語で言うと、シヴィルとなる。刑法に対する「民」法も、「公民」権も、「公務」員も、「文民」統制も、「市民」団体も、括弧でくくった部分はみなシヴィルである。

ではその「市民」とは具体的に誰のことか。このところの安保法制問題では、「市民の抗議の声」と言われる一方で、一つの野球場を埋めるくらいの人数で政治が動くなどということは民主主義の国ではあってはならないと嘯く政治家もいる。市民とは民衆や国民全体のことなのか。それとも、自立的というか、相対的に強い政治意識をもつ人たちのことなのか。

たとえば市民会議、あるいは市民運動。そこでは少なくとも政治家や官僚、大企業の経営者などはメンバーからは外れる。政権に直結する、あるいは政治への圧力行使をなしうる組織とは関係をもたない人、そういう関係をいったん棚上げしている人が、「市民」会議のメンバーである。同じように「市民」は、国民、地域住民といった「籍」で括られる人びととも、労働者や消費者として規定されるかぎりでの人びととも、区別される。

「市民」は特定の誰かとして実体的に捉えられるものではない。さらに重要なのは、いまは不在の人びと、つまりは未来の世代もまた、この「市民」に含まれるということだ。現在の社会的決定はかならずやその世代を巻き込むのだから。

その「未来の市民」にも思いをはせつつ、現在を生きる人びとがこののち無事生き延びるのにふさわしい社会のあり方を構想し、そのためにもっとも大事な課題は何かと考える、そういう探究をすすんで担おうとする人びとこそ、「市民」なのであろう。組織、そのもっとも大きなものとしての国家にすべてを委託するのではなく、人びとがみずから問題解決のためのコンテクストを作ってゆこうとする、その運動の「主体」として想定されるのが「市民」なのであろう。カントが「理性の公的使用」ということで言おうとしたのも、そういうことだとおもう。

2017年10月

対話と方向感覚

選挙になると言葉が雑になる。選挙のときこそ、これからこの国を、この社会を、どのようなものにしてゆくのか、政治家と有権者との対話が必要になるはずなのに、言葉は人を対話に誘うのではなく、一方的な主張を連呼するばかりのものになる。宣伝カーのスピーカーがまき散らすがなり声、電話で支持を訴える代理人、というよりアルバイトの情況調査員（？）の声。ここに対話の意志はない。

あるいは「公約」という約束が、ごく短い言葉でスローガンのように書き出される。だれもあえて反対はしないような口当たりのよい命題が並ぶ。そのすべてが実現できるわけがないことはほとんどの人が知っている。吟味すべき要素が数多く残っていることも判っている。さらに公約にはあえて掲げず、選挙後に隠し球のように連発するような政策もあろう。このことも政治家たちの過去のふるまいからをあるていど心得ている。

だが、政治家の言葉への不信が極まるという直近の国政のありようを見れば、このたびの選挙ほど、政治の土台である言葉の「真」が問われる選挙はないのではないかとおもわれる。

それにあたって「公約」の吟味より先に人が見極めるべきことが二つある。

一つは、選挙後も反対意見ともきちんと向きあいつつ施策を決めてゆく用意があるかどうか。対話は突然始まるのではない。まずだれかへの語りかけがあって、それにだれかが応えるというところから始まる。そういう応答が生まれるためには、いっしょに考えてくれませんかという、相手への敬意がその言葉に含まれていなければならない。わたしに一票を入れてくださいという懇願ではなく、わたしの言葉に応えてほしい、間違っていたらいたで言葉を返してほしいという呼びかけを、どれだけ情理を尽くしてなしているか見届けることだ。

哲学者のレヴィナスが宗教哲学者のブーバーにことよせて述べた言葉をここで引けば、人は「群衆のうちに埋没することも孤独のうちに遺棄されることも」あってはならないからこそ、《対話》というものが必要になる。人が人の傍らにいるということのうちに「人間の精神性」があるというのである。右で述べた「敬意」はこの「精神性」と別のものではない。

いま一つは、かつて約束したことに、その人がその後どう処したかをできるかぎりふり返っておくこと。もちろん約束のなかに両立しがたいことが含まれていたことは判っている。頓挫も失敗もあっただろう。ただ約束を違えたその理由が納得のゆくものであれば、人は相手の言葉を信じるものである。事細かに理解できなくても納得はできるというその感触がつかめたときに、人はだれかを支持する。

だからこそその人の言葉の来し方を、とりわけ頓挫や失敗のあとどう処したかを辿っておく必要がある。間違いをほんとうに悔いる人は、間違いの理由を推し量る。その推量のなかに今後は向かうべきでない方向が指し示される。鶴見俊輔はそれを「方向感覚」と呼んだ（『日本人は何を捨ててきたのか』）。

あまりに多くの不確定要因を内蔵しつつ流動する社会にあって、わからないものにわからないまま正確に処するというのはひどく難しい。だからこそこの「方向感覚」を身につけることが大事になる。

あるべき社会の姿を訴えるときには、そう訴える集団のなかにすでにそのあるべき社会の萌芽が生まれていなければならない。どこにその芽を見つけるか、あるいは植え付けてゆくか。

これは選挙時というよりは、日頃からまわりの人たちとの関係で試みておくべきものである。

ひとを「選ぶ」？

2015年2月

「選挙一色」の年末だったとふつうなら言うところだろうが、じつは多くが戸惑っていた。選択肢の乏しさにいらついた、とことん焦れた、と言う人たちが、まわりにうようよいた。その結果は、現時点ではまだ知らない。

「選挙」。文字どおりひとを選ぶふるまいである。じぶんたちの代表を選ぶということになっている。ひとを選ぶにしてもその「ひと」がいないというとき、力関係の均衡とか、対抗票とかを、とりあえず考えるほかない。が、これは「ひと」を選ぶということではない。「状況」を選ぶだけのことだ。

わたしたちの代表を選ぶといっても、「代表」といえるだけの意思疎通の回路があるわけではない。「代表」となるかもしれないひとのその思考や判断を、日頃仔細に聞かせてもらっているわけでもなければ、こちらから問い合わせたこともない。イメージ、それもメディアから伝わるイメージをとっかかりにするほかない。で、気がもつれる。が、このままであっていいはずはない。

候補者の束の間の、そう束の間の、「明言」に、にわか仕立ての反応をするというのも気が萎える。急ごしらえの実力行使ではなく、せめて数十年を見越した実力行使に入るほかないと、じつはひそかに思いさだめているところもある。そんなぐずぐずを、先に実力行使に入っているひとを思い浮かべて、羞ずかしいとおもうところがないわけでもない。すかっとせん、というのがわたしのこの年末の思いだった。すかっとせん。

が、そもそもひとを選ぶということそのことが、不遜とまではあえて言わないが、正しいことであったのか。そんなことも考えてみた。

かつての私は、どうでもよい些細な事柄でまわりの人間を峻別しては、嫌ったり嫌われたりして人間関係をこじらせてしまうのが得意でした。その私が『選ぶ』という行為を放棄してぼんやりしてしまっていたのです。それは無意識のうちに、人生でどんな人と出会うかは、じつは選べそうで選べないことだと思うようになった自分と出会うことでした。これは、なかなか愉快なことでした。

（小山直「「浦河で生きる」ということ」、『べてるの家の「非」援助論』所収）

心的障害者たちを率いてある企業を起こしたひとの言葉だ。自身も〝精神障害〟で長く苦しんだひとの言葉である。

だれかを選ぶというのは、いうまでもなく、別のだれかを外すということだ。身も蓋もない言い方をすれば、だれかの存在を値踏みすることだ。そんなこと、ほんとうにできるのか、してよいのかと、この文章にふれておもう。

ひとは生まれてすぐ、だれかに引き取られる。実の親であれ、それ以外のひとによってであれ。だれかと恋に陥るときもそう。だれかの聴き手になるときもそう。ひとの出会いというのはだれも選べない。それは、ひとを選別するということの外で起こることである。そしてひとを選ぶのは、そうした選別に先立つ選びのなか、他人とのまみれのなかでであるはずだ。

となると、「わたしたちの代表」を選びうるのも、そうしたまみれが先にあってこそということになる。そのまみれが不在のまま選ぶのは、入学試験や資格試験のような、一律の「選別」になってしまう。「選別」というのは、ある条件を満たすかぎりでだれかの存在を肯定するということだから、いつでも置き換え可能と考えることである。これを社会レベルでなせば、「選別」する側もいつ別のだれじゃと取り換えられるかもしれない、そういう関係のなかに身を置くことになる。

「代わりがいる」ということばがある。そしてそれには正反、二様の意味がある。「これをするのはべつにあなたでなくてもいい」、つまり「おまえの代わりなどいくらでもいる」という意味と、「あなたができないんならだれかが代わりにやってくれるよ」という意味とである。前者を代替可能性、後者を代理可能性と仮に呼んでみると、代替とは機能を果たせればだれでもいいということ、代理とはいわば「名代」で、このひとの言うことはわたしの言葉として受けとってもらっていいということ。後者のような、いってみれば内からの選びをできないことが、選挙にあたっての砂を噛むような思いとしてあるのだろう。

とすれば、わたしたちはもういちどまみれのなかに入るなかでしか、ほんとうの選びはできないことになる。「せめて数十年を見越した実力行使」も、言葉を変えればそういうことになりそうだ。

そのささやかな試みのひとつに、2年前にとりかかった。「名前のない学校」という、森村泰昌さんに命名してもらった学校、何も教えない小さな小さな私塾、というかたまり場である。塾生となる高校生は人づてにナンパしてきた。

2014年3月

「押しつけ」と「おまかせ」

昨秋、京都で東日本大震災関連のシンポジウムがあって、そのなかで物理学者の池内了さんがこのたびの原発事故にふれて、「四つの押しつけ」ということを指摘された。

政府と電気事業関係者と消費者たちは、第一に、原子力発電施設を過疎地に押しつけた。第二に、被曝労働を下請け労働者に押しつけてきた。第三に、核廃棄物を未来世代に押しつけようとしている。第四に、汚染水を世界の人々に、生きものたちに押しつけている、と。

だれもみずから責任をとらないで、他者に「押しつけ」るという責任放棄の構造。これに合わせ鏡のように対応するもう一つの責任放棄の構造があるようにおもう。「おまかせ」の構造である。

2
政治
Politics

日本社会は明治以降、近代化の過程で、行政、医療、福祉、教育、流通など地域社会における相互支援の活動を、国家や企業が公共的なサーヴィスとして引き取り、市民はそのサーヴィスを税金やサーヴィス料と引き替えに消費するという仕組みに変えていった。一足先に近代化に取り組んでいた西欧列国が、そうした相互支援の活動を、教区など、行政機構と個人のあいだにあるいわゆる中間集団の活動にあるていど残しておいたのとは対照的に。

その結果日本社会で起こったのが、この相互支援のネットワークが張られる場たるコミュニティ、たとえば町内、氏子・檀家、組合、会社などによる福祉・厚生活動の痩せ細りである。人びとは、提供されるサーヴィス・システムにぶら下がるばかりで、じぶんたちで力を合わせてそれを担う力量を急速に失っていった。いいかえると、これらのサーヴィス・システムが劣化したり機能停止したときに、対案も出せねば課題そのものを引き取ることもできずに、クレームをつけるだけの、そういう受動的で無力な存在に、いつしかなってしまっていた。

公共的な機関への「おまかせ」の構造である。「押しつけ」と「おまかせ」の合わせ鏡。責任を担おうとしない人たちのこの合わせ鏡が、日本社会を覆っている。

その危うさを憂う声は、じつは日本社会が近代化の途をたどる過程で、識者たちからくりかえし上がってきたものである。

たとえば福澤諭吉は、明治の早い時期すでに、政府の文明化政策の目をみはる成果に凭れかかり、しだいに依存体質になってゆく人民の姿を憂い、「私立」（民間の独立）の必要を呼びかけていた。人民は「主客二様の役を務むるべきものなり」、と。

柳田國男は昭和の初め、明治・大正期の世相を論じた書物の末尾に、「われわれは公民として病みかつ貧しいのであった」と書きつけた。

福島第一原発事故の直後、人びとは、国土の何分の一かが「死の大地」になる可能性を思った。そして事故が続発すれば、ついに難民としてこの国土を去らねばならない、そんな可能性をすら想像した。国家の枠組みからも外れたそのときに、人びとを支えるのはこの「公民として」の市民の力量である。「押しつけ」と「おまかせ」の合わせ鏡の外にどう出るか。それこそ震災がわたしたちに突きつけた重い課題である。

政治の足許

2014年5月

ただもう深く恥じ入るほかないのだが、先だってじぶんが京都の府会議員・市会議員さんのお名前を一つも挙げられないことに気づき、愕然とした。幾人かのお名前が浮かばないわけではなかったが、その方々はみなすでに職を退かれていた。

うすら寒くなって、行く先々でおそるおそる、まわりの人に同じ問いを向けた。「あなたはじぶんの住んでいる地域の府県会議員・市会議員の名前をいくつ挙げられますか?」。

「……」。答えはこれまた愕然とするものであった。

「わたしたち」の代表の活動にこちらからもアクセスしなければならないとはおもう。議員の方も、見えないところでさまざまな活動に、手応えのなさにやきもきしつつ取り組んでおられるのだろうと想像しもする。けれども、わたしの住まいに、これまで、「こんなことやりませんか」「こんなことやらないといけないのではないですか」という呼びかけのチラシは、選挙前を除いて入ったためしはない。

民主主義というものの地味な裾野、そして政治へのいちばん身近な回路であり、かつあらねばならないものが、そっくり空洞化している。

とりわけ都市部では、議員は、一部の地域有力者や業界の方々、あるいは政党や政治団体に近い位置にいる人びとにとってはもちろんキーパーソンだろうし、日頃濃やかな交流があるのかもしれないが、一般の市民、とくに学生（京都は学生数が人口の1割を超す）、あるいはNPOなどの市民活動をしている人たちにとっては、連携や連帯の相手として、この人たちの活動につながらないと事は始まらないというリアリティは希薄だ。社会の「下」から意見を組み上げようというときにいちばんの頼りになるはずの人、中をとってももらえるはずの人の存在がこうも見えないというのは尋常でない。

政治とは、古い言葉でいえば「経世済民」（世を治め民を救う）のことである。が、アンケートに「支持政党なし」と答える人がときに半数を超える、そんな状況になって久しい。それら「支持政党なし」の人びとが市民としてなにか事を立ち上げようというときに、とっかかりになるフックのようなものを議員の活動のなかに探しても、なかなか見つからない。デモクラシーの基底は、乾いたスポンジのようにスカスカなのだ。

市民は、かつての床屋談義のように、テレビのニュースショーで話題になる政治家については、ちっと舌打ちしながら、まるで評論家のような口ぶりで話しはする。「ここらでちょいとお灸をすえたほうがいいな」みたいな。が、じかに実行に移すのは、投票という数年に一度の行動のみ。それは、メディアの報道につられた反射行動ではあっても、政治の足許をしかと見つめた上での意見（オピニオン）ではない。

政治が急旋回しだしたときにも、それを危ぶむ声はこもったままで横につながらない。つなげようにもその回路がすぐには見つからない。わたしたちは政治のコンテクストをみずからの手で編んでゆく術を磨いてこなかった。政治が空っぽになっている……。

2018年8月

言葉を養うもの

書き言葉であれ話し言葉であれ、言葉がからだの一部だということがあたりまえでなくなっている？

たとえばメールやツイッター。同じ大きさ、同じ濃度の印字ばかりなので、差出人がその言葉に託した思いは、一つ一つの語の感触から想像するほかないが、その手立てが足りなさすぎる。

かつて文《ふみ》のやりとりをしていたときは、便箋の凹みに筆圧を感じた。インクの濃淡に、封をするのに使った糊の膨らみに、指の運びを感じた。古封筒に染みついた煙草の匂いにその人の暮らしぶりを感じた。封筒にほのかに薫りがしのばせてあれば、ひどく心が揺れた。

そう、言葉に肌理があった。体温があった。たとえそれが人を欺くものであったにしても。最近、テレビ報道などで、国政を預かる人たちの言葉にふれて思うのも、メールについてと同じこと。抑揚も濃淡もない、書き言葉を連ねているだけのような答弁が続く。これだけはどうしても理解してもらわねば、という懇願や訴えにともなうはずの熱い息遣い、睨みつけるような視線、説得に必要な声の抑揚……。手書きの手紙にあったあの肌理や体温をそこに感じるのは難しい。

ペンであれ筆であれ、人が書くときには、ペン先や毛のたわみや返りで、あるいは肘の上げ下げで、いやでも字に調子がつく。字面のみならず、そうした調子を感じつつ、人は差出人の思いを察する。言葉の切迫、状況ののっぴきならなさを感じる。

言葉の「フェイク」ということが問題になっている。人がじぶん（たち）が立っているその場所を、体験を超えて一つの状況として捉えなおすのが言葉だとすれば、言葉そのものには「真《まこと》」も「嘘」もない。それはどこまでも解釈、つまり体験をまとめなおすということであって、そのかぎりで「語り」が「騙り」である可能性はどこまでも消せない。

言葉のそういう限界をよくわきまえている人が、言葉をもっとも大事にする人ではないかとおもう。

言葉にしたとたんに感じるきれいに辻褄を合わせているだけではないかとの疑い、まだまだ言い切れていないというじれったさ、これではだれにも届くまいというもどかしさ……。「まとまる」のではなくその逆、「まとまらない」という感覚こそが、言葉の「真《まこと》」を裏打ちしているのではないかとおもう。

フランスの思想家、シモーヌ・ヴェイユは『根をもつこと』（山崎庸一郎訳）という本のなかにこう記していた。教育の本分は「原動力を生まれさせる」ことにある。そのとき「方向だけを指示するにとどめ、それに見合った原動力を確保するように留意することなく、しかもそのうえで人間という被造物を善に向かわせようと欲するのは、アクセルを踏むだけでガソリンの入っていない自動車を動かそうとするにひとしい」と。

ここで「原動力」とはモビール、つまり人を突き動かす動機のようなもの。そう、エモーション（情動）を引きおこすもの。何が善かを示す訓育ではなく、善への「動き」を駆るこの力をはぐくむ教育こそが重要だというのだ。が、社会はいま逆に、それを殺いでゆくほうに向いている。

言葉の「原動力」がうごめき、逡巡し、蛇行するのは、まさにこの言い切れていないところ、言い残したところ、つまりは辻褄を合わせるというかたちで跨ぎ越してしまったところである。言葉の体温も手応えもそこから発する。この「原動力」の、感情に煽られない接触こそが、人と人との語らいや議論を「真」に近づけるのではないか。

言葉の倫理

2014年7月

わたしの父は体にちょっとした問題があって、衛生兵として従軍した。そして戦後、多くの元「兵隊さん」がそうであったように、戦場の情景について、家族にも沈黙を守りとおした。わたしが何を訊いても、父はいつも話を逸らした。でも、はぐらかされたとは思わなかった。ただ、よそで聴くともなく聴いていた、戦後生まれのわたしが知るよしもない戦争の話と、過去ではなく今日あったことを低い声でとりとめもなく話す父の姿との落差を、いつもちょっとだけ不思議に思っていた。でも、亡き父（たち）のその沈黙の意味にはずっとひっかかるものがあった。そして、それをずっと訊きそびれているうち、父は逝ってしまった。

話がそちらに行くとかならずはぐらかす、そんな父へのわだかまりというか、あるいは聴けば最後という、そんな不気味な予感というか、そういうものがあって訊かずじまいになったわたしは、だから、戦争の可能性をめぐって、舌滑らかにというか、軽々にというか、とにかく饒舌に話す政治家のその口ぶりには強い抵抗がある。

もう一度いうと、父（たち）は話を逸らしたが、それをわたし（たち）は、はぐらかされたとは思わなかった。かわりに遠くのほうで、おなじように戦争をくぐり抜けた政治家たちが、抑えた言葉で（子どもたちにはよく摑めない言葉で）、戦後日本の「理」を説いていた。くぐもったその物言いに、「戦争を知らない」世代はときにひどく苛立ちもしたのだが。

「情理を尽くして」という言葉がある。特定秘密保護法案、武器輸出の「新三原則」、そして集団的自衛権にかかわる閣議決定。矢継ぎばやに繰りだされるこれらの「決定」に、「情理」を感じることはない。「情理を尽くして」――手許にある『新明解国語辞典』には、「相手の立場や心情を十分に顧慮した上で、道理の上からは最低限こうでなければならぬと説く」ことである。いまの政治の議論ではこの「情理を尽くして」という過程がきれいに欠落している。このたびこそはと耳を傾けても、空しさしか残らない。言葉ががさつになっているというか、とにかくはぐらかされたという思いしか残らない。

政治というのは、いずれが理に適っているかを決するために、公衆の面前で議論を尽くすことであるはずだ。なのに、先週の（たった二日だけの）国会での論議を聴いても、「話」になっていない。論点をすり替える、ぼやかす、逸らす、揚げ足を取る、けむに巻く……。民の生き死ににかかわることだからこそときに言葉を呑み込む、言葉をぐっと抑える、といった情景は、そこに微塵もない。言いよどむより先に、言葉が制御不能なまま漏れ出てしまう、そんな光景がひたすらくり返されるばかりだ。

議会の外では、言葉からさらにたやすく抑制が外される。議会で低劣なヤジを飛ばしたり、厳しい追求に進退窮まって号泣というかたちで居直ってみたり、捨てぜりふを残して記者たちを振り切ったり、答えをはぐらかしたまま啖呵を切って会見の席を後にしたり……。言葉が、他者を説得するためにではなく、それを打ち切るためにばかり使われているような感じがする。

辞典の記述にあったように、「情理を尽くす」には、理路を説く前にまず「相手の立場や心情を十分に顧慮」することが肝要だ。「何を言っているかではなく、その人間が何を聞き取る人間であるのかを注視していれば間違う確率は少ない」とは畏友・平川克美の言葉だが、彼はそのあとにこう書きついだ。「その発話者が自分の言葉と身体感覚の間にある違和を自覚したとき、言いよどんだり、逡巡したり、ためらったりする。そこには信じるに足る意味がある」、と。この言葉にふれてすぐに、わたしはいつも話を逸らした父のことを思い出した。くわえて、スペインの思想家、オルテガ・イ・ガセットが自由主義について語った言葉をも思い起こした。彼は、《寛容》がたやすいものでないことを熟知しながら、それでも断固としてこう書きつけた――

《自由主義は……かつて地球上できかれたもっとも気高い叫びなのである。自由主義は、敵との共存、そればかりか弱い敵との共存を表明する。人類が、かくも美しく、かくも矛盾に満ち、かくも優雅で、かくも曲芸的で、かくも自然に反することに到着したということは信じがたいことである。》

（『大衆の反逆』神吉敬三訳）

政治というこの困難ないとなみのなかで人類が幾多の障害を踏み越えてついに手にしたこの作法を、この倫理を、よもや打ち棄てることがあってはならない。

「真実」の後先

2017年4月

「ポスト・トゥルースの時代」という言葉がメディアを行き交っている。「真実の後」？ということはかつて「真実の時代」があったということ？

もちろんそんな時代はない。いつの時代も虚実ないまぜの状態のなかで事件は起こる。戦争は起こる。しかも、虚実ないまぜと言いながらそこにだれもが則れる真偽の基準があったわけでもない。

「真実」も「事実」も解釈にすぎないとよくいわれる。ある事件について、重要と思われるいくつかの契機を取りだし、連ね、その意味するところを語るとき、一定の視点からする選択と構成がかならずともなう。語るとは編集することであり、だから語りはいつも騙りでもある。つまりは解釈なのだと。

ではどの解釈が「真」であるとされるのか。真実はこちらにあると主張しあう果てしのない争いを最終的に押しとどめるものはいったい何なのか。

痛烈な皮肉としてであるが、それは「力」によると、18世紀フランスの思想家、パスカルはいう。

力を欠いた正義は無力であり、正義を欠いた力は圧制的である。いずれも望ましくなく、だから正しいものが強いか、強いものが正しいかのいずれかでなければならないのだが、この両立は至難のことだ。人はだから、「正しいものを強くできなかったので、強いものを正しいとした」(『パンセ』前田陽一・由木康訳)というのである。

人が多数に従うのは、そこに道理があるからではなく、いっそう多くの「力」があるからだ。そしてその「力」が世論なるものをつくる。その「多数」の実態がよくわからないままに「世論」という見かけをつくるのが、メディアの時代である。流通する情報が少ない時代は、見えない「多数」に取り込まれることもそう容易くは起こらない。家族や地域といった小さな共同態の(見える)「真実」にじぶんを預けておけたからだ。

いま、「多数」の「力」をもつと思い込んだ人たちが、偽であるかもしれぬという不安を抱くことなく声を張り上げる。喧しさがまるで「真」であるかのように。「それを言っちゃあおしまいよ」とでも言うほかない言葉が、路上のみならず国政の場でもまかり通る。「建前」すら通らなくなっている。

「建前」とは、家屋の建築で棟や梁などを組み立てること。社会に当てはめれば、その骨格となるのは理念である。これが理念であるのは、幾何学でいう点や線が理念であるのとおなじである。幾何学では、点や線は、描かれたそれらがある大きさをもつのと違い、現実にはどこにも存在しない虚構である。幾何学はそういう虚構を基盤としてしか成り立たない。おなじように、安定した社会は、「平等」「自由」「正義」といった理念の上にしか成り立たない。

ではその理念や道理が拠って立つ基盤とは何か。それらの論理的な正当化は可能であるにしても、その正当性の「力」そのものはもはや論理的なものではない。「これを崩したら社会はもたない」という危機意識に裏打ちされていなければ「建前」はもたない。

だが、そういう意識の共有がおそろしく難しくなっているのが現代である。

福田恆存は文学における「真実」について、かつてこう書いた。「問題は情熱にある。たれが、いつまで、なにを真実だと主張しつづけるか――そのことにすべてはかかっている」(『否定の精神』)。

社会についてはどうか。はっきりしているのは「ポスト・トゥルースの時代」などと言ってすますことはできないということだ。

2018年6月

虚言と空言

先日、京都で、ちょっと珍しい構成の四重奏団の演奏を聴いた。演奏前に各奏者が、なぜその楽器の奏者になったかを順に語った。

クラリネット奏者は、当初トランペット奏者をめざしたが唇がうまく震わせられなくてクラリネットに転向したという。フルートが第一志望だったファゴット奏者は、入学時に第五志望まで書かされたものの五つ目までは思いつかず、その気もないのにファゴットと記入したらなんとそこへの分属となったと。幼い頃からヴァイオリンを習ってきたヴィオラ奏者は、大学に

2
政治
Politics

入ってはじめてふれた別の楽器がこれだったからと。コントラバス奏者は、子どもの頃図鑑で見たそれをチェロだと勘違いして……と。

コンサート前の緊張をほどく愉快な話だった。四人が四人、よりによってという「嘘みたいな本当」の話かもしれないし、話を面白くしようとやや脚色が入っていたかもしれない。できすぎの感は否めなかったが、だからといってまったくの嘘とも思えなかった。そして四人ともじぶんの楽器にとても愛着をもっているように見えた。

人を欺く虚言《きょごん》とでたらめの空言《そらごと》はすぐには区別がつかない。意識的な嘘と、思い込みの結果としての間違いを即座に見分けるのも難しい。それに、嘘は人を深く傷つけもすれば、関係の潤滑剤になりもする。

軽い冗談のつもりで口にしたことを相手が真に受け、辻褄を合わせるためにさらに嘘で固めることもあれば、都合の悪いことを隠そうとして言い繕いを重ねることもある。さらに人を気遣い、励ますために知らないふりをすること、最後まで知らぬ存ぜぬを通すこともある。

右の演奏家たちのエピソードは、たとえほらだとしても心地よく聴けた。最初の願いが挫けたとしても、探せば思いがけない別の充足にたどり着けるという希望を人にあたえた。

民俗学者の柳田國男は、「ウソと子供」という文章のなかで、「人生を明るく面白くするためには、ウソを欠くべからざるものとさえ考えている者が、昔は多かった」と言う。そして、お使いで豆腐屋へ油揚げを買いに行かされた末の弟が、帰りにその一切れを食べ、母親にはネズミに囓られたと言い訳をしたときも、母親は「快くこの幼児にだまされて、彼のいたいけな最初の智慧の冒険を、成功させてやった」と書く。

立派な大人の言い逃れや言い抜け、そんな「欺き」への疑惑にばかり接していると、一つの出来事についてもどうとでも言えるという開きなおりを感じてしまう。官僚による「忖度」には決定的な証拠というのはたぶん出てこないだろうし、「忖度」が実証されても、忖度された側は、彼らが勝手に気を回したと言い、ちっとも傷つかない。それどころか「再発防止」がじぶんの責任だと言い立てすらする。

幼い子の嘘はそこが違う。日頃から「嘘を言うと閻魔様に舌を抜かれる」と言い聞かされてきた童は怯えつつ作り話を紡ぐが、大人のほうは童の作り話を真に受けるのではなく真に受けるふりをすることで、子どもの他愛のない嘘を「最初の智慧の冒険」として育もうとする。やがて社会を新しく構想することにつながる大切な空想力の芽まで摘まれるのを柳田は憂えた。虚言には、他者への思いやりという意味での話の逸らしやはぐらかしもあることが忘れられるのを悲しんだ。

自己あるいは組織の防衛を意図した言い逃れや言い繕いがはびこる寒々とした光景なかで、われわれの社会のどんな価値が、どんな文化が、修復不能なまでに壊されることになるのか。子どもの例のみならず、そのこともじっくり考えておきたい。

憎しみと怒り

2018年4月

ずいぶん前のことだが、ホスピス医療の先駆者といわれる医師と、緩和ケアについて話したことがある。なぜ痛みは緩和されねばならないか、その根拠とでもいうべきものをずっと考えていると言われ、それについて意見を求められた。「少しでも楽にしてあげたいから」というのはあたりまえとして、その根拠を問われたのだった。

これに答えて、おおよそ次のように語ったと記憶する。持病のように折りにふれて襲われる疼痛ももちろんひとの情調に少なからぬ影を落とすでしょうが、激痛はひとを「いま」という瞬間に閉じ込める、つまりひとから未来と過去を奪うからではないでしょうか、と。

ひとがいきいきと感じる時間は、「いま」という瞬間だけではない。「いま」という意識には、「たったいま」へと現在が流れ去ってゆく感覚と、次にやってくるであろうものを待ち受ける感覚がともなっている。これが時間の「庭」といわれるものであり、その外側にさらに未来と過去という二つの不在の時がある。思い出に浸る、夢を抱くといったことも、現在ではなくこの不在の時へと心をなびかせることとしてある。

だが、激痛は意識を「いま」という点に閉じ込めることで、そうした心のなびきを不可能にする。悔恨や追悼、希望や祈りといった、ひとが生きるうえで支えとなしうるものを成り立たせなくすることで、ひとの尊厳を侵す。それだけではない。激痛はひとを「ここ」にも閉じ込める。他人の心境を共感をもって聴いたり、遠くにいるひとに思いをはせたりする余裕を奪う。そうしてひとを孤立させもする。だから緩和ケアが必要なのだ……と、そう語った。

この話を思い出したのは、時間の「庭」が狭まるという同じことが、この時代、それと気づかれることなく人びとの意識のなかで進行してきているように感じていたからだ。たとえば。

かつての政権ならとっくに崩壊していて不思議でない、そんな「疑惑」がぼろぼろ出てくるのに、それへの「怒り」はつのっても、「うんざり」とはこぼしても、それが沸騰点に達するまでにはいたらない。「我慢の限界」というときのその限界点が消失したかのような感すらある。

限界の意識というのは、悔やまれる出来事の消すに消せない記憶と、これを命の最後の手綱とできるぎりぎりの希望が心に留められていてはじめてうごめきだす。記憶を過去から引きずる、希望を未来へとつなぐということがなければ、限界の意識もまた生まれない。時間が「庭」を失い「点」の連続になる。それは、政治的な判断も、市場での決定も、そして「国民」の意識も、きわめて短い時間のスパン、そして狭い場所で動くということだ。「またか」とため息をつくのは、未だそれぞれの「点」の継起のままで、一つの出来事として繋がれていないからだ。

怒りと憎しみはその攻撃性において似たところがある。違いはといえば、憎悪《ヘイト》が（比較的境遇の近い）特定の他者との比較においてもっとも激化するのに対し、怒りはこの社会の「義」が損なわれていることへと向かうところにある。怒りにいま憎悪のような火がつかないのは、憎悪がじぶん（たち）の存在が蔑ろにされていると感じるところから発するのに、「義」が蔑ろにされているという感覚がまだ限界点に達していないから、つまりそのことにじぶん（たち）の存亡がかかっていると人びとがまだ感じていないからではないのか。

　憎悪は人びとを分断する。それに抗して「怒り」をいま、どのように意識し、表現するか。そこに、デモクラシーに懸けようとする「国民」への試練があるとおもう。

噴きだす威力と暴力

2016年10月

　2011年のあの東日本大震災のとき、というより福島第一原発事故のときには、だれもが思ったはずだ。わたしたちはこれまでずっと、じぶんたちの力では制御不可能なものの上に生活の地盤を置いてきたのだと。電力の供給だけではない。おなじようにわたしたちの生活のありようを左右する食材の流通も、物価の上がり下がりも、就労の機会も、ことごとくじぶんたちの手では制御しようがないと。

　災害や事故によってだけではない。これまであたりまえのようにあった生活環境が知らぬまにひどく脅かされつつあるという思いは、その後も、日に日につのっていった。

　職場がある日なくなることがある。ある日突然人員削減の対象になることがある。子育てと仕事と両立できないこともある。医療費負担は増し、受領できる年金もいずれ下がりそう……。

自由な表現、正当な権利の主張が、だれが命じたというでもなく威圧されつつある。「平和」や「憲法」について語ろうという集いが、行政によって会場提供を拒まれる。沖縄の現況を見ていると、まつろわぬ者に対して、政府が「仕返し」するかのように威力をかざしているとしか思えないことがある。機動隊員がビデオカメラの前でも平然と暴言を吐く。暴言といえば、政治家のそれも例外的なものではなくなっている。そしてヘイト・スピーチに、ブログの「炎上」。家族が言葉の暴力にさらされて表に出られなくなることがあれば、ちょっとしたつぶやきがある日突然、言葉の礫《つぶて》に押し潰される。

暴力が、それも匿名の暴力が、石の重しをはねのけて噴きだしたかのよう。人びとが、刀を鞘に収めず抜き身のままで、まちを闊歩しだしたかのよう。「それを言っちゃあおしまいよ」という留め金が外れたみたいに、言葉がむきだしで行き交う。

「気分は戦争」である。ただし、攻めるほうではなく攻められるほうからして。脅かされている者として、ひとはいよいよ「自衛」の、「護り」の、態勢に入るほかなくなってきた。家族の生活を護るため、集団として生き延びるため、自由な場所を護るため。

その意味でひとは身を縮めはじめてはいるのだが、その縮めはしかし、萎縮となって現われるばかりではない。もっと前に出る縮めもわたしたちは目撃している。

「共通世界の終りは、それがただ一つの側面のもとで見られ、たった一つの遠近法において現われるとき、やってくるのである。」

日本でも高度成長期に入ろうかというころ、ハンナ・アーレントは『人間の条件』（志水速雄訳）のなかでこう述べた。この言葉がいま、とてつもないリアリティをもって甦りつつある。立場や視点がどれほど違っていても、みながおなじ一つのものに向き合っているという実感、それが消失しかけているようにおもう。おなじ一つのものを見ているという感覚を人びとが失いつつあるというのは、人びとが相互に伝達不能なまでに分断されつつあるということである。いいかえると、たまたまおなじ地域に住まう人びとが、ともにおなじ一つの「共通の利益」に向き合っているとは意識しえずに、したがってまた、地域のことを地域で決めるという主体性をもてずに、「中央」によってその「利益」が調整されるにまかせるというような構図である。

そのような構図のなかで、まだまだ少なくはあるが、これに抗して、まずはその協働をとおしてじぶんたちの生活環境をあるていど制御可能なものとしようと試みる人びとがいる。そのために生活圏のサイズを、ひいては文化圏のサイズをあえて小さくしようという人たちがいる。古くからあり、いまはシャッター街になりつつある商店街への若い世代の流入がそうであり、過疎の村への若い世代の移住がそうである。それにつられるように年配層にもそういう動きが出ている。町では、となり近所に魚屋や八百屋、豆腐屋や銭湯があり、子連れで歩いて行き来できるようなサイズのコミュニティであり、村では、「ちょっと助けて」と声をあげれば、看病であれ、介護であれ、子育てであれ、どこからかひょいと手が伸びてくるようなサイズのコミュニティである。

このようなサイズのコミュニティにあってこそ、人びとは行政や経営者に身をまかせきらずに、「自治」をになう主体性を回復できる。移住を試みる人たちは、いま、そうとは主張せずに、デモクラシーの地盤の再構築にとりかかっているように、わたしには見える。

2017年11月

あそびの幅

コンビニエンスストアやファストフード店のレジで順番を待っているあいだによく思うのは、経済行為というのは演劇の一つではないかということ。店員がおなじ制服に身をくるみ、おなじセールストークをする。貨幣や紙幣といったいわば見立ての小道具を物品と交換する。みながシナリオどおりに劇を演じているように見えてくる。白昼のエアポケットというか、ちょっとばかりシュールな気分になる。

最近、松村圭一郎さんの『うしろめたさの人類学』という本を読んでいて、これとよく似た話に出くわした。こちらは関西国際空港でのこと。

エチオピア社会を研究フィールドとするこの文化人類学者は、道で子どもにからかわれたり、飯を食いに来いとしつこく誘われたり、役所でたらい回しにされたりと、何事につけややこしい毎日だったので、日本に戻ってきて、バスのチケットは自動券売機ですぐ買え、定刻どおりに出発し、そのバスに向かって女性従業員が丁寧にお辞儀をするそのさまに、あらためて仰天する。

2
政治
Politics

「人との関わりのなかで生じる厄介で面倒なことが注意深く取り除かれ、できるだけストレスを感じないで済むシステム」が定着していることに、彼は逆カルチャーショックを受けた。が、それもつかのま、ふたたび元の「感情の起伏に乏しい」じぶんに戻っていた。そしてそのことに驚いた。以来、「つねに心に波風が立たず、一定の振幅におさまるように保たれている」この社会のありように、ひどく違和感をおぼえるようになったというのである。

人と人がともに暮らしていて、厄介なこと、面倒なことが起こらないはずはない。なのにすべてが大したひっかかりもなく滑らかに進行してゆくように見えるのは、じつはわたしたちが日々、あたりまえのように戸籍や国籍、単一の名や性別、その他の制度を枠としてみずからを象ってきたからだろう。一方、エチオピアはたしかに政府による統制の厳しい社会だが、戸籍や結婚届は存在しない。そしてそれになじんでしまうと、日本ではみながそうした個人の管理・登録システムにすごく従順であり、それぞれが自由にふるまえる範囲もかなり制限されているように見えてくるというのだ。

社会に、すきまという意味での〈あそび〉がなくなってきたということか。

勘ぐったり探りを入れたり、そんな面倒なやりとりはできるかぎりスルーする。が、それでもちょっとしたいざこざや諍いは起こる。すると、切れるというか、一気に排除に向かう。意識が反対極に激しくぶれるのだ。だがこの両極は見かけとはちがい、対立するどころかじつはたがいにけしかけあう関係にある。先の例でいえば戸籍や国籍や性別を外したようなふるまいに出ると、それを非難するがなり声が立ち起こる。

法令を遵守しているかいないか、ファクト（事実）かフェイク（でっち上げ）か、ラヴ（愛）かヘイト（憎悪）か、大声か沈黙かというふうに、何ごとも1か0、オンかオフかで処理し、グレイな対応を許さない、窮屈というか余裕のない社会。放っておけば、身の塞ぎがおのずと他者への攻撃へと転嫁されてしまう社会。〈あそび〉がなくなっている。

茶化したり、皮肉ったり、あるいはかわしたり、裏返したり。そういう、アイロニーやユーモアにみられる間合いというか〈あそび〉の幅がとれない。いうまでもなくこれは、じぶんを遊ばせておける範囲、じぶんを揺さぶれる感情の幅がひどく狭まってきているということでもある。

一方でじぶんたちを象る枠や制度にしがみつき、他方でそのストレスを解消するかのように息抜きをし、憂さ晴らしをし、ときに物見遊山に出かけもする、そんな「お遊び」ではなくて、社会にすきまを開くほんとうの〈あそび〉にもっとまじめにかまけるべきではないか。触れあわないのでもなく、いきなりぶつかるのでもなく、たがいに適切な距離を測るべく、触れるか触れないかのあわいでまさぐりあう、そのような関係をもっと厚くすることが、いまわたしたちの社会には必要なのではないか。

「くに」という意識、「家族」のイメージ、「性」のありよう。これらはわたしたちの生き方を長く規定してきた頑迷な枠組みではあるが、一方で、無数の小さな試みが積み重なるなかで、時代とともにいざるようにようにして確実に変容もしてきた。だから、見たくない光景が広がりつつあると嘆くより、まずはじぶんの周囲から、眼に見えるかたちで、他者たちの存在をまさぐる態度や仕組みを培うことにとりかかりたい。もちろん政治へのかかわりにおいても。アイロニーやユーモアに見られるあの距離感を保ちながら。ためらい、迷い、もたつき、ぐずぐずする権利を尊重しあいつつ。

普通でありながら、すごく普通ではないこと

2016年4月

「あまねく」という語があります。「普く」とも「遍く」とも書きます。「普通」といえば、ありふれたこと、なんの変哲もないことを意味しますが、元は「制限」や「限定」に対置される言葉でした。「制限選挙」に対して「普通選挙」、「特別限定列車」（急行列車）に対して「普通列車」、つまり特別な切符なしにだれでも乗れる列車、というようにです。

その「普通」がいま、元の意味に還りつつあるのでしょうか、たとえばChim↑Pomという、ちょっと過激な現代アートの集団が「普通」についてこう語っています。

《「ふつう」は僕らの中では意外と深いテーマでした。一般に「普通」と言えば「飛び抜けているところがない」といったネガティブなものですが、僕らの「ふつう」はそれよりも、奇抜さや目新しさや個性がもてはやされる世界（特にアートにはその風潮がありました）において、人類の「王道」を行く何か本質的なコンセプトだったように思います。》

ここで「普通」とは、ひとの基本、つまり、ひとが生きるうえで拠りどころとなるもの、あ

るいはひとが心から納得でき、それにすなおに従うことができること、従わなければならないこととでも言えそうな何かです。

人類が編みだし、たえず修繕、改良しながらその実現に努めてきた「普通」の一つが、民主主義《デモクラシー》です。

民主主義をわたしは、《だれをも「一」と捉え、「一」以上とも「一」以下とも考えないこと》というふうに理解しています。ひとが「一」であるというのは、社会のなかでだれもが同等の資格をもつものとして認められているということです。性とか境遇とか階層とか財産による制限を受けずに、すべての人がそれぞれ「一」として数えられるということです。個人はそこでは、生活状況の差異を捨象して、おなじ権利をもつものとみなされる。つまり社会の構成単位《ユニット》とされるのです。

これは今でこそ「普通」のことですが、じつは、まぎれもなく人びとが夥しい犠牲者を出しつつ勝ち取ってきた価値の一つです。人類の歴史は、家族や地域といった小さな社会が別の社会と出会い、交易しあい、支配／被支配の激しい抗争を潜り抜けて、やがて民族、国家といったより大きな社会のなかでみずからを捉えなおしてゆく過程でした。それはやがて「人類」という統合体《ユニオン》の一員としてじぶんたちを理解するような段階にまで至りました。それぞれの国家は独立で対等のものとみなされ、諸国民はさらにその国家をも超えて、「一」としての普遍的《ユニヴァーサル》な権利をもつと考えるようになりました。それが「人権《ヒューマン・ライツ》」です。わたしたちはこうしてみずからを「人類」（世界市民）という「最上級の共同体」（V・ジャンケレヴィッチ）とみなすようになりました。

あまねく成り立つようにみえるこうした理念はしかし、ある看過できない危うさを孕んでいます。

家族という最小の共同体から「人類」という「最上級の共同体」まで、人びとが共同体を形成するときにはつねに、ある価値、ある理念の共有が条件となります。共同体は人びとの存在を一つに約めるものだからです。共同体は、人びとを同一の価値の下に糾合すること、一所に結集させることを志向するからです。

どの集団、どの社会にもそれぞれに大事にしている価値の文化があります。それらを糾合するにはより高次のあまねき一つの価値に人びとを包摂しなければなりません。

この包摂はある力関係のなかでなされます。民主主義的にものごとを決めるときに、多数決によるのが一般です。多くは代議制をとってじぶんたちの代表を選挙で選ぶわけですが、この多数決はとても危ういものです。人びとの判断や利害、嗜好はきわめて流動的なもので、よく見られるように選挙は「人気投票」のようになりがちです。反対に、こうした不安定を嫌って人びとがこぞって安定した一つの体制を望むとすれば、それはそうとは気づかれぬうちに〝独裁〟へと転じてしまいます。民主主義は専制にも親和的なのです。

民主主義はしかし、民衆の多数決でものごとを決めることではないのです。「一つ」への決定は、それにくみしないものをゼロにしてしまうからです。多数決で否認された人たち、それをゼロにしないことが、ほんとうの意味での民主主義です。民主主義は、決定の装置ではなく、決定の前後をも含むもの、つまりは決定にいたるまでの対話と調停の工夫、そして決定された後、否認された者への配慮を濃やかになすプロセスとして機能してはじめて、より《あまねきもの》へのたしかな途となります。

そのためには、民主主義は、多文化主義へと、差異と多様性の肯定へと、その重心をいざらせなければなりません。とはいえ、多様性と言った瞬間、わたしたちはもう多様なものを俯瞰する場所に立っています。多様性もまた全き「一つ」の視点になりかねないのです。たがいに異質な他者どうしが、上空からではなくあくまで地べたで、横向きに探りあうという関係がそこで維持されなくてはなりません。

民主主義は、川俣正さんがアートについて語った言葉を借りて言えば、「普通のことを普通に行っていながら、すごく普通ではないこと」(川俣正)なのです。

アーティストの言葉の引用で始め、アーティストの引用で終わりました。アートと民主主義をつなぐものについて、続いて考えてみたいと思っています。

3

文化

Culture

なりふりをかまうということ

2015年2月

「愛はひろくて、ふかくて、むずかしい」

こんな言葉を副題にした砂連尾《じゃれお》理《おさむ》さんのダンス作品《愛のレッスン》が、昨年全国を巡回し、この一月にその最終公演があった。砂連尾さんは、いうところのコンテンポラリー系で、以前はけっこう激しいダンスをしていた。ここ数年は、「グレイスヴィルまいづる」(京都府舞鶴市)という特別養護老人ホームで、認知症の方とのダンスに集中したあと、若いころ薬害にあって両脚と右手の自由を奪われたひとりの女性との「共演」に取り組んできた。

電動車椅子を巧みに操作する女性と、麻痺した彼女の右手の輪郭をそうろっとなぞる砂連尾さん。はじめてのダンスが終わったあと、「五十年ぶりです。わたしの右手がだれかにつながったのは……」と彼女はしずかに語ったという。冒頭に引いたのも、じつはその人のつぶやきである。

砂連尾さんは、その人とのダンスに先立って、じぶんも不自由にならないと判らないと、ひとり片足で一時間立ちつづけた。そんな「格好」を何度もくり返した。「格好」といえば「カッコいい」「カッコつけ」「格好がつかない」と言うことが多いが、砂連尾さんのこれもまぎれもない「格好」である。

「共感」は、シンパシーという語もコンパッションという語もそうだが、苦しみをともにする

3
文化
Culture

こと、おなじ苦しみを味わうことである。けれども、心をそういうふうに他者へと移動させるのはほんとうにむずかしい。人の想像力は、そんなに立派なものではないからだ。人の想像力は貧弱なものだから、人はおなじ苦しみにあずかろうと体を動員する。大切な人が試練を受けているときは、離れた場所で冷水を浴びる。だれかの困窮を思って、じぶんも断食に入る。そんな風習がかつてあった。

格好をつけること、つまり外に形をつくることは、内なる心がよりたしかな形をとるための手立てとして大きな意味をもつ。人の思いというのはひ弱なもので、つねになりふりをかまっていないとあっさり崩れてしまいもする。

哲学者のウィリアム・ジェイムズがどこかでこんなことを書いていた。気分がいいときは体を屈めて気分が落ち込んでいるときの姿勢をとる、気分が塞いでいるときは逆に楽しいときのように体を大きく開く。他人があなたを見て不愉快にならないためには、体を使ったそういう精神の操作（健康術？）が必要だ、と。

感情を野放図にしないため、である。

共感もまた、そういう自己抑制のなかでこそ生まれるものである。他者に共感できるというのは、「自分のものではないさまざまな感情の物語に『つきあう』ことができる」（山崎正和『社交する人間』）ということだ。みずからに距離をとること、そうして他者の許へと心を移動させること。それにも鍛錬が必要である。それが自然にはなかなかできないから、人はなりふりをかまうことを奨めてきたのである。

このところメディアやネットに溢れかえっている、吐き棄てるような、あるいは他者に石を投げつけるような、野放しの言葉の数々にふれて思うことである。

2015年6月

精神の窪みを拓く

この一年、わたしがおそらくもっともよく開いたのはオルテガの書き物である。とくに『大衆の反逆』（神吉敬三訳）。1930年にスペイン語で出版されたのち、50年近く前に日本語に翻訳された本である。どの頁をめくっても、まるで現在の政治のあり方、教育のあり方に警鐘を鳴らしているとしかおもえないような文言が眼を射る。

たとえば、「賢者は、自分がつねに愚者になり果てる寸前であることを肝に銘じている」。

質問に立った野党議員の「人の生き死にに関わる話です」という発言のその最中に、席に身をもたせかけさせたまま「大げさなんだよ」と、薄ら笑いをうかべて言い放つ首相。「現在の憲法をいかにこの法案に適応させていけばいいのか、という議論を踏まえて閣議決定を行なった」と、答弁のなかで慇懃に、しかしあけすけに口走ってしまう防衛大臣。その姿をテレビの映像で見て、とっさに右の言葉を思い浮かべた。

「彼らは、この文明世界に真の悲劇などありえないと信じているからこそ、悲劇をもてあそんでいるのである」というのも、同時に思い起こした厳しい一節である。

が、その直後である。ああ、おまえもまたソファに深く腰掛けて答弁者の言葉を揶揄しているだけではないかと、言葉がまっすぐじぶんのほうにはね返ってくる。同時代、哲学研究者たちからジャーナリズムの文体だと揶揄されたというオルテガの文章の凄さは、たぶん、読む者に向かってこのはね返りを突きつけるところにある。

別の著作『人と人びと』を開くと、「人間はたえず非人間化される危険のなかに生きている」という、先の言葉に呼応する文章に出会う。これら、歴史を超える人間の本質を衝くかのように響く言葉も、第一次世界大戦における欧州の惨劇に巻き込まれつつ反芻したものであろう。その「非人間化」をオルテガは現代人の「慢心」に見た。そして、19世紀以来、西欧の精神を苦しめてきたことがらの多くは、人類史上、人がはじめて「自分を確かなものと信じたこと」に由来すると書いた。このことを『大衆の反逆』では、現代人は「自分以外のいかなる審判にも自分をゆだねないことに慣れている」と言い表している。

ボードレールに、「この世の外ならどこへでも」と題した詩がある。居場所を変えれば病も精神状態もきっといまよりよくなるという幻想を見果てた詩人は、そういう幻想で編まれた世界の〈外〉にこそ出ようという。これに対してオルテガは、外部世界の〈外〉などというものはありえない、〈外〉がもしあるとしたらそれは、人がそこへと沈潜できる「内部」だと応じた。しかもそういう「内部」は恵みとしてあるのではなく、外的世界に対抗しつつ人が決死の思いで手に入れてきたものなのだという。

「内部」。それは、外界から自己を隔離する避難所といったものではない。それはむしろ、世界のただなかにあってしばしその世界を遠ざけ、歴史に学びなおす能力のことであろう。世界と対峙できる精神の歴史の場をあらためて拓くということ。そういう意味では、「内部」よりは「凹み」もしくは「窪み」と言ったほうがいい。じぶんに「はね返る」という言葉の力も、おそらくはこの「窪み」を拓くためにこそある。

2015年7月

「真剣」になるほかないとき

この4月から芸術系の大学に勤めるようになって、演奏家をめざす学生たちの練習風景に間近にふれられる機会ができた。廊下での一人っきりの練習、教室での個人レッスン、そしてみなが集まっての合奏、さらにはオーケストラでの練習。異なる楽器の奏者がたがいに音を確かめつつ、それらを一つに編んでゆくプロセスは、聴いているこちらまでドキドキする。

この一つの楽曲に編んでゆくプロセスについて、先日、音楽学部の先生からこんな話をうかがった。弦楽器というのは馬の尻尾で羊の腸を擦る。そう、元は遊牧民の楽器である。木管楽器は水辺の植物から生まれた、いってみれば農耕民族の楽器。金管楽器は動物の角を吹くことから始まり、打楽器は木の洞に皮を張ることでできた。こちらは狩猟採集民族の楽器だ。異なる時代、別々の地域で暮らした人たちが発した音が一つに集められて、オーケストラは奏でられている。それぞれの音が生まれたそれぞれに異なる歴史的な脈絡、それらが交差する場としてオーケストラの演奏はあるというのだ。

そんな起源の違うものを合わせるのだから、演奏者がこだわるところも大きく異なるにちがいない。じぶんを抑えて他に合わせるということも必要だし、音を奏でていないときも全体の流れにきちんと耳を澄ませ、身をそこに載せていなければならない。ときにじぶんの音で他を引っぱるという局面もあるだろう。

だからみな必死だ。ずれやだれが生じないよう緊張しっぱなしだ。張りつめた意識が、じぶんと他の演奏者のあいだを、ある文化と別の文化のあいだを、一つの音ごと、一つの沈黙ごとに行き交う。

そんな練習風景を見、そして演奏会で聴いて、「真剣」という、字面からして厳粛な言葉が浮かんだ。この言葉をこれより先に口にしたのは、およそ一年前、纐纈あや監督の『ある精肉店のはなし』というドキュメンタリー映画を観たときだ。その映画では、ある精肉店の女性が父親の思い出をこんなふうに語っていた。子どもの頃、牛を「割った」あとの皮むきの手伝いをはじめてさせられたときのこと。「足を持て」「もっと手に力入れ」と言われるけれど、子どもの力ではどうしても引っぱられてしまう。でも「緩んだら父親がケガをする。だから必死でぐうっと食いしばって引っぱってるという状態だった」と。

わたしが緩んだらだれかにケガをさせてしまう……。わたしが手を緩めたらみんなの演奏が台無しになるという、オーケストラでのあの思いに通じるものだ。そこに「真剣」が生まれる。いやでも生まれる。

人には、みなのためにどうしてもしなければならないと思い定めることがある。どうしてもしたい、しなければじぶんが死んでしまうと思い詰めることもある。それらと向きあうとき、人は「真剣」であらざるをえない。

いま新国立競技場の建設をめぐって計画者側から聞こえてくるのは、事ここに至っては引っ返せないという声と、「誰某」に責任をなすりつけるような発言ばかりだ。何としても造りたいと心底訴える声はないし、このまま造れば次世代の人たちにケガをさせてしまうといった深い憂慮の声も聞こえてこない。そこに「真剣」を聴き取るのは難しい。原発再稼働の議論とおなじ情景がくり返されている。

正しい大きさの感覚

2016年11月

「みえてはいるが誰れもみていないものをみえるようにするのが、詩だ」という、詩人・長田弘の『アウシュヴィッツへの旅』(1973年)にあった言葉をふと思い出した。アメリカ合衆国の次期大統領選挙の結果を知らされて、である。

「隠れトランプ」という言葉が、投票日近くになってどこからともなく喧伝されるようになった。報道メディアの世論調査や予測はほんとうに選挙民の動向を映しているのか、メディア自身が不安に思いはじめたのだろう。海のこちらからはうかがい知れないが、米国に住む人だって実のところ、進行する事態を摑めなかったらしい。知るべきことと知らされていたこととのこの大きな乖離に、多くの人が耳を疑った。

報道記者、政治評論家からその読者まで、「言葉の人」たちが見紛っていたことに呆然とした。〈語り〉とは〈騙り〉でもあるという事実をあからさまに突きつけられて。

見えていることと摑めていることとは違う。事態を摑むには言葉以上のものが要る。それこそ詩的想像力だと長田は言ったのだが、それは何であり、またどこで養われるのか。

一見遠いようだが、答えは、長田が最後にみずから編んだ随想集『幼年の色、人生の色』に収められた「チェロ・ソナタ、ニ短調」という文章にうかがうことができる。

長田はそこで書いている。

《ひとのもつ微妙な平衡感覚をつくっているのは、そのものがそのものとしての正しい大きさをもっていると信じる、あるいは信じられるということだ。正しい大きさの感覚が、認識を正しくするのだ》

「正しい大きさの感覚」とは、身体のヴォリュームにもとづくそれだ。人間はみずからの大きさを物差しとしてしか世界を測れないのだから。

じっさい、わたしたちは、みずからの身体を基にして世界を測定してきた。左右に大きく拡げた腕の幅、指先から肘までの長さ、拡げた掌の親指と小指の隔たり。これらを単位に、ものの長さを測ってきた。あるいは、歩数で距離を測ってきた。そしてそれらの物差しを未知の対象にも適用することで、世界の認識を想像的に拡張してきた。

その過程を、文化人類学者の川田順造はこう描く。《収穫して脱穀した米が山になって目の前にあるとき、「米がたくさんある」という漠とした認知が、升で「量る」ことを「謀る」ことで、家族が何か月食べられるとか、売ればいくらになるなど、「はかる」以前には不明だった、米の山のもつ意味が認知され、米の山が新しい意味を帯びた対象として理解されるのだ》(『コトバ・言葉・ことば』)、と。

リアリティの岩盤は個々の身体の内にある。リアリティは、メディアを介してではなく、自己の身体と他者のそれとが生身でまみえ、交感するなかで、時間をかけて形成されるものだ。が、そのリアリティの尺度を、テレビやスマートフォンの映像は無効にしてしまう。ボタン一つ、指の操作一つでどうにでも拡大/縮小できるのだから。そのことで「想像されたものの正しい大きさの感覚」までもが傷つけられてしまうと、長田は憂えたのだった。

複数の身体が、ぶつかり、きしみあい、相互に調整しあうなかで、リアリティは立ち上がる。それを岩盤に社会のリアリティも生成する。コンピュータのデータもここから切り離されれば架空のものとなる。そういう生身の身体による探りをなおざりにした結果が、このたび「言葉の人」たちを襲った衝撃だったとは言えまいか。長田が「詩」と名づけた視力は身体のなかから立ち上がる。一度こういう場所にまで立ち返って考える必要があるのでは。

「落とし咄」の効用

2017年7月

あたりまえすぎる発言はときに人の虚をつく。劇作家の阿藤智恵の言葉がまさにその一つである。

彼女はライターの石井ゆかりのインタビューに答え、こう言っている。

《平和な世の中は、みんなものすごく口論してるんです。何も問題が起きない状態が平和なんじゃない、関わりたくない人や見たくないものが、みーんな表に出てきます。》

（石井ゆかり『選んだ理由。』より）

平和な時代というのは、「問題がボコボコ出てきてる状態」、つまり意見や立場の対立が起こって「みんなでぶつかり合ってる状態」だというのである。

言論の、思考の、表現の自由が保障されている社会とは、多様な思いや考えを、外からのいかなる威圧にも怯えることなく表明できる社会である。もめてこそ、まっとうなのである。

みずからへの批判や異論を認めないどころか、力づくで、あるいは陰で手を回して押しつぶす。「記憶にない」と、公的な任にある人が平然とシラを切る……。条理を外れたそんな光景に舌打ちする人、ため息をつく人は多い。が、それは、舌打ちしているじぶん、ため息をついているじぶんには、こういう事態を憂えるだけのまともさがまだあると、みずからを道端の安全地帯に立たせようとしているだけではないのか。

だが、安全地帯そのものが危うくなってきたとき、世の流れを嘆くその視線が、身を守ることを言い訳に、大勢に従わぬ人たちを詰《なじ》る視線へと、オセロの石のようにごそっと裏返ってしまう例を、わたしたちはいやというほど見てきた。

「自分が〝正しい〟と思った瞬間から、見えなくなるものがある」。それをわが身に照らして点検することを怠らないように、との仏教の教えを内に仕込んできたのが落語だと、釈徹宗は著書『落語に花咲く仏教』のなかで書いている。

舌打ちやため息、蔑みやあざ笑いではなく、冷やかし、からかい、おちょくり、おとぼけといった、どこか温みのある笑いが落語という庶民芸能の芯にはある。「始めしんみり、中おかしく、終わり尊く」といわれる説教や法話での心得のうち、「中おかしく」が飛び出して落語が生まれたというのが釈の見立てなのだが、落語のその笑いには、人の心の偏りを「脱臼」させるはたらきがあるという。

僧をネタにする落語は、知ったかぶりの和尚が恥をかく話など、権威ある者の間抜けや世間ずれを笑うものがほとんどだと釈はいう。その一方で、落語は篤信者をも笑いの種にする。これが正しいと信じ込んだら、融通がきかなくなってどんどん偏ってゆく、そして世間の道理とずれてゆく、そんな「具合の悪さ」を笑うというのである。

重要なのは、かつては（そして今も？）落語家のみならず説教僧みずからが、じぶんたちをネタに、いってみれば権威をちゃかし、秩序を混ぜかえし、心の頑なさを笑う「落とし咄」を寺の本堂でしていたということである。

こういう「落とし咄」がどれくらい流布しているかは、ある意味、政治の健全さを測る基準になる。じっさい、戦時中は落語のいくつかの演目が自主規制され、代わりに「国策落語」なるものが登場したのだから。

刑事ドラマや推理小説もそう。そもそも推理における「理」や「筋道」が最優先されねば成り立たない。これらも条理が通らぬ社会では楽しみようのないエンタテーメントなのである。「政治を笑い、宗教を笑うことができるのは、とても幸せな社会である」と、釈は右の論を結んでいる。

「忘れないって知性なんです」

2017年8月

お盆と送り火、原爆投下と終戦、それに御巣鷹での日航機墜落事故まで、八月は追悼の季節である。死者を弔い、あの凄絶な出来事を忘れまいとあらためて心に誓う季節である。

その一方で、東日本大震災のあと、数年も経たないうちに「記憶の風化」が嘆かれだしたのも、それこそ記憶に新しい。いや、その記憶すらももう風化しつつある……。

そんなおり、ニュース・リポーターの石戸諭さんが糸井重里さんにインタビューした記事(Buzz Feed)のなかに、糸井さんのなんとも沁みる言葉を見つけた。

《忘れないって知性なんです。忘れるほうが自然なんですよ。忘れるに決まっているということ

とを前提にするんです。自分も人も。》

記憶とは知性だということの意味はしばらく措くとして、たしかに人は忘れないと生きてゆけない。苦しい思い出に身を攫われたままだと、次の一歩が踏みだせない。嫌な思い出は一刻も早く忘れたいというのが、人の「自然」だ。わたしも昔、3ヶ月ほど入院生活をしたことがあるが、麻酔の切れたあとの痛みも、その期間ずっと体に挿し込まれていた管の違和感も、手術後のひどく不快ないくつかの措置も、感覚としてはもうほとんど憶えていない。

それに、日々わたしたちは記憶の容量をはるかに超える情報に向きあわされてもいる。これもうまくスクリーニングして、不要な情報は即座にスルーするようにしておかないと身がもたない。ふだんは当座の行動に必要な「索引」だけあればいいので、参照事項が蓄積されてゆくばかりでは、いつまでも生活の初期設定をリセットできない。

そのかぎりで、忘れるというのは健康なことだといえる。さまざまの痛苦を忘れることができてようやく、暮らしに穏やかさが滲みだす。忘却は、忘れていることも忘れたときにはじめて全うされるのだ。

それでも忘れられない苦痛や衝撃は、フロイトの「隠蔽記憶」のようなかたちでいわば強引にすり替えられる。ある衝撃の光景を眼にしたとき、人はしばしばその傍らにあったものの記憶に固執し、その映像をくりかえし緻密に想起することで、過去の衝撃の再現を一貫して抑えこもうとする、忘れにはこんなあがきもある。

忘れたいこと、忘れなければならないことは、たしかにある。けれども人には、忘れるという「自然」に抗ってでも忘れてはならないことがある。凄絶な被災や事故、そして戦争。二度と悲惨な経験を繰り返さないよう、想像力を駆使して憶えつづけなければならないことが。そのような想像力を保ちつづけるためにいろんな補助線を引いてくれるのが「知性」だと、糸井さんは言おうとしたのだろう。

先の言葉につづけ、糸井さんはこうも言っている。

《ぼくも忘れてしまうから、自分が飽きないように、面白くなるように考えるんですよ。》

記憶のみならず知性もまたそれほど強靭なものではないから、それを維持するには支えが要る。先人たちはそのために祈念の儀式や祭を定期的にいとなみ、警めを語り伝えてきた。そうした支えの一つとして、「飽きないように、面白くなるように」ということもあるのだろう。そういう事業を糸井さんは三陸で、福島で企ててきた。

糸井さんはだからこうも言う――

《ぼくは、忘れる人ががえばるのもダメだし、忘れていない人ががえばるのもダメだと考えていま す。》

深く納得するしだいである。

「つくる」と「つかう」

2017年5月

居場所がない、身の置きどころがない、ひとりはじき出されている感じがする、まるでじぶんの存在が消え入る点になったみたいに……。そんな心細い思いが、人をしばしば蝕む。ずっと長くそんな不安な思いに沈み込んだままの人もいる。

存在のこうした萎縮は、人が「つくる」といういとなみから外れたところで起こるのではないかと、このところ思いはじめている。

人は生きるために、みなとともに生きのびるために、土を耕して米や豆や野菜を作り、それに使う道具を作り、身につける衣装を作り、物を運ぶ車や船を作り、雨風と夜露をしのぐ家を造ってきた。農作と工作、製作と造作。作ることは、生きることの基盤をなすいとなみの一つである。

だから幼稚園でも小学校でも、子どもにはまず「つくる」ことを教えてきた。料理を作ったり、土を捏ねて何かの形にしたり、木を削って棒を作ったり、紙で箱を作ったり。くりかえすが、作ることは生きることの基本である。

ここで忘れてならないのは、そういう製作が単独の仕事ではなく、他人の仕事とのネットワークのなかでなされてきたということである。たとえば包丁一つ作るのでも、鍛冶職人、刃付け職人、柄作り職人、そして最後に銘を切り、柄をつけ、包丁に仕上げる産地問屋というふうに、

3
文化
Culture

異なる人びとの繋がりがなくてはどうにもならない。

それにくわえて、いずれの職人も作るにあたって材料となる木や鉄がどのような性質をもっているかを知りつくしていないといけない。刃の当たるまな板の性質も、刃を研ぐ砥石の性質も熟知していなければならない。さらにそれで野菜を切るのか肉を切るのか、肉でもどの部分を削ぐのかという用途もまたよく頭に入れておく必要がある。

こうした人の繋がり、物との対話、用途の連なり、それらがあればこそ、わたしたちは、身を寄せられるもの、あるいは拠りどころとできるものの《たしかさ》に安らうことができる。じぶんが生きる場の広がりを実感するようになるのだ。

ところが、「文明」の進化とともに、人は「つくる」ことの手間を省いて、「つくられた」ものを買うほうに、関心を移していった。家や車はもちろん、日用の道具も料理も、作るのではなく購入するようになった。製造と流通のシステムに「つくる」ことのほとんどを託すことで、人はホモ・ファーベル（作る人）から「消費者」へと座を移していった。

便利に、快適になった。が、そうしたシステムに漫然とぶら下がっているうち、「つくる」という、生きる基本となる能力を損なってしまった。気がつけば、調理すること、工作することはおろか、排泄物を処理することも、赤子を取り上げることも、遺体の清拭や埋葬も、みずからの手ではできなくなった、いのちを繋ぐために世代から世代へと伝えられてきた技をも損なってしまった。そんな技の根絶やし状態をとことん思い知らされたのは、大震災でシステムが停止もしくは破綻したとき、つい6年前のことである。

一方で、「つくる」ことは「ものづくり」へと純化され、「創《つく》る」こととして神棚に上げられていった。匠の技として、道具が工芸品や美術品にまつりあげられる。用いられるはずのものが鑑賞されるものになった。道具は、用いられるものとして、人びとの繋がり、物たちの連なりに根を生やしていたはずなのに。こうして「つくる」ことがわたしたちから遠ざかっていった。

このことは「つかう」ことの痩せ細りをも招いた。道具は人がじっくり使いこなすものではなくなり、「つかう」はお金を使うことに縮こまっていった。

「つかう」というのは何かを手段として利用するだけのことではない。人は物だけでなく他の人も使うが、それは簒奪や搾取ばかりではない。おんぶしてもらったり、もたれさせてもらったりもする。

「つかう」とは「つきあい」からくるもの、つまり「付く」と「合う」の縮約形である。そして、道具を使うとは、道具の構造を受け容れることでそれにじわじわ馴染みつつ、みずからの可能性を外へと拡げてゆくことであり、そのかぎりで「仕《つか》う」ことでもある。

さらに「つかう」には「遣《つか》う」の意味もある。人を遣わすとは、だれかをおのれの名代として送ること。この者の言葉はわたしの言葉と思っていただいてよいと。そういう信頼が「遣う」の核にある。そういう「つかう」の多層的な意味もまた「つくる」の萎縮とともに失われていったのではないだろうか。冒頭にあげた個々人の存在の縮こまりも、おそらくこのことと無関係でない。

3
文化
Culture

使うことの痩せ細り

2017年11月

高度な品質管理という、日本の製造文化に陰りがさしつつある。それは工人としての矜持のゆるみによるのか、コスト削減という市場からの抗いがたい要求に屈した結果なのか、現場に身を置いたことのないわたしには確かなことは言えない。

ただこの2年あまり、〈使用〉ということについて考え継いできたことから思うところを少しばかり記しておきたい。

ブリコラージュ（器用仕事）という言葉がある。本来はそのために作られたのではないありあわせの物を寄せ集めて別の何かを創る作業のことである。何かをするときに、手持ちのもの、使い古しのもので器用に間に合わせる。レシピに従って材料を揃え、分量を量り、ご馳走を作るというのではなく、冷蔵庫を開けて、そこにある材料で工夫して食事を作る、あのまかない料理がその典型だ。

この転用や借用のわざはなにも特殊な能力ではなく、教えずとも子どもが勝手にやってきたことだ。戦争ごっこで、鍋を兜に、物差しを剣に、箒を機関銃に、椅子を塹壕に見立てるように。ままごとで、小枝を箸に、空き缶の蓋を皿に、こねた泥土を団子に見立てるように。

こういうわざの痩せ細りは、災害など非常時のたびに、いやというほど思い知らされる。その理由の一つが、わたしたちがずっぽりとはまり込んでいる消費社会の構造にある。道具を使い込み、使いこなし、使い切る前に、使いにくくなるとすぐに買い替えるという習慣である。道具も身体の延長というよりは、販売される商品になってきたのである。

いま身体の延長と言ったが、使うことの原型はみずからの身体の使用にある。人間はその身体機能を代替する道具を案出することで、その行動域をかぎりなく拡げてきた。

そういう道具の形は、元来は、使う者と、使われる素材やそれを育んだ自然や風土との対話のなかで生まれるものであった。小刀や庖丁にふさわしい鉄や木、あるいは肩でかつぐ運搬棒に適した素材を、試行錯誤のなかで選び取ってきた。道具はこうしてわたしたちの生存を遠心的に開いてきた。

日本の技術文化の特徴について、文化人類学者の川田順造は、「機能が未分化の単純な道具を、人間の巧みさで多様に、そして有効に使いこなそうとすること」と、「より良い結果を得るために、人間の労力を惜しみなく注ぎ込むこと」の二つをあげている（『人類の地平から』）。人間以外のエネルギーを最大限に利用するテクノロジーの論理の対極にある発想である。今ではあたりまえのようになっているロボットによる生産工程も、自動車業界が競って開発している「自動運転」も、じつはその根底に右のような。自然や風土との生の接触があってこそ、すぐれた「革新」となるはずである。

道具を使いこなすのではなく買い替えるのが普通になって、使用のイメージがずいぶんと貧弱になってきた。使うことが対話ではなくて、使う者が使われるものに及ぼす一方的な非対称の関係であるかのように考えられ、そのことで、使ってよいものの範囲も狭まってきた。本来、人が助けあい、支えあうことの原点にも、「手を貸す」「手になる」というふうに、他人の身体の使用ということがあったはずなのに、それが慎むべきことのように受けとめられるようになった。

物とのつきあい、人との、動物とのつきあい。使用の自由が使用者の自由ととり違えられることで、意のままにならないものと交わる知恵も愉しみもずいぶん削れてきたようにおもう。

「景観」から「景色」へ

2017年12月

「景観」という言葉が好きではない。人びとが現に住まい、必死で生きているその場所や地域を品定めする、その視線がとかく偉ぶった感じでいやである。

その「景観」をめぐって、いま京都で、愉快と言えば当事者の方々に失礼になるが、おもしろい論争が起こっている。

京都市は「古都」の風情を守るべく、昔から風致地区などの指定が比較的厳しく、近年も屋外広告物の規制を強化する景観条例が施行された。どぎつい色の看板や旗のたぐいはうんと減って街並みはたしかにすっきりしたが、他方でビルの安造りの仕様がむき出しになってよけい貧相になった印象がないでもない。

この規制、なかなかに厳重で、とうとう京都大学の周囲にあるいわゆる「立て看」が、屋外広告物にあたるとして規制の対象となった。かつての安保闘争や全共闘運動の時代からずっと京大の名物とされてきた学生団体やサークルの立て看板である。それが景観条例違反として、市から撤去を要請されているのだ。

看板の撤去を、それも経費は自分持ちで強制された会社からすれば、あんな猥雑なものをなぜ先に撤去しないのかとの不満がある。一方にはしかし、これこそ京大の文化だという意見がある。さらに、まちのどまんなかに草ぼうぼうのまま放置されている更地や、町家の隣りに建てられる高層マンションのほうが、街並み保存にとっては重大問題だとの意見もある。

広告看板の見当たらない街は全国にいくつかある。代表的なのが、東京駅の丸の内側であり、大阪の中之島だ。ともに美しい街並みである。おなじ東京でも秋葉原は多種多彩な広告がひしめく。大阪の道頓堀となれば、その猥雑な看板群こそが大阪の顔、ミナミの風情となっていて、観光客で賑わう。いってみれば《記号の帝国》なのである。これらを一律に同じルールで規制したら、街の魅力それじたいがひどく損なわれる。

そもそも街の風情は、「景観」という一つの物差しで測れるものなのか。

街並みの前に立ち止まって、それを「景観」として眺めるというようなことを人はふつうしない。街並みというのは、そのあいだをぶらつくなかで、ときに横目で、ときに音や匂いをもふくめて体全体で、ふれるものである。それがまさに風情であって、絵のような鑑賞物ではない。「景観」というよりもむしろ「景色」なのである。「色」、つまり気配や佇まい、兆しや匂いとしてである。「景色」はそこはかとない奥行きを感じさせるものである。

その奥行きをなしているのはいうまでもなく人びとの日々の生活である。そういう意味では、京大の立て看板も、「ここで生きています」という学生たちの活動場所からの訴えや誘いや呼びかけとして、文化的な景色の一つである。
もう一つ大事な視点は、隣り合わせるものへの意識がはたらいているかどうかということだ。京都の古い家並みでいえば、屋根をたがいに上下に重ねるように設置して家のあいだに雨がしみ込まなくする工夫がその例の一つだ。その意味で、「景観」とは、ほんとうは規制の問題ではなくコミュニティの課題のようなものなのだ。住まいの居心地のよさというのは家族によって異なる。そんななかでさまざまの葛藤を引きおこしつつも、妥協し、手入れもしながら街並みを造ってきたその積み重ねが街の風情を厚くするのであろう。その空間を住民たちが大切にしているらしいことが細部から感じられる街は、どこか風格がある。

2018年1月

ユーモアの力

震災後、避難所や仮設住宅に「取材お断り」の貼り紙がしてあると伝え聞いたことがある。記事にするために取材する報道記者たち、被災地の現状を一事例として分析するために調査に来る研究者たち。そして取材と調査が済めばまた次の現地に向かう……。貼り紙は「わたしたち」は取材や調査の対象ではないとの思いをはっきり告げていた。

聴き手が聴きたいことを聴こうとしているだけではないか？　仙台に毎月通いはじめて5年近くになるが、そういう疚しさをわたしも未だ拭えないでいる。5年もたてば仙台通いにも楽しみが混じる。またあの人に会える、あれが食べられる。けれども仙台に向かうなか、いまもって緊張が走るのは、被災した人びとのくぐもった語りを横取りしているのではないかとの思いである。

そんななか、聴き取りを続ける一組のアーティストと一人の民話収集家とが長い時間をかけて編みだした〈手法〉にふれ、わたしはいまそこから多くを教わりつつある。

家族や職場や故郷を失うというのは、それまでの人生の基盤を失うということだ。以後、こんどはそれらを失ったという事実を前提に人生を語りなおさねばならない。が、語りなおしはたやすくできない。言いかけては口ごもり、取り消し、最後は押し黙るといった経験を延々とくり返すほかない。

そういう語りにならぬ語りを録音・録画しつつ聴く、さらにそれを文字に書き起こす。そこまでならだれもがする。小森はるかと瀬尾夏美という若いアーティストが数年にわたる試行錯誤のなかで編みだしたのは、その先である。くぐもる言葉を録音し、持ち帰って書き起こし、整え、さらにそれを語り手に点検してもらったあと、本人に朗読してもらい、その人たちの映像にかぶせるという手法だ。もらった言葉をもういちど話者に返す。ここで彼女たちはみずからが語りの媒体になろうとしている。

半世紀にわたり東北各地の民話の収集にあたってこられた小野和子さんがある学校の先生に

提案したのは、昔話の手法である。両親が離婚し、父親とはずっと会えていない小学生が作文の時間に「昨日はお父さんとゲームをして遊びました」というふうに細々と書く。戸惑う先生に小野さんは提案する。少年は、現実には起こりえないことを書くことでお父さんがいない寂しさを乗り越えようとしているのだ。だから生徒さんにはもっと自由に、たとえば「むかしむかし、あるところに」という書き出しで、そのあとを何でも好きなように書いてごらんと言ってみたら、と。

「嘘かほんとか知らないよ」という前提で話すから、そのぶん逆に感情をたっぷり注ぎ込める。聴くほうも、相づちを打ちながら聴く。それがまた語り手の語りをより滑らかにする。何かある物語を立ち上がらせるその語りの器を、語り手と聞き手とがいっしょに工夫してつくってみようというのだ。

これら二つの手法に共通して漂うのは、じぶんを突き放すところに醸される微かなユーモアだ。このユーモアによって、泣き笑いというか、笑うほかないほどまでの悲しみが、いっそう深く伝わってくる。じぶんの現実をじぶんから隔てる、その力がユーモアにはある。フランスのある哲学者はユーモアを《理性の微笑》だと言っている。

関西では、話すときには次に話がつながるような終わり方ができなければまだ一人前ではないといわれる。関西から東北に通うからにはこのたしなみを日頃からもっと鍛えておこうとおもう。

呼称をめぐって

大人と幼い人とがたがいに「さん」づけで声をかけあう様子が好きだ。とっさにそのような声かけができるまでにはなっていないが、わたしも折りにふれてそうしようと心がけてきた。

20年ほど前、大阪大学の教員だったころ、それまであたりまえのようにくり返されてきた男子学生への「くん」という呼称、それと教員に対する「先生」という呼称をやめて、全員たがいに「さん」づけで呼びあおうと、教室で話しあって決めたことがある。

男子学生が同年の男子学生を、学生が教師を、ともに「さん」で呼ぶことにはやはり抵抗があり、はじめはずいぶんとぎこちなかったが、一月もすればみなが自然にそう呼びあうようになった。あまりに簡単で、気が抜けたくらいである。

いま「自然に」と書いたが、自然にできることもじつは習慣である。習慣は「第二の自然」だという格言があるが、パスカルに倣ってそれをひっくり返し、自然こそ「第二の習慣」ではないかと、あらためて思ったことだ。

大人と子ども、男性と女性、教師と学生。そのあいだに設けられた、「自然」という名の、見えないけれどそれなりに頑迷な柵がある。その柵が、一つの約束によってあっけなく取り除かれた。それが言い過ぎだとしたら、少なくとも柵を取り除くきっかけは生まれた。

それにしても、冒頭の情景をわたしはなぜまぶしく感じたのか。

2017年9月

3
文化
Culture

それを解く鍵は、哲学者、エマニュエル・レヴィナスの著作『困難な自由』（合田正人・三浦直希訳）に収められたある凝縮した文章のなかにある。その文章をレヴィナスは、「会話という平凡な行いは、ある面では、暴力の領域を離脱している」と書き出す。そしておおよそこう述べる。

会話のなかで他者を名で呼ぶとき、呼びかけられた者は、たんに他者として認識されるだけでなく「挨拶される」。つまり、呼び求められる。声をかける側からすれば、それは、支配しようとのもくろみを放棄して、「応答を待ちながらすでに他者の行為に身をさらす」ことである。ここで他者は、認知されるより先にまずは対話の相手として呼びかけられている。ということは、だれかに「あなた」と呼びかけるのは、「平等という道徳的関係を創設」する行為として、まさにたがいを隣人として認めあうこと、つまりは「社会」というものを開く最初の行為なのだと、レヴィナスは言う。

彼が別の著作で、挨拶とは「『対話のなかに参入』させる対話」だというのも、そういう意味である。

「社会」というのは、多くの人が集合していればおのずと成り立つというものではない。逆に、ひとりの人物が全体を取り仕切るというものでもない。「社会」というのは、あたりまえのことだがたがいに異なる人びとが、たがいの違いを認めあいつつ、しかもともにあるということを志向するところに成り立つ。

そのためにまず必要なのは、呼びかけに応じあうということだ。ここで「責任」（リスポンシビリティ）という語が、おのれの咎を周囲から責められることではなく、呼びかけや訴えに応える（リスポンド）ことを原意とすることを思い出してもいい。そういう意味での「責任」を日々の小さな場所から開いてゆくこと、その行為が「社会」を根底で支えている。

2018年2月

「生き残った」という思い

戦前に生きた人たちの略歴を見ていると、7人、8人ときょうだいがいて、その幾人かが幼くして病気で、あるいは栄養不足で、亡くなっている例をいくつも目にする。長じての戦死や獄中死ももちろんあったが、もっと近くの日常に〈死〉というものが例外的とはいえないかたちであった。

そういう時代には、個々の〈わたし〉がここにあるということには、「生き残った」もしくは「取り残された」という思いがいやでもつきまとったのではないかと想像される。

大学時代のこと。教授から、みずからが親しく接した先輩哲学徒たちの次のような吐露についてうかがったことがある。じぶんよりはるかに優秀だった同級生が戦死し、じぶんがここに母校の教師としていることに強い負い目を感じると、彼らはまるでおのれを責めるように語ったというのである。先輩たちのその心は、亡くなった人たちの痛恨をけっして無にはすまいとの思いに、そしてじぶんの生の中には志をついに果たせなかった人たちの無念も含まれているという思いに、染められていたとおもわれる。

いま、わたしたちは、さまざまな場所でさまざまの困窮に直面しつつ、さらにそこへとなだれ込まざるをえなくなった要因としてのもろもろの習慣や制度と、それらを駆動してきた思想の袋小路にあって、これから先いかに生き延びてゆくかという問いに心を砕いている。これは、相当に逼迫した問いである。

そのうえで思うのだが、いかに生き延びるかもまた、長く時代を駆ってきた「成長」の物語とおなじく、ひとえに未来に視線が向いているのではないか。かつて人びとがじぶんより先にいのちを落とした人たちの思いを引き受けんとしたことの意味を、深く心に留めておくこともまた、おなじように必要なのではないか。

そんなことをつらつら考えるおり、作家のいしいしんじさんの『且座喫茶《しゃざきっさ》』を読んだ。そこに、大晦日に開かれるある茶事にふれてこう書かれていた。

ひとは、自分の始まりを理解できない。終わりを経験できるかどうか、おそらくは疑わしい。とすれば、生きているそのあいだ、なるたけ多くの「終わり」に触れておく。そのことが、人間の生を、いっそう引きしめ、切実に整える、そういうことが、ひょっとしてあるのではないか。

舟にたとえるなら、一つの時代を生きる人びとは、着港の地も出港の地も判然としないまま、同じ舟に乗り合わせた客のようなものである。そのとき、過去の航行がどのような結末を迎えたか、その「終わり」に日頃から思いをはせておくことが、これよりなすべきことをいくばくか人に教える。ささやかなりとも人の生を「引きしめ」、「整える」。そのために人は、始まりと終わりが明確にあること、たとえば旅をし、祭を担い、音楽を奏で、追悼や引退や卒業の式を設定してきたのではないか。右の綴りにふれて、ふとそんなことを思ったのである。

そう考えて、わたしはこの季節、わたしにとってとても大切な務めを前に、みずからの生を引きしめる。

来月は卒業式。学生諸君の大学生活の始めと終わりをふり返り、言葉を贈る。その言葉をいまからノートに少しずつ書きためる……。

16年前に生を授かり、いまはもう目も見えず、音も聴きづらく、腰も砕けているわが犬の、いのちの最期を看る……。

その一つひとつが、いまのわたしに、人生のしまい方を教えてくれているのだとおもう。

2018年5月

匂いを残して……

4月の末に犬を亡くした。3年の闘病と介護の果ての死だった。生活用具一式を片づけたあとに残ったのは、匂いだった。寂しい匂いだった。

匂いといえば、その少し前、ある香の老舗でご主人から香道についていろいろ教わったところだった。お香の材料について、香りをきく「聞香」、香りをききわける「組香」という遊びについて。

話のなかでとくに印象的だったのは、香を焚くことのシンプルさと、香をききわけるときの緻密さとのコントラストだ。焚くのに必要なのは、香木と火だけ。そこには調合とか加工といった人為的な操作はない。ミルクを材料にさまざまのケーキを作るのとは、顔料を使って絵を描くのとは、根本的に違う。こよなくシンプルである。が、その一方で、聞香では二百数十種もききわけるという。

芳香であれ異臭であれ、匂いのちょっとした変化に人は鋭敏に反応する。が、その芳しい匂いも鼻につく臭いも、すぐにあたりの空気に溶けてゆく。嗅覚とは、はかなく移ろうものである。

環境にも体調にもたやすく左右されるというところから、西洋では、味覚とともに嗅覚は、視覚や聴覚と比べ「劣った」感覚、下級の感覚とされてきた。対象にきちんと距離をとれる感覚と、対象とすぐに混じりあってしまう感覚。美術や音楽とちがい、嗅覚や味覚の芸術は成り立たないと考えられてきた。

だが、先の老舗のご主人の話を聴いて、香道とは、対象に密着するのではなく、むしろそれを抽象する作法ではないかと思うようになった。固定された形としてあるのではなく、ただ移ろい漂うだけのもの、つまり形なきものを、形なきままに精確にとらえ吟味する（ききわける）

術なのではないかと。

言葉で何かを名指すというのは、たえず変化しながらも、その変化を通じて同一のものをとらえるということであろう。けれども、〈いのち〉を例にとればわかりやすいが、一つのものは別のものとのかかわりのなかでたえずおのれのありようを変えてゆく。あるいは、別のものと共振したり連動したりする。たとえば、季節の移り変わりと動物の「さかり」との共振、腸の蠕動や心拍と気分との連動。あるいは、月の満ち欠けと生理の呼応?

抽象芸術といわれるものも、世界の根源にこうした波動を、さらにはそれらのあいだの共振や連動をとらえ、個々の「物」ではなくそういう波動をこそ描きだそうとしてきたのではないか。そこに、世界の、〈いのち〉の、ほんとうの具象があるからこそ、林檎や花、人物や風景といった「物」を具象ととらえる眼にはアブストラクト(抽象)と映ってきただけのことではないのか。

世界を向こう側に立てて、操作の対象とする、つまりはじぶんたちとの連動を断ち切るという態度から、世界とわたしたちとが混じり、交わっている相に立ち戻ろうという態度への変換。それがいま、暮らしのあり方から芸術まで、文化のさまざまな局面で静かに起こりつつあるように思う。

ちなみに、世界を緻密に観察し操作する「科学」や「技術」を生みだしたその西洋の文化においても、もとは、世界との接触の場面をこそ注視しようとしていたらしい。「嗅ぐ」ことをフランス語では humer という。人間的(human)という語と同根である。そしてその語源、

humus は腐植土を意味する。そう、匂い立つあの土。

人はその昔、もっともっと世界の近くにいた。他の生きものと体をとおして交わっていた。その混じりあいを、匂いとして放っていた。

もう一つのグローバル化

2014年1月

何年か前、知人から、フランスでふつうでは考えられない奇妙な4ドアセダンの新車が発売されたと聞いた。後部ドアのウィンドーが開かないのである。そのドアには逆三角形のウィンドーがついているのだが、幅が広すぎて下りない。でも格好はいい。だからデザインを優先して、機能的には問題であるがそのまま押し通したというのである。事の真偽は確かめていないが、パリならありそうな話だとおもった。

パリでは、エレガンスという価値がなにより優先される。服や身ごなしはもちろん、言葉づかいも町並みも、いやいや政治家のふるまいだって、エレガントでなくてはならない。ドイツだったら、厳格さ、あるいは精密性といったところだろうか。製品も社交も、子どもの教育も犬のしつけも、政治も都市デザインも、そんな価値がもっとも重視されている印象がある。イタリアなら、さしずめ官能性、つまりは感覚の悦びということになろうか。恋愛からクルマやインテリアのデザイン、政治家のスキャンダルまで、そういう価値が他を押しのける。これは数日滞在しただけの印象にすぎないが、バンコックでは、税関からホテル、露天商まで、挨拶はいつも合掌でなされた。丁寧ということが、何をおいても大事とされているらしい。「エレガンス」も「精密」も「官能性」も「丁寧」も、どの地にあっても望ましいものであり、その意味で普遍的な価値である。が、どの価値を前景にもってきて、どの価値を後景に置くかという、価値の配置の仕方が、それぞれの国、都市によって異なる。国民、市民のみながみなそういう遠近法に従っているわけではないにしても、都市から匂い立つ気配には、それぞれに固有の価値の遠近法がある。

市場経済における国家の障壁の撤廃から大学の世界ランキングまで、均一の世界標準がグローバル化として押し通されるが、それはグローバル化の半面でしかない。19世紀後半、帝国主義の時代に、列強の覇権の拡大に対抗するようにして、「科学」と「人権」の、国家を超えた（トランスナショナルな）価値がグローバルな規模で唱えられたように、伝統的な地域社会をブルドーザーのようになぎ倒してゆく現代の市場経済のグローバル化には、それに対抗するもう一つのグローバル化が浮上してこなければならない。

それは、ものごとを評価する軸の多様性、いってみれば、それぞれの社会がそれぞれに究めた価値の遠近法を「個性的な普遍」として、世界に向けて提示することである。

たとえば東京が、大阪が、福岡が、グローバルな都市としての認知を得るためには、商いから、ものづくり（技術）や都市デザイン、さらには行政のスタイルまで、それらを貫通するある価値の遠近法を体現していなければならないだろう。では、（わたしの住む）京都はどのような価値の遠近法を、あるいはそれにもとづくどのような都市生活のスタイルを提示してゆけばいいのか。――厚いもてなし(ホスピタリティ)? しまつ? 「足るを知る」? 自然素材を大切にする衣食住の文化? 市民自治? 考えどころである。

一つ、大事なことを書き忘れるところだった。こうした個性的普遍ともいうべき価値の遠近法を冷やかし、かき乱し、嘲笑う、そんな反対動向を同居させていることも、都市とよばれるものの不可欠の条件であること。一つにまとまるのではなくいつも抗う波が起こっていること。のっぺりした均質のまちほど退屈なものはない。

2014年9月

ある家訓

千家十職の塗師、先代の中村宗哲さんは、きりっとした佇まいのなかに、マシュマロのようなふわふわした円みを漂わせておられる人だった。それに強く惹かれるものがあって、というか憧れて、なにかの席でご一緒できたときは、よく隣に座らせていただいた。

日本経済のバブルがはじけてしばらく経った頃だとおもう。その中村さんがこんな話をしてくださった。「儲けられるときに儲けすぎたらあきまへんえ」。京都の商家にはそんな家訓がある、と。

需要がぐっと増えればそれをチャンスに設備投資をする。景気のよいときには、溜め込んだ財産を元手に業域を拡げる。はたまた株や不動産など投機的な資産運用に走る。そして気がつけば母屋まで借金の形《かた》に。それらをいましめた家訓である。じっさい、この家訓をかたくなに守った商家は、バブル崩壊も、かろうじてというかしたたかにというか、無事に潜り抜けた。そういうことをおっしゃっているのだろうとそのときは深く納得した。

が、それから20年ばかり経って、長期的な人口減少が確実に見込まれるにもかかわらず相も変わらず「経済成長」を謳う政権を見ていると、宗哲さんの言葉には、さらに別の意味も含まれていたのではないかと、あらためておもう。

それは未来世代の需要を先食いするな、といういましめである。景気を上向きにするために現世代は思いつくかぎりの策を打つ。そのなかにはもちろん、大規模な公共事業も含まれる。当然のように、である。

けれども、東京と名古屋のあいだの移動時間を40分縮める、そのために当初見込まれていた6兆円をはるかに超える予算を投じることになるリニア新幹線。費用はいちおうJR東海持ちということになっているが、国民の総収入が実質減じてゆくなかで、こんな巨大プロジェクトがほんとうに必要なのだろうか。2020年の東京五輪、それをしかも東京で、数千億円かけて都市環境整備をしたうえで開催することに、いったいどんな意味があるのだろう。見えてくるのは、財政圧迫、東北復興の遅延など、マイナス面ばかりである。

公共事業は必要に応じてというよりも、経済活性化の手段として企てられる面が強い。となれば、未来の世代がいざ経済状況が逼迫したときに、それを抜け出るための手がかりとして、その世代のために残しておかねばならないのに、それを現世代がじぶんたちの困窮を打開するために先食いするというのは、現世代のエゴでしかない。

わたしたちの世代がしようとしていること、つまり汚染された環境を手渡し、途方もない債務をつけ回しにし、労働環境をひどく悪化させたまま、次世代にバトンをというのは、無責任というより無慈悲にもほどがあるのではないか。

「儲けられるときに儲けすぎたらあきまへんえ」という、宗哲さんが教えてくださったこの家訓は、昔の人がじぶんたちのなすべきことを考えるときに、まずは未来世代がうまく生き存《なが》えられるか案じることから始めたことを物語っている。これはわたしたちの世代が忘れて久しい心の構えである。

２０１８年４月

こころのアトム化

《6時・朝の体操、6時10分・レコードコンサート、7時・ニュース、8時・モールス記号講習、9時・朝の宗教講話、9時30分・杭上家屋村探訪、10時・ベートーヴェン「フリュートとピアノのためのソナタ」、10時30分・農村むけの講演、10時45分・世界の出来事……》

スイスの思想家、マックス・ピカートが「人格のアトム化」（１９５８年）という論考の中で引いたラジオの番組表である。現在のわれわれからすれば、午前中だけでも複数の講話や演奏があって、のどかな感じすらする。が、ピカートはこれを、現代人の精神の危機のまぎれもない徴候として示すために引いていた。

たがいに何の関連もないこれらの情報をリスナーが次々と受け入れられるというのは、おかしい《クレイジー》というのである。思いを引きずってはならない。雑多な内容を一つに収斂させてはならない。これが番組を聴き続けるための条件だ。が、それは人が内的な持続、内的な連関を手放すことにほかならない。つまり、人はここでじぶん自身を「解体」しようとしている、じぶん自身から「逃亡」しようとしているというのだ。こういう精神の危機をピカートは、精神の核が次々と分裂してゆくこと、つまり「アトム化」と名づけたのだった。

なるほどと思わないでもない。現代のテレビではニュース番組すらCMでたびたび中断され、しかもおよそ15秒単位で五つも六つも割り込む。ピカートなら卒倒するにちがいない。が、これらの番組が一つのストーリーにまとめられて、どこかの独裁国の国営放送のようになったらたまらないな、という思いも強くある。

ところが現代にも同じような感想をメディアに抱く人がいた。稲葉俊郎という、大学病院の医師。ミュージシャンの大友良英さんとの対談本『見えないものに、耳をすます』のなかで、彼は次のように語る。

ラジオで大友さんの音楽やトークを楽しんでいたとき、間にCMとニュースが入り、ある少女の誘拐殺傷事件のことを知らされた。人の心にそんなふうに踏み込むのはひどく暴力的なことだが、それを当然のように受け入れているうち、人の感情はモザイクのようにばらばらにされてゆく。だれかの死ですら一片の情報にすぎなくなって、人を悼む気持ちもすっと立ち上がらない……。「電車が人身事故で止まった時、社内で誰かが舌打ちしたりする光景が、すごく怖いんです」と、稲葉さんはいう。

稲葉さんの述懐にふれて思うのは、われわれの意識の生地が、乾いた土のようなひび割れを起こしているのではないかということ、ピカートの言葉でいえば、われわれの内なる「世界への対抗重量」が消失しかけているのではないかということだ。ヘイトスピーチや、ここ数日の、官僚のセクハラ疑惑への政権側の政治家たちのひどく無神経な発言にも、同じような精神の崩壊を感じる。

希望や悔恨、祈願や哀悼、憐憫や共感といった人間的な感情は、いまここにはないものへと思いをたなびかせる、そういう想像のはたらきによって養われる。その養いを拒むものが、現代、ピカートの時代以上に深く、メディアやＩＴ環境の中に巣くっているのではないか。

２０１５年１月

品位、あるいは人の弱さ

これだけは見たくないなとおもう子どものふるまいが、わたしには二つある。

一つは鮨屋で板前さんに「まぐろ」「ひらめ」などと注文する姿。「かっぱ」や「鉄火」だったらいいという意味ではない。親に頼んでもらうのではなくて、子どもがじかに板前さんに注文する姿である。いま一つは、京都に住んでいるとよく目にすることなのだが、修学旅行生がタクシーに乗ってまちを周遊する光景である。とくに繁華街の脇にタクシーを待たせて、買い物に興ずる姿は見たくない。

いずれも、「客」なのだから、つまりこちらが支払いをするのだから当然というふうに、子どもが大人をこき使っている。

わたしがひっかかるのは、子どもが働いて稼ぐ前に、大人からもらったお金で他人によるサーヴィスを消費するという図である。もっとあからさまに言えば、金で大人をこき使うという図である。

コンビニやショッピングモールなどがあたりまえのように周りにあって、子どもはものごころがつく頃にはもう、消費の主体になっている。だから、お金さえあれば何でも買える、他人をじぶんのために動かせる、という妙な全能感に知らぬまに浸されてしまう。身の丈に合わず、何の裏づけもない全能感である。だからなにか事が一つうまく行かないと、逆に過剰な無能感に襲われる。まるでじぶんはだれからも愛されていないと言わんばかりに。

この全能感と無能感とのあいだの魂の激しい揺れが、子どもをことさら不安定にしているようにおもう。自由というものを、じぶんの意のままにできることと勘違いさせているようにおもう……。と、ここまで書いてきて、このことが元来、子どもだけの話ではないことに思いは向く。

臨床心理家、霜山徳爾は『人間の限界』のなかで、ある老舗の料理人のこんな言葉を引いている——

「ものの味わいの判る人は人情も判るのではないかと思いやす。人が働いてくれてるということ、この情愛がわからん人々が世の中に多いさかいにね」

これを杞憂とするふるまいを目にしたことがある。ある家族が、料理店で食事を済ませたあと、テーブルの食器がそれぞれに片づけやすいようにきちんと揃えられていたこと。それと、旅先でタクシーに乗ることになろうからと、郷里の特産品をタクシーの運転手さんへのおみやげに持参した静岡の修学旅行生たちのこと。これは運転手さんから聞いた。

そういえば、人はふつう、じぶんのほうが客なのに、店先で「ご免ください」と言う。帰りに「ごちそうさまでした」と礼を言う。そう、申し訳ないけれどきょうはわたしが客にならせてもらいます。そんな「おたがいさま」という互酬性の感覚である。

これを「魂の移転」と呼んだのは、スペインの思想家、オルテガ・イ・ガセットである。「しばらくの間じぶんから抜け出て隣人のところへじぶんを移す」という心持ちのことである。

まるでじぶんが彼／彼女であるかのようにという仮想をいつでもできること。このことは、道徳やマナー（礼節）が、いわば演技という側面をもつことをしめしている。演技といっても、こころにもないことを偽装するという意味ではない。人の視線のなかで身を整えるということである。みっともないこと、目も当てられないこと、格好わるいことはできないという矜持、いってみればつねになりふりをかまうことである。道徳やマナーは、志操としてかたくなに守るより先に、まずはこういう他者のまなざしを意識した演技として育まれ、身についてゆく。人は個々にはそれほど立派ではないという、自戒というか自重が、ここにはある。

品位というものを自然にまとえるほど人は強くない。感情というものはつい野放しになる。だからこそこういう自重を、あるいは感情の抑制を、「見た目」で支えなくてはならない。「人は見た目」というのは、人はつねに外見で判断するという意味ではなく、演技でじぶんを整えるしかないという、人の弱さについての自重の言葉であるはずだ。人が勝ち負けの結果よりも、きれいな負け方にこだわり、きたない勝ち方を忌避することには、それなりの理由があるのである。

ヘイト・スピーチなるものに動画でふれて、ふと思ったことである。

2017年8月

忘れまじ——まなざしの起点を未来に

環境問題といえば、文字どおりわたしたちを取り巻く周囲世界とその生態系の保全の問題だということから、つい空間的なイメージのなかで考えてしまう。が、環境問題はじつは歴史感覚の問題、より正確には〈世代間倫理〉の問題だと、かなり早くから指摘していたのは、哲学者の加藤尚武である。

加藤は、その著『環境倫理学のすすめ』のなかで、近代の社会倫理は「相互性」、つまり、じぶんがされたくないことは他人にもしない、たがいの権利をできるかぎり尊重する、みずからの行動指針を他のだれにも適用できるような普遍的なものにする……という、「互恵性」を基調とするものだと指摘した。

ここで着目すべきことは、その「互恵的」な意志決定が、おなじ現在という時代の他者たちとのあいだで交わされる同意だということである。その決定は同世代のあいだで閉じている。だから、たとえば職業選択においても結婚においても、これまでのしきたりや決まりにとらわれずに、じぶんたちがそれぞれに正しいと考えることをまずは尊重しあう。

これに対して、近代以前の封建倫理は、「世代間のバトンタッチ」を基調に組み立てられてきた。右の例でいえば、前世代の仕事を着実に引き継ぐ、子孫を絶やさないというふうに、である。そのように倫理を世代の連続のなかで考える封建倫理には、過去による現在の支配というより以上に、「未来世代の繁栄を願う気持ち」が強く込められていたと、加藤はいう。いいかえれば、近代以前の意志決定のシステムが「通時的」であったのに対し、近代社会のそれは「共時的」なものに変換された、と。

たしかに有限な埋蔵資源に依存する現代のエネルギー戦略は、未来世代の生存可能性を制約し、その可能性の幅を狭める。

こうしたことは、それ以外の場面でも、加藤が指摘した四半世紀ほど前と比べ、もはや疑いようのないものになっている。国家財政のつけを未来世代に回そうとする。経済の停滞を打開するために、未来世代がいつか経済活性化のために必要とするであろう大規模な公共事業を先食いする。放射性核廃棄物の処分の見通しも立たないまま、原発を再稼働どころか増設しようとさえする……。つまり現在の世代は、自然や社会のシステムを修復不能なまでに壊したまま、それらを次世代に手渡そうとしている。いってみればそれは、未来世代の同意なしに、彼らの暮らしにあらかじめ鞏固でネガティヴな枠をはめてしまうことなのだ。

この背後にあるのが、それぞれの世代は〈現在〉という時点での課題に懸命に取り組めばいいので、未来の課題は次の世代がなんとかやるだろうという、漠然とした楽観である。いや、楽観ではなく責任回避というべきこうしたメンタリティは、とりわけ青年期を、人類史でも異例といえるあの急激な「右肩上がり」の時代にどっぷり浸かって過ごしてきた世代に固有のものなのだろう。このことを念頭に置いて、加藤は、「成長が減速すると安定度が減少する社会という危険な体質が日本に定着しつつある」と警告したのである。

だからこそここで「未来世代の同意」をとりつける必要があるにしても、しかしその「未来世代への責任（リスポンシビリティ）」に応答（リスポンド）してくれる世代は未だ不在である。その声を聴こうにも聴きようがない。とすれば、未来からのまなざしをわたしたち自身のまなざしのなかにしっかり埋め込んでゆくほかない。それをいえば、「何十年後に同業の職人に見られても恥ずかしくない仕事をしておきたい」といった職人気質にきっと近い感覚なのだろう。

テクノロジーが途方もなく進化した現代、人びとのふるまいの多くは遠い未来世代の行く末に多大な影響を与える。だから、現下のニーズや直近の問題解決のつじつま合わせで政策を決めることだけはしてはならない。次の世代が将来に抱え込むかもしれない負荷をもいつも視野に入れておく、そのような「通時的」な歴史感覚がいまほど求められる時代はない。

「忘れまじ」といえば過去の悲惨な経験のことをまずは思うが、わたしたちは未来に起こるやもしれない悲惨な経験にもおなじように思いをはせねばならない。「忘れまじ」と言いつのるのは、何ごともつい忘れてしまうのが人の常だからだが、複雑で不確定な要因で動く現代社会では、未来世代への思いやりや憂えさえ、自然な情ではなく知的な想像力を介さなければ届かない。だからなおのこと、この「通時的」な歴史感覚を未来に向けてしっかり身につけておく必要がある。

この国の夏は、「忘れまじ」ということをこころに刻みなおす季節でもある。

2018年5月

「自由」の意味

「愛」という言葉。野外でのコンサートなど、集団のなかで気分が高揚しているときには口にできても、特定のだれかに向けてしかと告げるのはなかなか難しい。「自由」という言葉もそう。集会などで「自由をわれらに」と心を高ぶらせても、家族や友人との語らいのなかでは、せいぜい「そんなん、わたしの自由やん」とか「自由にさしてえや」くらいしか言えない。腸《はらわた》から出る言葉としては。そしてその二つの表現も、「わたしの勝手やん」「ほっといて」という意味でしかない。

フリーダムやリバティの訳語として「自由」という語があてられた明治期においても、福澤諭吉や西周、中村正直らその語の導入に寄与した識者でさえ。それがもっとも適切だとは思っていなかったようだし、さらに昭和に入って柳田國男もその語の拭いがたい違和感について次のように述懐している。

ある日、一人の若い博徒が泥酔してじぶんの家の門口で寝てしまった。立退かせようにもてことして動かない。あげくのはて「自由の権だ」と怒鳴りちらす始末。これを「なんだか非常に厭な困ったもののように感じ、久しい間その時代の自由民権運動の首領であった板垣退助さんに対する反感のようなものが抜け切らずに居りました」と。

「自由」という語へのこうした違和感は、それが、わがままやただの放埒でしかない行為を正当化するべく用いられていたところからくる。そう、それは「利己的《セルフィッシュ》」ということの別名ではないかと訝ったのである。

たとえばリバティ。これは「束縛を解く」を意味するラテン語の動詞、リーベローから派生する語で、その意味では、じぶんにかかるなんらかの強制や拘束からの解放を意味する。が、それはそのまま、したいことなら何をしてもよいという恣意の自由、他者から干渉されない自由を意味するわけではない。

したいことができる。言いたいことが言える。自由とはそういうことだと、まずはいえる。けれども、したいこと、言いたいことがそのまま通るというのは、現実の人間関係のなかではそうそうあることではない。すぐに他人の思いとぶつかるからだ。他人の自由を蔑ろにしてでもじぶんの思いを遂げるとすれば、その自由は、それを押し通せるたった一人、つまりは独裁者の自由でしかない。

その意味で、自由は、他人の自由をも認めること、ということはじぶんの自由を制限できるということを含む。ここからいえることは、自由は、この制限された自由をできるだけ多くの人が共有できるような社会の存在を前提とするということである。

古代ギリシャ哲学の碩学、田中美知太郎は、個人の自由は、法の前の平等という政治的な自由がしっかり定着していてこそ可能なのであって、そういう公的な自由のないところに私的な自由もないとしたうえで、次のように言う。「自由というものを法の制約なしに追求する、いわゆる民主政治の末期になると、突然自由と正反対の変化が現われてくる」と。何をしてもいいということは、何をしてもおなじということであり、どのみちいっしょということの無関心（インディファレンス＝無差異）によって、人の生き方は「気まぐれ」に、社会は「原則のない」ものに、なるというのである。

くり返すと、自由は、成員たちがそれぞれに別個の存在として認めあうコミュニティの存在を前提とする。そのコミュニティはしかし、けっして一致団結を求めるものではなく、一定の法の下でそれぞれの考えを闘わせ、調整しつつ、共同体としての意志決定をなす。そういう動的な装置として、「護らなければいつ失われてしまうかわからないようなもの」である。だからこそ、たえず入念にチェックし、また手入れと手直しをなす必要がある。

17世紀フランスの思想家、パスカルが「正義」について書きとめた文章を読んでいると、「自由」のほんとうの意味があぶり出されてくる。パスカルは、力のない正義は無力であり、正義のない力は圧制的だとしたうえで、残念ながら、正しい者に力がなければ、強い者に従わざるをえないという。それはやむをえない「必然」だと。これを裏返していえば、弱い者に従うというのが、「必然」の反対、つまりは「自由」の本義だということになる。

英語のリバティを辞書で引くと、たいていの場合、「気前のよさ」が第一の意味として出てくる。弱さに従う自由とは、まさに気前のよさのことである。そしてこの気前のよさとは、じぶんの自由より先にまずは他者の自由を擁護するということである。そういう相互扶助の精神が充満しているところにしか、おそらくほんとうの自由はない。

幸福論の幸不幸

2014年5月

世紀を跨いだ頃から、「国民総幸福度」（GNH：Gross National Happiness）が、国情、ないしは国家の発展を測る指標として人口に膾炙するようになった。1972年にブータン王国の国王ジグミ・シンゲ・ワンチュクによって提唱されたこの考えは、国内総生産（GDP：Gross Domestic Product）ないしは国民総所得（GNI：Gross National Income）という経済指標に代わるものとして広まった。社会のほんとうの豊かさは、経済の規模や成長度では測れないというところから、GDPに象徴されるような豊かさのイメージに対抗するものとして提唱されたのである。ちなみに、政財界の人たちがひたすら注視してきた「経済成長率」といえば、このGDPの伸び率のことである。

「国民総幸福度」でいう「幸福」は、国民の満足感の多寡で測られ、その満足感はさらに健康や心の安らぎ、寿命の長さ、失業や事故の少なさ、仕事と生活の調和などの観点から測られる。そしてそれを裏づける指標を求めて、「幸福に関する実証研究」なるものに取り組まれるようにもなっている。

しかしいざ「幸福とは何か」というふうにその定義をなそうとすると、それは日々の暮らしに満足できていることだとはかんたんに言えないことがあきらかになる。そもそも何を満足とするかについて、意見の一致を見ることは少ないからである。

人間の行為はみな幸福をめざしているという点については、おそらく異論はなかろう。だが、いざこの幸福が何であるかと問いはじめると、意見はちりぢりになる。快楽だ、名誉だ、富だ、健康だ、というふうにである。けれども、快楽や名誉や富や健康、さらにはそれらを手に入れるための知恵や技能は、幸福になるためには望ましいものであっても、その逆はありえない。つまり、快楽や名誉や富、知恵や技能を手に入れるために幸福になるということはありえない。そういう意味で、アリストテレスは幸福を「自足した善」と呼んだ。つまり、「いかなる場合にもけっして他のもののために追求されることのないもの」、「つねにそれ自体として望ましく、けっして他のもののゆえに望ましくあることのないようなもの」、それが幸福であるとしたのである。

が、そういう「自足的な善」を、個人の主観的な満足感、あるいは「安楽」という個人的な充足感と考えることは、あまりに単純すぎる。

まず、ひとは幸福の渦中にいるときはそれを幸福として意識しえず、それを失ったときにはじめてそれが幸福であったと知るということがある。「あのときは幸福だった」というふうに、幸福は失ってはじめて切にわかる。それに、あるとき幸福を感じても幸福感というものは長続きせずに凡庸な日常へとすぐに均されてしまうのがつねだ。幸福は感覚としては持続しない。

「やっと試験が終わった」「きょうは出かけなくていい」といったときのほっとした感覚に見られるように、幸福とはむしろ移行の感覚のことであり、幸福になればもはや幸福とは感じない、つまり色褪せてしまう。幸福にはこのように、だれもが幸福でありたいと願うのに、幸福と思っていたものを手に入れたとたんに幸福でなくなる、あるいは幸福でいつづけることはできないという、そのような逆説がまとわりついている。また、ある時点で満足だと思っていたものが、振り返ってとんでもない思い違いだったと気づかされることもある。ことほどさように、幸福は不幸に、不幸は幸福にたやすく裏返る。「禍福は糾える縄の如し」とは司馬遷の言葉である。このように見てくると、幸福に関しては、内容からはどうも十全に規定できなさそうである。また「総幸福度」とか「総幸福量」とかいっても、一人の満足が別の人の不満の上に成り立っているという社会的事実を無視することもできない。その意味でも、幸福を個人の満足度に求めるのは虚構である。

西洋の思想史をざっとふり返れば、《幸福》はたいていの場合、道徳の基礎という視点から論じられてきた。そこではまず、人生の究極目的が幸福に置かれ、幸福な生活の条件を整えるにはどういう行為をなし、どのような徳性を涵養するのが賢明かが問われた。これは行為によって実現される事態の「善さ」に定位したいわゆる《幸福主義》の議論である。社会の個々の成員の快を幸福とみなし、社会全体の幸福を増大させるものを善とし、減少させるものを悪とみなして、その幸福の総量の増大を実現するための行為を指示する功利主義の考え方も、この《幸福主義》の延長線上にある。これに対して、道徳の成り立つ場を、行為の結果ではなく行為に際しての意志のあり方に見るカントは、どうすれば幸福になるかではなくどうすれば幸福であるに値するようになるかを問うのが道徳論（倫理学）であると考えた。ひとが幸福になれるかどうかはみずからの裁量の内にはなく、幸福の原理と道徳の原理を混同してはならないというこの考え方は、《反幸福主義》と呼ばれる。

このように、古代ギリシャより近代まで、幸福は道徳論のもっとも基礎的な主題としてあった。そして十九世紀になって、ショーペンハウアー、フォイエルバッハからヒルティまで、モーパッサンからトルストイやチェーホフまで、幸福を主題にした思想や小説が溢れ、幸福論はピークを迎えるが、二十世紀に入るとその光景は一変し、幸福論はほぼ姿を消してしまう。シモーヌ・ヴェイユらの不幸論はわずかながらあっても、また幸福へのパスポートのようなマニュアル本はあっても、幸福の思想はすっかり消え失せてしまう。そこには、二度にわたる世界大戦、アウシュヴィッツ、スターリン体制下での粛清、ヒロシマ・ナガサキなどの〝殲滅〟がくり返され、「人間性」というものが再起不能なまでのダメージを受けたということも一因としてあるのだろう。

ところが、20世紀末になって国際社会が、環境危機やエネルギー資源の枯渇、金融市場やそこでのマネーゲームがもたらす地域社会の崩壊や格差の拡大などの問題に直面するなかで、「経済成長」が幸福の条件であるという神話への懐疑が生まれ、初めに挙げた「幸福度」といった視点が登場することになった。では、昨今、「国民総幸福度」という国家発展の評価軸や、「幸福経済学」という名の実証研究など、一見幸福論と見えるもののインフレーションが起こりつつあるその理由は何だろうか。

この擬似的な幸福論を「『安楽』への全体主義」と呼んだのは1985年の藤田省三である。彼はこの表現において、「安楽」を不快のない状態としてとらえ、「不快の源そのものの一斉全面除去（根こぎ）」へと向かう傾性に、「不愉快な事態との相互交渉が無いばかりか、そういう事態と関係のある物や自然現象を根こそぎ消滅させたいという欲求」を見た。ここで根こぎ（殲滅）というのは、不快な事態と対決するよりも、むしろそうした対面の機会そのものをあらかじめ消去してしまうということである。デオドラントからさまざまの社会的抑圧や失調の「見て見ぬふり」まで、安楽の喪失に怯えながらその源の消去の作業に人びとは神経症的に合流してゆく。藤田は、ここに見られるのは、「『徳としての没我』とは正反対の自己喪失者群、冷静に沈思黙考するソリテュードとは正反対の焦慮に駆られたロンリー・クラウド」だと言っているが、これにはもう一つ、感情に惑わされないアパテイア（無感動）という境地ではなく、感情が働きださない感覚麻痺ともいうべきアパシー（無感覚・無関心）という現代語を添え置くこともできるだろう。

「『安楽』への全体主義、いいかえると『安らぎを失った安楽』という前古未曾有の逆説」を目の当たりにして藤田が憂えたのは、紆余曲折の克服から生まれる「喜び」という「総合的感情」がこれとともに消失してゆくことであった。「苦しみとも喜びとも結合しない享受の楽しみは、空しい同一感情の分断された反復にしか過ぎない」。「遠方を見る視力」が失われることで、忍耐、工夫、持続といった徳（古代ギリシャであれば勇気、節制、正義といわれたもの）

もまた消えてゆく。わたしたちは先ほど幸福とは移行の感覚だと言ったが、この移行は、藤田のいうように、さまざまの忍耐や工夫を積み重ね、それらをとりまとめてゆくなかでまさに生全体のあり方への評価としてあり、紆余曲折を経て生まれる「喜び」としてそれを享受したときに幸福として感受されるものなのであろう。「幸福とは何か」という問いは、得たものの大ききではなく、失ったものの大ききに比例して深まってゆく。いいかえると、自身もしくは他者が失ったものへの想像力の強度に比例して、深まってゆくものなのであろう。

幸福への問いがインフレーションを起こしているのは、たしかに幸福感の薄さ、ないしは（働き場や交友関係といった居場所を見いだせないという意味で）見棄てられているという感情が、今日、想像を超えて人びとのあいだに浸潤してきているからだろう。しかも、社会システムが異様に複雑化してきたなかで、そうした失調の理由を人びとはますます見通すことが困難になっている。幸福への道筋が見えないのだから、幸福そのものについてもじぶんの存在にとって偶然的なめぐりあわせとしてしか意識されようがなくなる。そう「幸運」としてである。籤に当たったり、美味しいものにありついたりと、人びとは小さな幸運にめぐりあわせたとき、ピースサインとともに「ハッピー」「ラッキー」と口走る。ここで「ハッピー」は、ハプニングという言葉とともに、「運」や「偶然」を意味する中世英語の hap、ないしは古代スカンジナビア語の happ に語源をもち、一方「ラッキー」は「運」や「めぐりあわせ」を意味する中世英語の lucke、ないしはオランダ語の luk に由来するという。

ここで、めぐりあわせということで一つ注意しておきたいのは、めぐりあわせは「運」のそれであるとともに他者とのそれでもあるということだ。めぐりあわせの喪失、それを柳田國男はかつて「孤立貧」と名づけた。「共同防貧」というエートスを失ったところに生まれた貧困の孤立化をさしてのことである。個人が、家族や地域社会などの共同体から切断されて、おのれの困窮に独り孤立して向きあうしかないという状況である。ここでは、「共同防貧」のしくみがあった時代の、他人が不幸でいるあいだはわたしは幸福であってはならないという感覚もまた消失してゆく……。「ひとりで幸福になろうとしても、それは無理よ」——寺山修司は、ある年配の風俗嬢の言葉としてこれを記録したのだが、もしそのように幸福は他者との共作であるのだとすれば、「あなたは幸福ですか」という問い自体がすでに虚構だということになる。

古来、「殺してはいけない」という徳目がある。が、この徳目をそれだけ口にするのであれば、きれい事で終わる。そこには影が、奥行きがない。道徳を後代に伝えてゆくためには、たしかに理屈抜きで「ならぬものはならぬ」と言わなければならないところがある。けれどもそれは、守るべきものでありながら、実際にはそれを守りきれなかったという苦い思いで裏張りされていなければ伝わらない。「絶対に人を殺してはいけない。けれどもわたしたちは実際にはいっぱい人を殺してきた。殺さなければならないときもあったし、軽い気持ちで殺したこともあったかもしれない。あるいは、やむにやまれず殺したことも。それでもなお、人はやはり殺してはならない……」といった語り口で、影の部分もろとも語りださなければ人には伝わらない。それとおなじで、幸福を語るときにも、ひとは不幸に浸る時間を削ってはならない。その意味で、現代の擬似的な幸福論が退屈なのは、逆説的にも、わたしたちが不幸にとことん浸ることができなくなっているからだと言えるかもしれない。そのうえで「幸福」という青空についで語りつづけること。この揺れと強度を欠いた幸福論はついに絵空事で終わる。

私たちの時代に失われてしまっているのは「幸福」ではなくて、「幸福論」である。

寺山修司がその『幸福論　裏町人生版』のなかに書きつけていた言葉である。

4

教育

Education

いくつもの時間

2018年1月

6年前、わたしは長く勤めた国立大学を辞して、家の近くにある京都の小さな仏教系の大学に移った。十年近く、柄にもない大学の管理職についていたので、ここで元の現場に戻り、人生の最後を「教員」として勤め上げようとおもっていた。

そんな折り、教室の最後列で聴講し、なぜかきまって途中で退出する学生がいた。あきらかに社会人とおぼしき風貌の人である。その人が翌年、大学院をふつうの倍、4年間かけて学ぶ「社会人枠」で入学してきた。新学期の最初のゼミでのこと。ざわつきがいつもとちがう。みなわずかに退いている。少し離れてひとり立つその御仁は、学生や職員たちのよく知る関西の人気ラジオ・パーソナリティなのだった。

慣れない哲学の用語に苦しみながらも、仕事の後、家で原書講読の予習をし、少しずつ哲学の考え方にもなじんでいって、3年目くらいだっただろうか、ようやっとじぶんの課題を見つけ、昨年末、論文を書き上げた。インタビュアーとしてのじぶんの仕事の意味を掘り下げたかったらしく、マルティン・ブーバーの著書を手がかりに、「他人を理解する」というのがどういうことかを論じたのだった。いろんなレギュラー番組をもち、さらにそのための取材をこなしていて、完全な休みは月に一日くらいというなかで、よく書いたこととおもう。

その彼女が論文を提出したあと、しみじみとこう言った。「大学って、早く出たいけどずっといたい不思議なところですね」。

この言葉にわたしのほうが感極まった。おもうに二つの理由からである。一つは、この20年ほど「改革」に揺らいできた大学だが、大学というところはよほどのことがなければその仕組みも校風も変えてはならない。卒業後も迷えばいつでも戻ってこられるように。そのことを再認識させてくれたから。

いま一つは、日々の暮らしにおけるもう一つの時間の大切さである。くだんの彼女は、息を抜くこともできない番組制作のあいまに、ずっと持続する別の時間をもつことになった。急いで答えを出そうと焦ることもなく、一つの問いを温め、それについてゼミ生とも存分に語りあえた。いっそう忙しくなったはずなのに、彼女にとってそれは別の呼吸をすることであった。

望もうにも、もう一つの時間をもつというのは実際のところむずかしい。親の介護やペットの世話に明け暮れる人、子育てにかかりっきりで息も抜けない人、一日のほとんどの時間を組織の課題で刻んでいる人……。じぶんの時間なのにじぶんでどうこうできない人たち、時間に「あそび」の幅をもたせられない人たちが、世の中にはいっぱいいる。

一つの時間を生きる、あるいは一つの時間をしか生きられないというのは苦しいことである。生きものとして人間に無理をかけるからである。

人はいろんな時間を多層的に生きるポリクロニックな存在である。仕事にあたりながら、心ここにあらずといった感じで別の思いをずっと引きずったままのときがある。手が止まり、放心したかのように思い出に浸るときもある。ずっと心に引っかかるものがあって、一つのことに集中できないことがある。過去へと流れ去ってくれないトラウマに心がじくじく疼いたまま、というときもある。そのように意識がさまざまの時間に引き裂かれ、一つにまとまらないというのは、さしてめずらしいことではない。

ふだんはほとんど気づかれることもないが、人の内にはさまざまに異なる時間が流れている。呼吸が刻むリズム、消化をになう内臓のうねり、月経の周期、刻々と入れ替わる細胞の時間、そしてその全体の老え。そうしたさまざまに異なる時間が、ときに眠気や疲労感や空腹感のかたちで、あるいは尿意や便意、陣痛のかたちで、意識の時間に割って入ってくる。「そわそわ」とか「じりじり」といった焦燥感が意識の時間をひきつらせることもしばしばだ。

ゆたかに生きるというのは、それぞれの時間に悲鳴をあげさせないことだ。どれか一つの時間が別の時間に無理をかけているというのは、生きものとして不幸なことだ。が、たいていの人はこの無理を押し隠そうとする。抑え込もうとする。

それだけではない。人は他の生きものともいっしょに生きている。老いた家族や幼い子どもとの時間、ペットとの時間、栽培している植物との時間。そういう時間のなかにじぶんをたゆたわせることもできずに、いまは仕事で忙しいから、しなければならないことがあるからと、耳を傾けずにそれを操作しようというのは、生きものとして歪なことである。余裕のなさから出たその言葉が、自身のみならず、同じ時間をともに生きる相手を想像以上に痛めていることを知るべきだ。

齢を重ねたはてに知る寂しい事実がある。ずっといっしょに暮らしてきた、比喩でいえばずっと同じ列車に隣り合わせて乗ってきたと思っていた連れ合いが、じつは同じ速度で走る隣りの列車に乗っていただけのことだと思い知らされるときだ。ずっと前から線路は知らないうちに少しずつ離れ、気がついたときは隣の列車は声をかけても届かないほど遠くに隔たっていたということがある。

時間はいくつも持ったほうがいい。交替でもいいが、できれば同時並行のほうがいい。

論文を書き上げ、ほっとして「早く出たいけどずっといたい」という思いに浸ったくだんの彼女の物言いは、二つの違う時間をもてたという幸福の言葉としてあったのだとおもう。

わたしの《ガラパゴス宣言》

2016年10月

昨年の春より、京都市立芸術大学の理事長・学長の任に就かせていただいている。初日、辞令交付等の儀式が終わり、学長室の椅子で一息ついているとき、窓の外から大きな声が聞こえてきた。春休みも終わり、久しぶりの再会だったのだろう、「センセー」「○○ちゃーん」と、まるで幼稚園のような「黄色い」声が。

これまでずっと総合大学でばかり教鞭を執ってきたが、学内でこんな屈託のない嬌声を聞くのははじめてだ。それに美術・音楽の実技系の大学ということで、キャンパス一帯がまるで部室群のような面立ちである。それまで経営審議員としてこの大学の運営には携わってきたが、着任後、授業をのぞいたり、先生方と親しくおしゃべりするうち、ここはまるでガラパゴス群島のように、教育の野生のかたちが残っているという、静かな感動がこみ上げてきた。

実技系ということもあって、そして芸術系大学以外では入試科目でないということもあって、美術科や音楽科は、かつての技術・家庭科とともに、中等教育では正課ではなく周辺科目のような扱いがなされてきた。けれどもこの芸術系の教育体制に間近にふれて、ここにこそ教育の原点のかたちがしっかり残っていると思った。

まず学年ごとに見れば、専任教員一人あたり学生二人という少人数教育が守られている。それにさらに特殊技能の指導を徹底するため、ジャンルごと楽器ごとに、多くの非常勤教員も配置している。作品制作であれ、演奏であれ、まさに手塩にかけて育てるという風なのである。

それに美術なら「総合基礎実技」といって一年生の半年間は、全学生が絵画からデザイン、工芸まで、専攻を超えてあらゆる領域の基礎技法を学ぶ。音楽なら、どんな専攻であれ、音楽の基礎として全員が声楽とピアノを学ぶ。このなかで、「競争」ではなく「協奏」の歓びを知り、評価を気にする前にまずは感覚を解放する歓びに浸る。問題をじぶんたちで設定し、その問題解決の知恵と方法を協働のなかで身につける（とはいえ、実技系ではめずらしく、入学試験で学科試験に5割の配点をしているのは、鋭い社会意識を育てたいという思いがあるからだ）。

幼稚園では児童と先生が同じ席で同じ食事をする。だから終われば「おいしかったね」と顔を見合わせる。小学校に入り給食になると、先生は監視役になり、食事がすめば「全部食べられましたね」と褒められる。歌や遊戯をしたあとも幼稚園では「楽しかったね」、学校では「よくできました」。歓びが後景に退くのだ。それがこの大学では逆に、歓びがふたたび前景に戻ってきている。

職員も学生一人ひとりの顔をよく覚えており、このところ不調みたいとか、最近ぐっと伸びたねとか言っている。そして構内ではだれもがすれ違うとき、大きな声で「こんにちは」と言う。

とりわけ総合大学と違うのは、卒業後である。ふつうの大学なら学生を送り出したら教育責任はそこで終わるが、芸術系の場合、じつは卒業後が大変である。学生は制作や収蔵の場をじぶんで確保しなければならないし、練習のために防音のきいた部屋も必要となる。芸術をじぶんの生業とできるまでに最低十年はかかるし、その間、アルバイトなどをしながら研鑽をさらに積まなければならない。その支援も大学の大きな仕事なのである。共感とは英語で sympathy もしくは compassion、それぞれ古代ギリシャ語とラテン語が語源で「共に苦しむ」という意味だが、その「共苦」のゆえに、卒業生たちは支えあいを大事にする。卒業しても大きな作品の制作や移動を手伝うし、学生オーケストラの応援にも行く。

少人数教育であるがゆえに「煮詰まる」ということもないではない。けれどもそれを超えて、手塩にかけて育てるという教育の原点がここにははっきりと見えるかたちで成り立っている。

わたしはかねがね、教育という事業は、「教え育てる」ことではなく、そこにいれば子どもたちが「勝手に育つ」ような場を開いておくことだと考えてきた。ジョン・スチュアート・ミルの名誉学長就任講演を引けば、「大学が道徳的あるいは宗教的影響を学生に及ぼすことができるとするならば、それは特定な教育によるのではなく、大学全体にみなぎっている気風による」（竹内一城訳『大学教育について』より）ということだ。

総合大学でなら、今すぐ何の役に立つのかはわからないような基礎研究の一端を経験すること。芸術系大学でなら、世界についてときに奇矯とも唐突ともいえるイメージやヴィジョンが描けること。このことがとりわけ重要なのは、大学というものの存立が、わたしたちの社会がいつの日か、大きな危機を迎えたときに、こんな考え方がかつてあった、こんなやり方もありうるという選択肢《オルタナティヴ》をどれだけ用意しておけるかということにかかっているからである。

そういう大学の本分を忘れることのないよう、わたしは学長就任からしばらくして、「選抜」や「競争」「評価」の波に呑み込まれないで、この大学の野生の教育を徹底して守るべく《ガラパゴス宣言》をした。

2017年4月

ステージの袖で

はじめて演奏会のバックステージに入った。コンサートホールの舞台裏である。

3月にあった卒業演奏会でのこと。演奏といえばこれまで客席で聴くばかりだったが、その日、演奏会の責任者から「ステージの袖で聴いてみますか？」と誘われ、「えっ、いいんですか？」と、まるで「散歩、行く？」と声をかけられた犬のように相好を崩し、そのまま教授の後について行った。

途中、「学生には絶対、話しかけないでください」と注意された。出番を待つ学生の多くは専攻を代表してのはじめての檜舞台、ふだん大学の奏楽室で演奏するときとはちがい相当な緊張状態にあるからだ。

袖に入り、器材の影に身を潜め、演奏前の学生たちをそっとうかがう。瞑想するかのように行ったり来たりする学生には驚かなかったが、イヴニングドレスのような優雅な衣裳をまとうピアノ奏者がいきなり相撲の蹲踞のような恰好で屈伸を始めるのには仰天した。道端にしゃがみ込むヤンキーのようだったから。ストレッチやジャンプをくり返す者もいる。バイオリン奏者は、まるでだれかに喧嘩を売るかのように手首を鳴らしていた。楽譜を愛おしそうに胸に抱くだけの学生も。

そしてステージマネージャーが次の演奏者を、背中にそっと手を当ててステージに送り出す。アイススケートのリンクに選手を送り出すコーチのように。

演奏が始まると、舞台裏の様子は一変する。照明を担当する劇場スタッフはずっと文庫本を読んでいる。進行管理のスタッフははち切れそうな厚い手帖をのぞいている。聞けば、来年度のスケジュール管理をしているという。現場とはこういうものだなとつくづくおもう。それぞれに力の入れどころが違う仕事が交差し、たがいを支えあって。

そして眼は、再度、晴れの舞台を前にした学生に向かう。そして想像する。ついさっきまでいた楽屋での姿。大学で、家でひたすら練習する姿。あいだにひとり物思う姿。友人と興ずる姿。落ち込んで顔を上げられない様子。本人も知らない内なる何かに突き上げられて放心しているさま……。顔が何枚もある。

その何枚もの顔を、教員はじかに見、ときに思いやってもきたのだろう。実技の教員は、マラソン選手に伴走するコーチのようなもので、いつも学生の表情のみならず、横顔と背中という、本人には見えないものをじっと見てきたのだ。

美術の授業を見せてもらったときもそうだった。制作の現場で、教員はここをこうしなさいと決めつけることはしない。「ここんとこ、きついよね」とか「これからどうする？」「ああ、こうくるか？」と、横でつぶやきの相手になる。それはいわば先輩の姿である。

教育とはそういうものだとおもう。先輩としてのじぶんもおなじように格闘中で、これまでの経験から「それは違う」とは言えても、それがほんとうに間違いなのかはついに最後までわからない。だから「これでよし」という言い方はしない。

この日、袖に教員たちの姿はなかったが、それもすとんと腑に落ちた。

2014年9月

トラックよりも畦道を

陸上男子400mハードルの選手として、シドニー、アテネ、北京とオリンピックに連続出場した為末大さんはいま、全国各地でスポーツ教育に取り組んでいる。その為末さんから先

4
教育
Education

日うかがった話は、なかなかに含蓄の深いものだった。

ハードルは、都会だと習っている子もいるのでそれなりにうまく跳べる子が多いが、ハードルにぶつかって動きが崩れたときにすっと立てなおす能力は地方の子のほうが上、都会から離れれば離れるほど高くなるというのだ。

都会の子は運動場や競技場のトラックで練習する。整備されたトラックではそれなりの力を発揮するが、凸凹やぬかるみのある普通の道で足を取られたり、転びそうになったときの回復力に劣る。畦道で練習している田舎の子のような、不測の事態への臨機応変の対応力が育たないということなのだろう。

この話を聞いて、安倍内閣が推進しようとしている「教育改革」は、標準化されたトラックをさらに一元管理し、生徒たちにそこを走らせようとしているのだと思った。

第一次安倍内閣の教育再生会議は「ゆとり教育の見直し」から始めた。第二次内閣では教育再生実行会議を立ち上げて、当初のもくろみを一気に加速する。「成長戦略に資するグローバル人材育成」を謳い、それに合わせて教科書改定や大学入試のあり方を見直し、道徳と小学英語を教科化し、六・三・三という学制の改革にも踏み込む。

さらに、教育を「未来への投資」としてとらえ、その成果をより効率的に得るために、「優れた教師に対する顕彰を行い、人事評価の結果を処遇等に反映するとともに、諸手当等の在り方を見直し、メリハリのある給与体系とするなどの改善を図る」(7月の第五次提言より)。そして教育行政の責任者である教育長の任免権を首長に与える……。

提言の注に、この提言を危ぶませるデータが載っている。OECD（経済協力開発機構）の調査では、中学校段階の教員の一週あたりの勤務時間は、参加国平均が38・3時間なのに対して、日本はなんと最長の53・9時間。授業時間に大きな相違はないから、積み増し分は、課外活動の指揮・監督、内申書の記載、保護者からのクレーム対応、そして何より業務評価のための書類作成に割かれているのだろう。

上からの指示で教育課程と制度がころころ変わるたびに、子どもたちにかかるその衝撃を少しでも和らげようと体を張ってがんばってきた教員たちも、提言どおりの「改革」が進めば、トラック整備に心身をすり減らし、走者である生徒一人ひとりと向きあう時間をいま以上に削るほかなくなる。

こういう生き方もありうる、こんな価値観もあるというふうに、子どもたちに生き方の軸となるものの多様さを教師がみずからの背で示す、あるいは過去の人物に託して語る……。そうすることで子どもたちの将来の可能性の幅を拡げるところに教育の意味はある。「提言」は逆に、整備された道ならうまく走れるが、不測の事態にうまく対処できずへたり込むばかりの、そんな子どもを育てたいかのようである。「想定外」の事態にどう対処するかの能力が、生き延びるためにもっとも重要だということを、わたしたちは福島の原発事故で思い知ったはずなのに。

学びの射程

2015年5月

深夜にふとテレビをつけたら、「ワイドナショー」という、にぎやかなトーク番組（フジテレビ系列）をやっていて、出演者のひとり、武田鉄矢さんの発言におもわず釘付けになった。「子どもっていうのは、教室と、親の見ている所では育たない」。そう言い切ったあと、「子どもを教室と親の目から外すことが俺たち芸能人のなりわいなんだ」と念押ししたのである。

学びといえば、ひとはすぐに勉強を思い浮かべる。勉強であるからには勤勉や努力がいつも要求される。けれどもわたしは、学校での勉強は、学びの基本ではなくむしろ学びの特殊なかたちではないかと、ずっと思ってきた。

学校では、「集中」という名のもとに、見る、聴く以外の感覚を封印することが求められる。全体の気配とその微細な変化に注意を漂わせておくことが、気が散っているとなじられる。しかし、ひとがどんな状況にあってもしぶとく生き延びるために必要なのは、逆のこと、つまり、つねに全体に眼を遣り、微かな異変にもすぐに反応できる、そのような知と感受性ではないのか。

おなじように、ほんとうは全感覚を巻き込んで浸るからこそ心地よい美術や音楽も、学校では、見ること、聴くことという、対象から隔てられた「鑑賞」へと萎縮させられ、「とろける」と形容したくなるような、官能的な悦びからは遠ざけられる。だから学校で習っているうちに、美術も音楽も嫌いになる。

ずいぶん以前のことになるが、日比野克彦さんと対談する機会に恵まれたとき、学生時代、つまり東京藝大の学生だったとき、いちばん熱中した授業はどんなのでしたかと訊いた。日比野さんがすぐに挙げたのは、同大学の保健センター長で発生学者の三木成夫さんの解剖学の講義だった。

第一回目の授業、カーテンを閉めて暗くした教室に不穏な轟音が流れる。そして前方のスクリーンに、眼と眼とがうんと離れた、まるで崩れた菩薩のような不気味な顔らしきものから、鰓をもったサメのような顔、両生類か爬虫類のような顔、さらには哺乳類のような顔が、次々と映しだされる。それは、ヒトの胎児が数十日間で「あの一億年を費やした脊椎動物の上陸誌を夢のごとくに再現する」(三木『胎児の世界』)、その相貌の変化を記録した画像だった。それに震撼させられたというのだ。

いまある社会の秩序の内部で勝ち抜くために、あるいはそこから落ち零れないように、先生から、親から、しっかり勉強せよ」と言われる。しかし、学びの射程は本来、それよりはるかに長いものであるはずだ。人類の歴史は国家の歴史よりもはるかに古いからだ。

戦争や原発事故は、いまある社会の秩序がいつでも崩れうることを教える。ひとがいつ難民となるやもしれないと教える。そんな時にあってもしかと生き延びてゆくために、わたしたちが身につけておかねばならない能力とは何か。そこから学びということを考えなおす時期に、いまわたしたちはあるとおもう。いまある社会の秩序のなかでうまく立ち回れるよう学校や親が敷いたレールの上を走る、ということではすまないのである。

武田さんや日比野さんが思い描いていたのは、きっと、そういう《人類史的》ともいえる「学び」のかたちなのだとおもう。

「ゆとり」再考

2016年8月

一昨年までしばらく、自宅で高校生向きの私塾を開いていた。このとき一つ、とても難儀したことがある。塾には近畿の方々からやってくるので、週末の一日を空けてもらわないと授業が成り立たないのだが、その日を見つけるのが一苦労だった。理由は、一にも二にも彼らの忙しさにあった。部活、補習、模擬テスト、習い事、クラスメートとのつきあい……。週末も予定がびっしり、空きというのもがないのである。高校時代、いやというほど時間を持て余していた世代には、想像を絶する忙しさである。

この忙しさは、じつは教育にもっともなじまないものではないのか。

いうまでもないが、教育は次の時代を担う共同体のメンバーを育てる仕事である。人びとが集団として生き延びるために欠いてはならぬことを次の世代に確実に伝える、いわば人類史的ないとなみである。そのためにいきなり社会に出させるのではなく、迷う時間もきちんと与え、試行錯誤の経験をたっぷり積ませる。痛い経験もあえてさせつつ、しかし同時に反省ややり直しのチャンスも与える。教育とは元来、手間ひまかかるものなのだ。

西洋人が学校（スクール）の名をスコーレー（暇《ひま》）という古典語からとったのも、そういう思いからだろう。すぐに見返りを期待したりせずに、ひたすら時間をかけて事にあたるということ、子どもたちに時間を贈るということだ。

が、これがいま、「評価」という名のもとにきわめて短期間のうちに教育目標の達成度をくりかえし厳しく問われるようになっている。保護者にとっても、学校に通うことが子どもたちの「未来への投資」だと意識されるようになっている。しかし、勤勉と効率を第一に考えるのは、無駄をなくすということ、つまりは費用対効果をひたすら問う〈市場の論理〉である。

いま生徒も先生も忙しいのは、教育とビジネスのこの混同のせいである。教育をサーヴィス業だと考えるから、保護者も社会も「消費者」視点から学校に費用対効果を問い質すようになる。国もまた、教育を「未来への投資」としてとらえ、その成果を効率的に得るために、「優れた教師に対する顕彰を行い、人事評価の結果を処遇等に反映するとともに、諸手当等の在り方を見直し、メリハリのある給与体系とするなどの改善を図る」（教育再生実行会議の第五次提言）よう、学校に求める。

そんななかで「ゆとり教育」との決別を、との声が喧しい。その声を代表する文部科学相の発言に、「ゆとり世代」の一人がツイッターでこう応じていた——

《結構なことだと思いますが。あたしらは何なのでしょう。そうですか。失敗作ですか》

そこにあるのは、人はどうにでも造り変えられるという妄想だ。が、人は、造り変えるどころか育てることすら十分にはできないものだ。だから、それよりもむしろ、子どもがそこにいれば勝手に育つ、そのようなゆとりのある環境をきちっと用意しておくことこそが、大人の第一の責務なのだとおもう。

知恵の働かせどころ

２０１５年２月

国立大学という、狭い世界の話になって恐縮なのだが、２００４年の法人化はその構成員を、しゃがむこともできないほど狭い尾根に追い込んだ感がある。右に足を滑らせば、大学の仕組みはかろうじて存続するがもはやその機能を果たせない。左に足を滑らせば、大学が消滅してしまう。そんな爪先立ちの状況である。

大学が大学である根拠が一つひとつ崩されてゆく。そんな思いでわたしは近年、政権や経済団体から大学に強く迫られる「改革」を見てきた。

では、大学が大学である根拠とはどういうものか。それは、いますぐには役に立たないという一点でじつはもっとも社会の役に立つということである。

国家の形態も、国土の区割りも、歴史のなかで大きく変わってきたし、文明の地勢上の中心も移動してきた。国家の、文明の存亡の危機にあっても、人びとはそれらをどうにかくぐり抜け、命をつないできた。

そういう流動性のなかで、人びとが生き存えるための知恵を育み、蓄えるために、ふだんは自らの生業《なりわい》に集中せざるをえない市井の人たちになり代わって、法外な時間と集中を要する歴史の研究、自然の研究に勤しむ。社会が困窮の極みにあるときも、その渦中で困窮の理由を質《ただ》しつづける。そういう探究の仕事を大学人は委託されてきたはずである。

時代に密着せずに、それから十分な距離をとって、時代を見るさまざまの、ふだんは思いもよらないような視点を用意しておくこと。時代が岐路に、袋小路にさしかかったとき、そういう別の可能性を描きだしてくれる視点があるかないかは、社会にとって死活のことである。「国家百年の計」といわれるように、次世代の育成もそういう大きな時間スケールで取り組まれねばならない。この社会の内部でうまくやってゆくための知恵だけでは足りないのである。

だからこそ大学は、効率や効用、短期的な業績などといった経済合理性だけで運営すべきものではない。起こりうる不測の事態をしぶとくくぐり抜けるには。

もちろん大学も社会内の一組織である以上、ときに弛緩しもする。社会に対してとるべき距離が社会からの遊離へとずれてしまうこともある。そうならないための「大学改革」だったはずが、薬が効きすぎて、大学はいま失神しかけている。

成功より失敗のほうがはるかに多い研究や実験に短期の成果が求められる。予算や補助金の減額で人員削減が迫られるぶん、資金と受験生の獲得競争に拍車がかかる。そのための業務、さらには「業績評価」のための膨大な事務作業に教職員は忙殺され、肝心の教育と研究に割ける時間が激減する。育てた若い研究者にじっくり取り組める職をと願っても、短期の任期付き採用しかできない。社会が直面している困窮を大学だけが免除されようはずはないが、そのさなかにあってもその困窮の理由を質す仕事を沈着にできないのであれば、大学に存在意義はない。

現場の教員からは、資金より時間を、という悲鳴のような声が聞こえてくる。大学は、学び、探究するのにもっとも適した場所ではなくなりつつある……。難しい事態である。それこそいちばんの、「知恵」の働かせどころである。

4
教育
Education

酷薄な国

2015年12月

20世紀の終わり頃までは、「先進国」とも言われるこの国で、21世紀によもや「貧困」が時代のキーワードになろうとは想像だにしなかった。

「格差」もそうである。わたしたちの国は戦後の高度成長期を過ぎた頃からずっと「総中流社会」と言われてきた。オーナー企業は別として、巨大企業の社長といえどもしょせんは勤め人のトップにすぎず、今のように社員が目をむくような法外な収入を得ていたわけではない。社員もけっして高収入ではないにしても、多くはまがりなりにも正規社員として年金や保険のセイフティネットがきちんとかかっていた。それが、正規の「働き口」に就くこと自体がいやましに困難な時代へと移し換えられようとしている。
教育においても、次の時代を担う若い人たちが、たとえどのような境遇、どんな階層、いずれの性に生まれついたとしても、望めばだれもが中等教育も高等教育も受けられる、そんな社会を形成してきたはずである。明治維新で敗北した藩の子弟も教育と人材登用においては差別されなかった。長らく世界でもたぐいまれなる識字率を標すほどに教育を重視してきたその社会が、いま「先進国」のあいだでももっとも教育に金を惜しむ国になっている
戦後の高度成長期を経て、長らく世界第2位の国内総生産（GDP）を実現してきたこの国が、経済協力開発機構（OECD）加盟国中、GDPに占める教育機関への公的支出の割合でここしばらく最下位にあるのは、報道されなければほとんどの人が知らなかった事実である。その報道は、直近の2012年の統計では、OECD加盟国32ヵ国中、日本はスロバキアと並んで最下位であると伝えていた。物価上昇率をも勘案した国公立小中学校の勤続15年の教員給与も、OECD加盟国の平均がこの間増加しつつあるのに対して、日本は減少傾向がずっと続いているという。
そして大学。財政制度等審議会で財務省は長く続いている運営費交付金のさらなる減額と大学の自己収入の増加を国立大学に求める提案をした。各大学は現在の規模を維持したければその減額に見合う資金を自己調達するほかない。しかし、大学は企業体ではない。利潤を上げるために存在するのでもない。となると、自己収入を上げるには授業料の値上げしかない。考えたくないが、附属病院の回転率を上げるしかない。

いうまでもなくこのことで大学へ行ける人と行けない人との差はますます広がる。学びたくても学ぶ機会のない若者が確実に増加する。奨学金を受けて就学するにしても、この国ではほとんどが返済を求められる。収入の少ない家族、たとえば母親が非正規の勤めしかない母子家庭であれば、二人どころか一人っ子でも大学に通わせるのは至難のこととなる。

日本はいつからこんな酷薄な社会になったのだろう。酷薄どころか、おのれの未来を長い視野に立ってきちんと設計することのできない「頭の悪い」、というか「品のない」社会になったのだろう。

先ごろ、ある県知事とお話しする機会があり、わたしはこんな提案をした。県立大学はいっそのこと授業料を無料にすればどうですか、と。公立大学の多くは学生定員が１０００人にも満たない。仮に授業料を年額60万円弱と見積もっても収入は5億円ほどである。授業料をゼロにしたら、そして卒業後はわが県で就職してもらうのが約束だなどとケチくさいことは言わずにいたら、家計事情から進学を断念しかけている有為の学生が全国から集まるのは必定。学生獲得のために新学部を創設したり新しい施設を建設するよりも、はるかに安上がりですよ、と。

その後この提案を知事がどう判断されたかは聞いていない。

ふぞろいの柿たち

2016年12月

芸術大学。それがわたしのいまの職場だ。地理的にいえば、京都・嵐山の裏側、洛西ニュータウンの横のちょっと鄙びた高台にそれはある。

このあたりの名物の一つに柿があり、秋になると道沿いに多くの販売所が並ぶ。ここの柿はブランド名こそないが、昔懐かしいあっさりとした味で、知る人ぞ知る、生成りの名品だ。そしてなにより安い。安いのに、10個ばかり買えばかならず、「ちょっと瑕があるけど」と、2、3個、おまけをつけてくれる。

形や大きさは、あたりまえだがふぞろい。そのふぞろいを前にして、わたしはいつも、ヨーロッパの青空市場に並ぶ林檎やオレンジを思い出す。そしてもう一つ、「ふぞろいの林檎たち」という、四半世紀ほど前にヒットしたテレビドラマのことも。

「ふぞろいの林檎たち」とは、形が整っていず、大きさもそろっておらず、瑕もあって店頭に出せない林檎、つまりは学歴社会の〝落ちこぼれ〟の若者たちのことだった。

この「ふぞろい」を一つの様式にまで磨き上げたダンス・グループがある。ドイツを拠点とするピナ・バウシュ&ヴッパタール舞踊団だ。たとえば「コンタクトホーフ」での群舞。平服のダンサーたちが、まず耳に手をやり、それから深呼吸をして視線を泳がせ、媚びを売るかのように微笑み、次いで手で服の皺を伸ばし、腰に手を当て、揉み手をしたあとこんどは後ろ手に組む。この一連の動作をダンサーたちは輪になってくり返す。だが、その動作の一つひとつはたがいに微妙にずれている。そのばらつき、ふぞろいがとても心地いい。

ふり返れば、小学校での音楽や体育の授業でもそうだった。みなが声をそろえて歌う、ふりをそろえて踊る。そう指示される。そういうときはかならず、いちびってわざと音を外す子、列を乱す子がいた。が、合わすことと外すこと、その振幅が集団にふくよかな膨らみを生みだす。在・不在のあわいをつくりだすところに〈あそび〉（歯車のそれでもある）のおもしろさがある。そろいが退屈なのもそういう伸縮自在の可塑性を欠くからだ。

多様なパターンがあるということなら、そこには選択しかない。消費社会における人の多様性はしばしばそういうものとしてある。行動の自由が消費における選択の自由でしかないところでは、人は不安と退屈のあいだを空しく〈あそぶ〉だけだ。M・チクセントミハイが書いている。「為し得ることが非常にたくさんあるように思えるから不安なのであり、できることが何もないから退屈なのである」（『楽しみの社会学』今村浩明訳）、と。

そうではなくて、多様な存在があることに意味がある。能であれ落語であれ、古典芸能では、同じ演目でもそれをだれがやるかに興味は向かう。設定された型からはたしてどんなずれや外しが出てくるか。

ごく特異な存在、つまり突出したシンギュラー（単独者・変わり者）など、そうそういるものではない。でもちょっとした破格ならいくらでもある。そんな乱れや破調があるから集団生活は楽しいのであって、レディ・メイドの規格品、つまりはおさまりのいい横並び、そろいの軟着陸ばかりだと、「わたし」たちの存在は萎えてしまう。施政者はそれをこそ望んでいるのかもしれないが。

話は芸大に戻る。アート・ディレクターの北川フラムの近著『ひらく美術』にこんなことばがある――

「美術は人と異なったことをして褒められることはあっても叱られることはありません」。

喝采

2016年1月

就学の困難、就職の困難、人生設計の困難……。就活のシーズン、卒業のシーズンになると、ああ、われわれ高度成長期に育った者は、若い人たちに申し訳ない社会しかつくってこれなかったのかと、なんとも忸怩たる思いにとらわれる。

ついこの間まで勤めていた私立大学の哲学科では、正規の社員職につけずに卒業する学生が半数以上いて（もともと哲学科は就職率が高くないが）、卒業式のときも全員を前にして「おめでとう」の言葉はかけづらい。代わりにどういう言葉をはなむけに贈ったらいいのか、ずいぶん考え込んだものだった。

「留年して卒業した生徒にはのちに大物になった子が多い」――かつて高校の教師をしたことのある同僚が試験の監督業務の休憩時に、横で、昔を懐かしみながらこうつぶやいた。まわりから「落第生」と冷ややかに見られ、仲間からは取り残され、年下の生徒たちからもどことなく敬遠され、えらそうにも卑屈にもなりたくはなく、心をいつもぎくしゃくさせつつ毎日、毎日を過ごす。そんな余分の一年を過ごしきった生徒は、とにかく懐が深く、そうかんたんには挫けない人物になるというのだ。そういう生徒を見送る段になって何度泣かされたことかと、しみじみ語ってくれたのである。

ただたんに「ついていけなくて」という理由で留年する生徒は意外に少ないのではないかとおもう。それよりも、みんながそろって向いている方位にじぶんもなびくのがなんかできなくて、あるいは癇にさわって、あるいはみじめったらしくて、無様とはわかりつつ抗ったところがどこかあるようにおもう。そしてそれは育むべきたしかな一つの芽ではないのか、と。

臨床心理学者の河合隼雄さんがまだご存命のとき、「人の話をちゃんと聴くのが下手で、相手がなかなか口を開いてくれず、語りだしてもすぐまた黙り込んでしまったりして、そんなときはどんなふうに応じたらいいのですか」と質問したことがある。河合さんはとにかく「ほう」と言いなさい、「すごい話ですね」「もっと聞かせてください」というメッセージを伝えることが大事です、とおっしゃった。いろんな声色で、相づちを打つかのように「ほうほう」「ほーっ」と言うように、と。そんなにおもしろがられると、つい話してみようかとなるのだそうである。

このことは谷川俊太郎さんとの対談『魂にメスはいらない』（1979年）でもふれられている。いわく、「われわれに一番大事なのは感心する才能ですね。『はあー』とか『うわー』とか、ともかく感心するのです」。クライアントに治療のため玩具で箱庭を作ってもらうとき、そういうふうに「感心する」と「つくる気が出てきます」というのである。そのとき「これは何ですか」とか「ここがあいていますね」というのが、いちばん下手なやり方だと。

先頃、英語の語源辞典を調べることがあって、プレイ（play）のアングロサクソン語源に、ゲームや競技、闘いのほかに、クラップ、つまり（手や肩をポンと）叩くという意味があるのを知った。囃し立てる、称賛する、喝采するといったところだろうか。プレイする者からでなくそれを見る者の視点からする意味もかつてはあったらしい。デズモンド・モリスの『ふれあい』によると、拍手というのは、プレイヤーを抱きしめ背中を叩いてやりたいところが、その相手、競技者や舞台俳優が遠くにいるので、左手に不在の相手の背中の役をさせ、それで叩く形をとったとき、拍手になったという。そう、「空っぽの抱擁」である。

若い世代にとっては苦難の時代。必要なのは叱咤や激励ではない。じぶんのことより先に他の人を支えることを考える、そんな「大物」のポジティヴな気持ちが立ち上がるきっかけをつくってあげることだとおもう。「ほう」と感心し、「いいぞ、いいぞ」と手を叩きながら。

2017年7月

小出楢重の算術嫌い

大阪の膏薬商の子として生まれ、昭和6年に43歳で没した油絵画家、小出楢重《こいでならしげ》の軽妙洒脱な随想が好きで、ときどき思い出したように彼の本を開く。先日も「雑念」という、小出にして

4
教育
Education

はぶっきらぼうな題の随筆を読み返した。「私は算術という学科が一等嫌だった」で始まる文章だ。

5＋5が10。だれがやっても同じ答えにしかならないとはなんとつまらないことかと小出は言う。

たとえば、「私は5＋5を羽左衛門がやると100となったり、延若がやると55となったり、天勝がやると消え失せたりするような事を大《おおい》に面白がる性分なのである」と、役者や奇術師の名をあげて言い放つ。

また、「いくらの買い物をして釣銭がどうとかこうとか、全くそんなケチな事はどうだっていい、釣銭はいらないよ」といった心持ちになると、その心は教師や親に何と言われようと、てこでも動かないのだとも。

第一の引用には、大阪商人に根づく明快な合理精神がどこか反映しているのだろう。商売は、どんな知恵をはたらかせ、どんな工夫をして儲けを出すかにかかっている。同じ元手であればだれがやっても同じ結果にしかならないのなら、そもそも商売は成り立たない。

第二の引用には、かつての大阪のブルジョア市民の〈自治〉に浸透するリベラルな精神、つまりは金離れのよさがよく出ている。

ちなみに、リベラルとはまずは「気前がよい」を意味し、その名詞はリベラリティ、「自由な」という意味なら名詞はリバティになる。江戸期における数多くの私塾の設置や市中の運河をまたぐ橋の建設から、近代における中央公会堂の建設、大阪外国語学校や大阪帝国大学への用地提供、図書館や市民病院の建設、さらには先ごろの繁昌亭の設置まで、幾分か先細りしつつあるとはいえ、大阪には寄付文化の厚い伝統がある。

さて、小出の根っからの算術嫌い。異論を約めて言えば、設問が設問として孤立しているという点にあるのだろう。問題が設定されればそのあとは個性も空想も蠢きようがなく、決められたゴールへの、心躍らぬ一本道。また、知識を教わったところでそれを使って何かをするわけでなく、次の課題にもつながらないから、創意工夫の余地がない。というか、それこそ解答では禁じられている。

買い物をして釣り銭の勘定をさせる同じような算数の試験問題を、ドイツの公立小学校で見たことがある。求められるのは計算式による答えではなく、演算を文章で記すというもの。そしてそれに、「百貨店はなぜ都市のまん中にあるのでしょう？」という設問が続く。頭のなかをこねくり回すような試験だった。

知性と想像は何にでも使える。人として賢くなるためにも、しぶとく生き抜くためにも、幸いな生活をたぐり寄せるにも、そして人を騙すにも、私腹を肥やすにも。

問題はだから、知性と想像をどのように使うかにある。知性と想像は、「効率」や「効用」といったちまちましたものではなく、もっと心躍るもの、もっと気高いものに「奉仕」するものであってはじめて、逆説的にも、もっともリベラルなもの、そう、自由で気前のよいものになる。

4
教育
Education

生き存えるための知恵——家庭科教育の意味をめぐって

2014年12月

家庭科の教科内容を一言でいえば、「いのちの世話」、より正確にいえば「いのちの相互ケア」の意味の理解と技法の修得ということになるのではないでしょうか。「いのちの相互ケア」とは、人間が生き存えるために日々かならずしなければならないこと、それを欠いては生存が成り立たないいとなみを、まわりの人たちとサポートしあうということです。食材の調達と調理、排泄物の処理、出産や保育・教育、病の治療や看護、介護や介助、改築や葺き替え、看取りと葬送、さらにはもめ事解決や防災・防犯への備えなどです。

これは戦後のある時期までは、地方のみならず都会でも地域社会のなかであたりまえのように見受けられたものです。いのちの世話には、家族や隣人、近くの産婆さんや大工さん、お医者さんたちの手を借りて、だれもが参画していましたし、またそのすべてではなくても大方の部分はだれもが身につけているわざでした。

けれども国民の健康と知力は国力の元であるということで、明治期以降、これらのいのちの世話は、国が専門家を養成して、資格を得た専門家が専門の機関で独占的におこなうようになりました。医師、看護師、教師、弁護士、消防士、警察官、そして行政機関などです。そういう施策の成果もあきらかで、短期間で平均寿命が世界一の国になりましたし、医療のレベルも都市の安全も眼を見張るほどに向上し、都市生活のクオリティもまた世界有数のものとなりました。

しかしものごとにはつねに功罪相半ばするところがあって、いのちの世話がほとんどすべて専門家に委ねられることで、人びとは「相互ケア」をしなくなりました。このことでわたしたち一人ひとりは、いのちの世話に関して気がつけばすっかり無能力となりました。じぶんたちの手ではできなくなったのです。いのちの世話のほとんどは、行政機関やサーヴィス企業の手に委ねられ、じぶんでは何もしなくなった、何もできなくなったのです。

そのことが目に見えるかたちで浮上するのが、大きな災害時です。被災した人びとは避難所に移動して、専門スタッフによるサーヴィスの回復を待つしかない、そんな受動的な存在になり、じぶんたちの協同で暮らしを再建するということがほとんどできなくなりました。気がつけば、じぶんたちの生存をみずから支えるそうした「市民」ではなくて、流通から医療、教育、福祉までのもろもろの社会サーヴィスを消費するだけの「顧客」に成り下がっていたのです。

2011年の福島第一原発事故は、人びとが郷土を去るだけでなく、（さらに別の原発事故が続けば）国土を棄てざるをえないことをも、少なからぬ人びとに想像させました。もし「苛酷事故」が続き、わたしたちが国外に脱出しなければならなくなったとき、異国の地でそれでも生き延びるのに必要なこと、それはまずは、たとえば何でも食べられること、どこでも寝られること、だれともうまくやっていけることでしょう。じっさい避難所での生活でも、それを維持するために必要なのはそういうことでした。

生き存えるためにどうしても必要な最低限のこと、それをいつも身につけておくということが、わたしたちの危機管理の基本であると、このたびの大震災で人びとは思い知ったはずです。じっさい、環境問題、エネルギー源問題から超高齢化社会、格差問題まで、財政破綻から国際紛争まで、今後とも世界のリスク要因が増大してゆくなかで、わたしたちは受験のための教育、資格を取るための教育から、生き存えるための教育へと、あらためて重心を戻してゆく必要があるのではないでしょうか。

そういう視点からすれば、「学校」での学びはじつは生存のための学びのなかの特殊な一部分にすぎないことになります。生存のための知恵はかつて、地域社会で世代から世代へといわば実地教育のかたちで伝えられてきました。現代のように地域がそうした教育機能を失ってきたなかで、学校が「技術・家庭」というかたちでそれを補完し、代替するようになりました。家庭科の重要性もそういうところにこそあったはずです。食べること、住むこと、着ること、直すこと、介護・介助すること……。つまりは「いのちの相互ケア」の作法を身につけるということです。これこそ生存における究極の危機管理だからです。

ここで作法と言い、技法とは言わないのは、大切なのは技術や技能そのものではないからです。「いのちの相互ケア」になにより必要なのは、つねに全体に気を配ることです。どのような危機が迫りつつあるのか？　だれかが脱落しかけていないか？　だれの眼も届いていないところはないか？　つまりは、社会の一点からは見透しえない動的な全体にたえずまなざしを漂わせていることです。このように思考を働かせるなかで、子どもたちは生き存える力を身につけていきます。共存の作法としての道徳もやはりそれをつうじて身につけるのです（だからわたしは「道徳」は独立の教科としては成立しないと考えます）。

こうした思考法は台所に立ったときの頭の使い方に似ています。というか、そういう台所仕事のなかで鍛えられます。たとえば、ありあわせの材料でどんな献立にするか、料理が冷めないようにどう工夫するか、片づけを調理のあいだにどううまくはめ込むか、洗い物はいつするか、食器をどう収納するか、それに要不要の判断、材料費のやりくり、そしてその間も家族の様子をそれとなくうかがうこと。そういうふうにまわりに眼を配り、勘所を外すことなく、不定型にうごめく全体をケアしつづけることです。

あるいは、食材や日用品の買い物のときにはたらく思考。両手に持てる量が限られるなかで、数日先のことまで考えたうえでどれを今日買うか、家族がいちばん食べたがっているものは何か、セールの品を多めに買い込むのは得策かどうか、どこまで値切るかなどと、とっさに知恵をはたらかさなければなりません。いまほんとうに必要なものは何かの判断が、そして家族や周囲の人たちへの思いやりが、必要となります。

全体への気配り、臨機応変の柔軟な思考と、何がほんとうに大切な価値かの判断……。個人生活においても社会生活においてももっとも重要な意味をもつこうした思考と道徳感覚は、細分化されて提供される社会サーヴィスをただ個々に消費しているなかでは育まれないし、鍛えられもしません。それは、生き存えるためにはどうしても外せないいとなみを、他の人たちとともに担う、そういう実地の作業のなかでこそ鍛えられるものです。家庭科における教育の意味は最終的にはそこにあると、わたしは考えています。

哲学の使い方

2014年7月

大阪大学の哲学科に勤めていたころ、ひとりの学生が学費の足しにと、奇妙なアルバイトをしていた。挨拶好きの中小企業の社長がいて、毎朝、社員の前でおこなう挨拶を考えるのに四苦八苦している。それで、挨拶原稿を作るのを手伝ってもらえないかともちかけられたのだ。たわいのないおしゃべりのなかで、この人、社員に何を伝えたいのだろうとあれこれ思いをはせる。それがおぼろげながらも見えてきたら、余計なものを削ぎ落とし、思いを効果的に伝える事例を探し、じぶんの考えも入れて、社長が考えていたのよりもっといい文章を作ってあげる、そんな仕事である。時間拘束がないから「らく」だったし、じぶんも世の中のことをいろいろ考えられるので「ため」にもなった。

この学生は、ヴォランティアでもおもしろい活動をしていた。3歳児までの子どもをもつお母さんたちの育児サークルで、なんと哲学カフェを始めたのだ。子育ての渦中で哲学カフェ？人生のいちばん余裕のない時期に、しかも子連れでじっくり議論などできるのだろうかと周囲は気を揉んだが、その間は別室でベビーシッターさんに子どもたちを預かってもらい、ひととき「お母さん」という立場を離れて、別の視点からじぶんたちの言葉やふるまいを見なおす時間をもてるよう工夫もしてきた。そうしなければ今日まで十年間も続かなかっただろう。

第一回のテーマは「ママ友」とのつきあい。相談室のようにすぐになにか具体的なアドヴァイスをするわけではない。それぞれに悩みを打ち明けるうち、「友だちって何?」「ママ友って友だちなのか?」といった問いが立ってきて、じぶんたちの悩みの元となっている考えや判断に探りを入れだす……。じぶんたちがあたりまえのこととしてこれまで不問にしてきた前提を、改めてみなでほぐし、問いなおしてゆくのだ。いまでは妊婦さんや先輩ママ、保育士や学生、サラリーマン、定年退職者も参加するようになったという。(その報告は大阪大学出版会から刊行されたばかりの『哲学カフェのつくりかた』で読むことができる。)

哲学を使うのがうまいなと思った。

哲学は、なにか小難しいことを議論するものだと思っている人が多い。が、哲学の文献を読むための修練は別として、「哲学する」ことに特別な知識は要らない。入口はいろいろあるし、「自分たちの問題をいつもよりちょっと過剰に考えたい」(戸田山和久)という人たちが集まれば、そこに「哲学する」ことが立ち上がる。

「哲学する」とは、知っている(と思い込んでいる)ことを改めて問いなおす作業だ。いちどきちんと考えてみようという人たちすべてに開かれている。それはとても塀の低いものであるはずで、だから「哲学」を生んだヨーロッパではいまも中等教育の主要科目となっている。たとえばフランスのリセ(高等学校)では、人生の諸課題から政治・社会問題まで、文系をめざす生徒には週8時間、理系をめざす生徒にも週3時間の履修が課されている。

日本の大学ではその哲学教育は「研究」へと方向づけられ、「哲学を使う」訓練が疎《おろそ》かになっている。

4
教育
Education

哲学を開くために

2014年1月

「哲学は、人間の本質について深く疑問に思ったときや、そのことによって悩んだり傷ついたりしたときに、それを解決する手がかりをつかむための一つの手段ではないかと思いました。」ある高校で哲学について話をしたとき、そのあと学校から送っていただいた生徒さんの感想文の一つである。「手がかりをつかむ」という言葉がいいな、と思った。

哲学の定義というとなにやら難しい……。そんな思いが哲学書の読者のみならず、哲学を研究している人たち自身にもある。「諸学問の基礎」というイメージが「哲学する」といういとなみをひどく重く、閉鎖的なものにしてきたのではないか。まるでそこに高い塀があって、入口には門番がいるような。

哲学という知のいとなみを生んだ西欧では、いまも高校の最終学年で哲学を週何時間か学ぶ。個人の生き方、社会のあり方について、その基本となる考え方、それも対立するいくつかの代表的な意見を古典に学ぶという授業だ。手許にあるフランスの教科書を開けてみると、たとえば「よくものが見えているというのは幸福への障碍になるか」とか「もっともよい統治とはもっとも少なく統治することか」とか「歴史家に必要なのは記憶だけか」といった問いと並んで、「芸術作品が商業取引の対象となるのは正しいことなのか」といった問いもある。こんなことを高校生が授業で議論しているのである。なんとも鋭く周到な問いであり、なんとも風通しのよい語らいである。理屈で人を煙に巻くというのとはずいぶん違う。

哲学はほんらいそういう、塀の低い、開かれたものなのだ。

哲学の議論においては、どんな不条理な問いも、どんな子どもじみた問いも、どんな反人間的、反社会的な問いも、その入口で撥ねつけられることはない。そこでは何を言っても圧力を加えられたり攻撃されたりすることもなく、安心してじぶんの疑問をそのまま口にできる。これが哲学の開けの第一の意味だ。

第二の意味は、ふつうそう思われているのとは逆に、一つの論理で囲み込まないこと、議論をいつも訂正可能なふうに開いておくということだ。だから、言い淀みや迷いもすでに一つの表現として受け容れられる。じっさい、哲学はつねに論文として書かれてきたわけではなく、箴言もあれば、手紙や対話のかたちをとったものもあった。

科学の問いはその名のとおり専門別になっているが、個人の生き方、社会のあり方を考えるときには、どんな一つの問いも他のさまざまな問いと複雑に絡まりあってくる。「哲学は自律性を求めれば求めるほど注目に値しないものになる」とR・ローティも書いているように、哲学は異なるさまざまの領域の問いを思いもよらない糸でつなぐ。そして問いの煮つまりを別の新たな問い方へとずらしてゆく。もっと別なふうに考えてみること。それが哲学の開けの三つめの意味だ。

だから、「哲学の学級」は、対話のなかで他者の問いにふれながらじぶんの問い方を更新してゆくこと、そのことをつうじてじぶんの問題設定をある公共的な問いへとつなげてゆく、その練習としてある。思考と会話の方向を変えてゆく練習として。

ところがわが邦では、哲学はずっと「研究」として取り組まれてきた。アカデミズム内の「研究」に身を縮めていった哲学は、古典文献を「読む」ことに傾注し、同時代の社会を「みる」（視・診・看）ことをなかば放棄してきた。論理の内的な整合性を図ることにかまけ、社会のさまざまな現場での問いに身を晒しつつそれを現場の人とともに考えることをしてこなかった。時代をしかと「みる」ために使えるものはなんでも使うという、素手の思考やその野放図さを誹るばかりであった。

けれども中井久夫さんがどこかに書かれていたように、「観念は生き物であって鮮度を失わずに俎の上にのせるにはある職人的熟練を要する」。そう、よく「みる」ためには、些細ともおもえる事象のうちに、なんらかの徴候や気配、暗示を感じとるアンテナが要る。あたりをつける、勘所をおさえる、サインを見逃さない、好機を逃さない、全体に目を漂わせるといったまなざしのセンス、これが意外にも哲学においては論理と同じか、それ以上に重要な意味をもつ。そのトレーニングにもこの国の哲学は手をつけてこなかった。

哲学をもっと使えるものにするために、その課題をメモ風に記してみた。

いまどきの……

2014年4月

「最近の学生は、なんか合わないなと思うと、文句も言わないで知らぬまにすーっと消えていなくなるね」と、職場で若い先生と感想を漏らしあったことがある。ゼミや懇談会などでも、何かおかしいと思うことがあるなら、苦情を言う、注文をつけるといったことをしてほしいのだけれど、あるいはせめて憮然とした顔を見せつけてほしいのだけれど、次に集まったときにはもういなくなっている。

ある場の空気に違和を感じたとき、ひとは、とくに若い世代は、ふてくされたり、わざと空気を乱したり、仲間と組んで抵抗するものだとずっと思ってきた。違和感から抵抗まで、さして隔たりはないと思ってきた。違和感といえば、すぐに「反体制」とか「カウンターカルチャー」とか「ドロップアウト」といった対抗もしくは不従順かを思い浮かべる世代に属するからかもしれない。

インモラルに対してアモラルという言葉がある。インモラルが背徳的（ふしだら）であるのに対して、アモラルはいってみれば無道徳的、道徳と関係なくという意味である。これに倣っていうと、かつて多くの若者が現状に違和感をおぼえたとき、それに〈反〉体制のふるまいで対抗しようとしたのに対し、「消える」若者はどうもそれに〈非〉体制として処するようなのだ。大学から「立て看」が消えて久しいが、いまどきの若者はまずは身を消すということだろうか。

別の身の消し方についても聞いたことがある。東京のある私立高校を訪れたとき、十数名の生徒が米国の大学への進学を志望し、その準備をしていた。東京大学を頂点に偏差値で順位づけられ、大学に入れば完了みたいな日本の大学に夢をもてないというのだ。こうして日本から静かに身を消そうとしている。

一方、いったん企業に就職しながら離職した20代、30代には、地域の一角で、あるいは農村部で、友人たちとささやかながらも起業する人たちがじわりじわり増えている。グローバル経済という制御不能な〝怪物〟に物価・株価の変動も就労環境も翻弄され、また成長を止めれば経済は滅びるという社会の強迫観念に身動きがきかなくなっている現状に見切りをつけて、もういちど経済の流れを場合によってはみずから修正したり、抑制したり、停止したりできる、そういう制御可能なものに戻そうということかもしれない。いいかえると、仕事と家族生活、仕事と地域生活を切り離さないという、本来ならあたりまえのサイズに暮らしを戻そうということかもしれない。

一方は活動の場をこの国の外に求めるというかたちで、他方は国家というサイズより小さな地域へと引っ込むというかたちで、「この国」から消えようとしているかに見える。わたしはしかし、ここに危機よりは一つの希望を、反抗より強い意志を見る。両者は、国家より広い場所と狭い場所というふうに、反対のベクトルを志向しているかに見えるが、そこにはある共通の意志が読み取れる。だれもがあたりまえのように受け容れている既成の体制（エスタブリッシュメント）に拠ることなく、それに対抗しようというのでもなく、体制とは別にじぶんたちの活動のコンテクストはじぶんたちで編んでゆこうという、表立つこともない静かな意志である。

わたしはいま私立大学の哲学科に所属している。毎年大学から身を消してゆく学生も減ることはないが、一方、社会人として編入あるいは再入学してくる学生は増えている。現にわたしのまわりでも、市役所の職員、FMのアナウンサー、大学教員、さらには若い頃の夢を果たすべく定年になって大学に入学される高卒の婦人などが、勉学を再開している。

この国の（経世済民を担うはずの）エスタブリッシュメントが信頼を寄せるに足るものではないという見切りがかれらの勉学再開のきっかけだったとすれば、それはそれで不幸なことなのだが。

いまどきの若者についてのちょっとした感想、である。

2015年12月

傷つきやすいという能力

えっ、こんなところで？　思いもよらぬ場面で涙がこぼれ、どうしようもなかった。となりの人に悟られぬようつくろうのに苦労した。東京で催された京都市立芸術大学と東京音楽大学との合同演奏会でのことである。

繊細でありながらも立体的な現代の吹奏楽曲を聴かせてもらったあと、最後に運動会の定番ともいうべきあの曲、単純で勇壮な「星条旗よ永遠なれ」が、両大学の楽団によって合奏された。ふだん交響曲に取り組んでいる学生たちにすれば、意識がよそに行っていても鼻唄でも歌うかのように楽々と吹ける曲である。だからだろう、指揮の先生も途中からくるり体を客席のほうに向けて棒を振っておられた。難度の高い曲を無事演奏し終えたあとの安堵そのままに。

そのときである。どっと涙がこぼれ落ちたのは。不覚というより、よりによってこんな軽快な曲のあとでなぜ、とわが心を訝しんだ。

そして考えた。彼らはふだん厳しい練習をしている。多くは幼い頃からそれに身を削ってきたはずだ。が、将来、演奏家として生きてゆくには、同じような道を辿ってきた仲間を、技で凌がなければならない。競争である以上、だれかが勝ち、だれかが脱落する。いま演奏している学生のなかにも、そう思って挫けそうになっている学生が何人もいるはずだ。大学に入るまではまわりから「英才」と褒めちぎられてきた学生が。

じぶんもいずれ落ち零れてしまうのかもしれないという不安。けれど音楽は演奏だけで成り立っているのでなく、音楽をプロデュースする仕事、バックで支える仕事、教える仕事もあるはずだとはいまは考えられず、納得もしていない……。そんな不安に事あるごとに抗ってきた学生がいま、ステージでそれを忘れて懸命に吹いている。じぶんを表現するなどという意識は毛頭なく、級友たちを応援するためだけに吹いていた高校生のあの頃に、ふと戻ったかのように。表情がほんとうにほどけて見えた。

音楽はほんらい「競う」ようなものではない。人をそれで労ったり、慰めたり、励ましたり、ときにはからかったりもするものだ。そのことでじぶんも愉快になる。そういう悦びの装置として音楽はあるし、あったはずだ。いずれ勝ち残る者も去る者も、いまはそれを措いて、みながその音楽の原点に還っている。それを目撃してわたしは涙を禁じえなかったのだろう。

人に競い勝つには強さが要る。が、人を慈しむには、慈しむ側にも傷つきやすさという弱さが要る。控室でそんな話をしていたら、引率してこられた先生が「傷つきやすいというのも能力です」とつぶやかれた。そう、そういう傷つきやすさに、学生たちは仕方なしにでなく、ずっとすなおに身をゆだねていたのだった。

思いもしないみずからの心の動きにとまどい、終了後楽屋を訪ねたわたしは、学生諸君をねぎらいつつこう伝えるのが精一杯だった。「人を慰め、歓ばせることを仕事にできるあなたががうらやましい」と。

2017年1月

芯となるものを一つ

大学というところに勤めはじめてかれこれ40年になる。大手の私立大学と国立大学、仏教系の小さな私立単科大学で教壇に立ち、いまは公立大学にいる。いろんなタイプの大学で教員生活をしてきて、最近しみじみ思うことの一つは、外国語学部と芸術大学の学生はこれらのなかでも突出して元気だったなということだ。

4
教育
Education

阪大時代、総長職に就いてはじめてロング・インタビューを申し入れてきたのは、外国語学部の学生だった。大阪外国語大学と統合した直後のことである。学生たちはすぐに自治会活動の中心になり、大学祭を率い、授業でも教員を質問攻めにして、じわりじわり「阪大生」の気質を変えていった。教員たちもその変貌ぶりをとても愉快に受けとめた。

いまの職場、京都市立芸術大学の学生たちも、とにかく屈託がない。わたしを見かけるとかならずにこやかな挨拶をしてくれるし、チャンス到来とばかりに相談をもちかけられることもある。学長室がガラス扉なのでアポなしで飛び込んでくる学生も少なくない。

なぜ外国語学部と芸術大学なのだろう、と考えた。

外国語学部なら専攻の言語について文法を覚え、会話ができなくては、そもそも大学生活がなりたたない。芸術系にしてもおなじで、美術にしろ音楽にしろ、制作道具や楽器を使いこなせなければ何も始まらない。だから一年生からそれだけは叩き込まれる。総合大学でのように、入学してすぐ、ここで何をすればいいんだろう、こんなことしていて何になるんだろう、などと考え込むいとまもない。

教える側もよく似た気分でいる。とにかく覚えさせること、使いこなせるようにすること。これさえできれば、あとは何をしても見のがす。技をとにかく一つ、とことん仕込んでおけば、あとは放っておいてもなんとかなると思っている。

この「とことん」が大事なのだろう。五重塔の心柱のようなもので、一つ技を磨いてじぶんに芯を作っておけば、少しぐらいの迷いや揺れでびくついたりはしない。逆に、いろいろなことにのびのびと手を伸ばせる。

天保年間、緒方洪庵が大坂に開いた適塾も、きっとそんな学舎《まなびや》だったのだろう。のちに大村益次郎、橋本左内、福澤諭吉らの傑物を輩出した民間の医学塾である。二十八畳一間でおよそ百人の書生が勉学に励んでいた。寝る時間も惜しみ、一冊の蘭語辞典を奪い合っていた。そんな書生たちは、一歩外へ出ると、芝居のただ見をしたり、願かけを盗んだり、路上で喧嘩の芝居を打ったり、酔って橋から小皿を投げたりと、横着三昧だった。けれども、「学問上のことについてではちょいとも怠ったことはない」と福澤諭吉は回想する。

江戸にいれば洋書が読めるというので翻訳の仕事ですぐ稼げるし、仕官のチャンスもあるが、大坂ではそうはいかない。でも、血の気はより多かった。なぜか。日本中のだれも経験したことのないことをじぶんたちはしているという自負があったからである。

《一見看《み》る影もない貧書生でありながら、智力思想の活発高尚なることは王侯貴人も眼下に見下すという気位《きぐらい》で、ただ六《むつ》かしければ面白い、苦中有楽、苦即楽という境遇であったと思われる。たとえばこの薬は何に利くか知らぬけれども、自分たちより外にこんな苦い薬を能く呑む者はなかろうという見識で、病の在るところも問わずに、ただ苦ければもっと呑んでやるというくらいの血気であったに違いはない。》

(『福翁自伝』)

いかに苦しかろうとも、いまやっていることに納得はゆく。これが大事だったのだろう。不思議なことに医学しか学ばなかったのに、塾生たちは明治日本の言論の、軍隊の、赤十字の、鉱業界のリーダーに育っていった。「とことん」を一つ極めれば、別のどんな事業にあっても、

「とことん」がどういうものか、すぐに体得できたのだろう。

福澤はこうも言っている。

《とにかくに当時緒方の書生は、十中の七、八、目的なしに苦学した者であるが、その目的のなかったのが却って仕合《しあわせ》で、江戸の書生よりも能く勉強ができたのであろう。ソレカラ考えてみると、今日の書生にしても余り学問を勉強すると同時に始終我身の行く先ばかり考えているようでは、修業は出来なかろうと思う。》

多くを求めながら同時に多くの規制をかける、そんな教育よりも、どんなささやかなものであってもいい、何か一つの芯ができるまでとことん歩ませ、あとは放っておく、そんな場を用意することのほうがきっと重要なのだろう。

そういえば、あの、さかなクンのお母さんも、ご子息にもっと勉強をと言う担任に、「あの子は魚と絵が好きだからそれでいいんです」と返したという。

2014年3月

わからないことにわからないまま正確に……

若い娘が知っておくべきことを知った若い娘が、その後知りたがったこと

（ステーヴン・カーン）

唐木順三に「途中の喪失」（1950年）という随筆があって、その冒頭にこう書かれています——

このごろ、私の住んでゐる相模原の片隅にもアメリカ人の住宅が百數十軒もできた。ここから附近の基地までスクール・バスがある。通りの四辻の要所要所にバスがとまつて、アメリカの學童たちをはこんでゆく。さういふ風景をみながら、便利なものだなあ、といふ感歎よりも、氣の毒なものだなあ、といふ實感が先に來る。尤も、長雨でどろんこになつた道を、日本の學童たちが自動車のはねとばす泥をよけながらしよぼしよぼと歩いてゐるのをみると、バスで通ふのも悪くはないとは思ふ。然し家庭から學校までバスはこばれる學童たちは、途中の樂しみといふものを喪つてしまつた。近代の文明は人間から次第次第に途中を奪ふ方向へと動いてゐるが、途中といふ距離を奪つて得た便利といふものと、途中を喪つてしまつた味氣なさとをくらべてみれば、果してどちらが幸福かは疑問であらう。

道草をしているとなかなか着かないのとおなじで、わからないというのも、否定の表現の一つです。「ない」というと、なにか不足とか欠落のイメージがありますが、ほんとうは見えないもの、ふれられないもののほうに事の真実があり、それが欠損しているという二重否定にこそミソがあります。「〜すべきではない」「美しくない」といった義務感や審美感の表出から、「間違っている」「外れている」という科学や法の指摘、さらには「彼岸」（ここではないもの）への信仰というふうに、です。

わからないというのは、精神をそのように見えないもの、ふれえないものに向かって駆動する大事な契機なのに、ひとはついそれを駆除しようとしてきました。それを、わかりやすいフレーズで押さえ込み、大声でそれをかき消そうとしてきました。

けれどもほんとうに大事なのは、わからないものがあるという感覚そのものではないでしょうか。政治においてはあまりにも不確定な要素がありすぎて、一つの「正解」をあらかじめ見通すことはできません。政治とは切れているとみなされるアートにおいても、作家は、じぶんの描きたいこと、表現したいことをあらかじめ知っているわけではありません。ひとがじぶんがここにいることの意味を問うたりするときには、問いだけがどんどん増幅していって、悲しいかな、死ぬまでその意味は不明のままです。ちょうどひとがじぶんの顔を終生見ることができないように、ひとが生きている意味は当人には最後までわからないものです。

が、そのわからないものへの感覚こそが、わかった気になっているじぶんを破いて、もっと見晴らしのよい場所へとじぶんを引っぱっていきます。わからないという状態はたしかに苦しい。いってみればいままでちゃんと息をしていたはずなのに、じぶんにはわかっていないことを知ったがために、とたんに無呼吸状態に置かれてしまうからです。じぶんの根っこのところである不明が生じると、それをきっかけに不明が、複雑性が、どんどん増大していかざるをえないからです。

どこまで息を詰めていられるか。複雑性の増大にどこまで耐えられるか。すべてはそこにかかっています。一所から世界を見透すにはわたしたちは背が低すぎます。見えないさまざまなものでわたしたちの歴史的な生は編まれています。だから見晴らしのよい場所に立つには努力が要るのです。意見の異なる人たちとあえて執拗なまでに意見をつきあわせ、交換する必要があるのもそのためです。寛容という精神は呻きとともにあり、それを乗り越えようとする苦行のなかからしか生まれてきません。

たいせつなことは、わからないけどこれは大事と見定めることができること、そしてそのわからないものに、わからないまま正確に対応できるということです。アートだって、何を描きたいのかわからないままに、そのわからないものを正確に表現するところに核があるはずです。わかりやすく撓められた表現は、すぐに退屈になってしまいます。異和がすっと消えてしまうからです。

デペイズマン（dépaysement）。居心地の悪いこと、異郷にあること、立ち位置をずらされること。見晴らしのよい場所に出るためには、さしあたってここが確かな場所でなくなることが前提となります。

わたしの友人は、大学に入って講義を受けて、「話は整合的だがなんかうさんくさいもの」と「話はよくわからないがなんか凄そうなもの」の区別がつくようになればもう大丈夫、と言っていました。わかりやすい話の外にいつも出ること、そしてその無呼吸の状態に耐えつづけること。そういうためがもてるかどうかに、生きることの意味のすべてがかかっているのだとおもいます。

唐木順三は、先の引用につづけてこう書いていました——

「途中は目的地への最短距離ではなくして、少年たちの共通の廣場であり、空想の花園でもあり、遊びの場所でもあった」、と。

2016年8月

4
教育
Education

ぶれとしての文体

以前、岸和田出身の知人から「別に声に出さんでもいいんですけど、文章を読むとき、関西弁のイントネーションで読んではりまっか」と訊かれたことがある。即「あたりまえでしょ」と答えたのだが、知人は「やっぱり……。東京の人がそんな考えられへんていわはりますねん」という。

それでちょっとふり返ってみたのだが、標準語で書かれた端正な文章を読んでいても、書いているのが関西人ではないかとおもうときがある。筆運びや話の展開にそれを感じることもあるが、それ以上に、語感というか語の滑りがどこか口に合うのである。黙読とはいえ、まったりとか、浮ついているとか、もたれかかっているとか、口が感じるのである。

それとは逆の面もある。ふだんは絶対口にしないような言い回しを、標準語の文章を読むときには、関西弁ながらもせざるをえない。照れくさくもあるのだが、それでもふだんの言い回しからは逸脱してしまう。そのくりかえしがわたし自身の語調を変えてきたこともたしかなのだ。
「文は人なり」という言葉がある。十八世紀の博物学者、ビュフォンの言葉として知られるが、ここで「文」と訳されているのはスタイル（style）である。文章でいえば「文体」のことだが、言葉には文体のほかにもさまざまなスタイルがある。書体、字面、語調、声ぶり、そして緩急、抑揚、リズム、オノマトペのはさみ方などなど。

先に、なじみの語り口からの逸脱をいったが、この逸脱やぶれという視点からスタイルを論じた哲学者がいる。そのモーリス・メルロ＝ポンティは、「世界のもろもろの与件がわれわれによってある《一貫した歪形》に従わされるとき、そこに意味が存在する」という。同時代の作家、アンドレ・マルローから引いてきた《一貫した歪形》（déformation cohérente）という概念は、絵画でいえば、キャンバスに描かれた要素のいずれもが、いわば同一の指数にしたがって「なじみの規範からのある共通の偏差」を生みだすような画面の構成をいっている。ヴラマンクの絵において、暗い空と雪でぬかるんだ道とさびれた家屋とが同一の指数にしたがって、うねり、歪んでいるように。この同一の指数こそ、ヴラマンクのスタイルだというのである。

これは個人についてもいえることで、歩く人を遠目に見てすぐにだれかと察知できるのも、その目つきや背のかがみ具合、その服装やヒールの音などに現われ出ている、「女性なるもの」についてのなじみの「規範」からのある一貫したぶれ——メルロ＝ポンティは「偏差」（déviation）とも「逸《そ》れ」（écart）ともいう——を、瞬時にそこに見てとるからだろう。まさに「スタイルは人なり」である。

注意すべきは、スタイルとはスタイルそのものの更新として現象するということだ。「女性なるもの」についていえば、「女性なるもの」の内実を歴史的にかたちづくってきたある意味の《制度》からの逸脱として、更新として、それぞれの個人のスタイルはあるということだ。言葉の場合がまさにそうで、書くこと、語ることは、《制度》として伝承されてきた文体からのぶれを、一貫して生みだしてゆくことである。

子どもというものは、身の丈に合わない大人の言葉を使いながら、言葉を覚えてゆく。いってみれば、なにがしかのぶれをわずかな手持ちの言葉のなかに差し込んでゆく。が、同時にそれは、できあがった《制度》をぶらせることでもある。子どもがある語音、語調をいじくって新語を編みだすと、大人もそれにかぶれ、おもしろがって手持ちの語彙に含めてゆく。作家の文体のみならず、子どものこうした言葉あそびもまた、《制度》に書き入れられる。《制度》もまたたえず更新されるのだ。

このように、ぶらせることが言語というものの特質であるとすれば、外国語を翻訳するという作業にもおなじことがいえよう。それはなじみの語り口をきしませる。そのきしみが口にしなれた言葉にさらなる活気をあたえる。文化人類学者の浜本満はいう。「確かにどのような言語もそれによって語りうる現実しか語りえないとはいえ、唯一の現実をしか語りえないような言語もまた存在しない」。とすれば、翻訳におけるぶれは、詩人や思想家がよくおこなう異様ともいえる言葉づかいに通じもする。ものごとにはある文体でしか表現できないことがある。たとえ語意や文法をきしませることになっても、そういうアクロバティックな語や文体でしか表現できないことがある。そしてそれがいつしか国語の新しい備蓄となることも。

せっかく関西弁のイントネーションから話をはじめたのだから、語調をめぐる関西人の矜持を最後に一つ紹介して、この文章を終えたい。それは、話を閉じるにも、次につなぐような閉じ方をしなければならないということ。話が滑らかに流れ、開いてゆくように。あるいは、しょっちゅう蹴つまずいて話がどこに行くかわからないという事態に身をまかせる悦びに浸れるように。（……なんや不粋な閉じ方になってしもた）

2017年2月

学問の曲がり角

おそらく半世紀ほど前、まだ高校生のときだったとおもう。テレビの討論番組に京都大学の碩学三名が論者として並ばれた。フランス文学の桑原武夫さんと中国史の貝塚茂樹さんと中国文学の吉川幸次郎さんである。話の内容はまったく憶えていないが、そのときの三先生の様子は目にしかと焼きついている。

議論のあいだ、桑原さんはひっきりなしに前髪を捩《よじ》っておられた。貝塚さんはずっとうつむいたまま。吉川さんはしきりに横を向いて、番組スタッフの仕事ぶりを観察しておられるようだった。司会役の梅原猛さんが少々お困りのように見えた。

まるで子どもみたい、といえばなんだが、先生方の姿にはいい意味での幼稚性が漂っていた。

子どもはわれを忘れて何かに没頭しているかとおもえば、すぐに飽いて別の小さな異変に気を奪われる。ほどほどということを知らず、まるでうわの空である。学問にかぎらず職人仕事もそう。作業がおもしろくてたまらないというその核には、「夢中」になれるという幼稚性がある。調べ物であれ製作であれ、そうでなければあそこまで探求心旺盛に、かつ集中して精緻な作業を続けることはできない。

すべてを投げ打ってできる仕事にはもう一つ共通点がある。いかなる作業であれ、究めるという行為の前ではみなが平等だということだ。

これについてもいくつか思い出がある。

学部の三回生のときのこと。京大の哲学教授だった野田又夫先生のご子息が美術部の仲間で、ある日彼を家に訪ねたところ、あいにく留守だった。出てこられたのは野田先生。どこの馬の骨ともわからぬうぶな学生に、先生はとにかく上がれとおっしゃる。そして、直前まで読んでおられたアベラールとエロイーズをめぐる研究書にこんな驚くべき記述があったと、興奮冷めやらずに一時間近く、夢中になって語りつづけられたのだった。

もう一方は、当時大谷大学から来られていたラテン語の講師、水野有庸先生。昼過ぎからときには夜まで続く猛烈な演習にとうとうわたしは途中で脱落してしまったのだが、後日、じぶんの研究のなかでどうしてもあるラテン語の概念について判断を下す必要が生じた。それでやむにやまれず先生に教えを乞う手紙を書き送ると、「こんな低次な質問をしてくるとは情けない」との厳しい書き出しのあと、便箋十数枚にびっしり、落第生にもわかるよう説明を書いて返してくださった。

いずれの先生も、真理探究という課題の前では、碩学も初心者もないことを、身をもって教えてくださったのだった。こんなこともあって、その後わたしも大阪大学での哲学演習では、「先生」も「くん」もなく、たがいにみな「さん」づけで呼びあうような授業にした。

報告書の作成とか評価制度への対応とかで、すぐに研究の「成果」や「進捗ぐあい」を問いただされるような昨今の研究環境は、学問になくてはならないこうした幼稚性と平等性とをもはや許さない。そのことが逆に、学問から厳しさを失わせることになっていないかとおもうのだ。学問はいま、あやうい所にさしかかっている。

2018年2月

大学に求められていること

先進国のなかで唯一、総論文数が減少しているという統計に見られるように、日本の科学研究が近年かなり危うい状況にあることは、そこかしこで耳にする。海外の科学ジャーナルでも、日本の科学研究の失速を懸念する記事をよく目にする。

理由ははっきりしている。先進国のいずれもが軒並み研究予算を顕著に増額しているのに対し、日本は国立大学への運営費交付金を2004年以来、十数年にわたり毎年1%のペースで減額してきたからだ。総予算がほぼ横ばいなのは、法人化とともに、各大学の運営に必要な基盤的経費を削減して、その分を各大学が競って獲りにゆくいわゆる競争的資金に回すという方針に転じたからだ。

基盤的経費が削減されてゆくのであるから、当然、各大学は事務経費をぎりぎりまで切り詰めたあと、次に基礎的な研究費を削り、専任教員の数を減らして無期雇用から有期雇用（非常勤職）へ移し換えてゆかざるをえない。ポストが減るのだから、若手研究者の多くは一定期間のみ支給される競争的資金での採用となり、不安定な雇用環境で研究に取り組むことになる。しかもその期間内に研究成果が求められるのだから、研究のスコープはいやがおうにも狭まり（ということは研究の種が小粒になり）、そのうちモチベーションも落ちて、研究職に就こうとの希望も潰える。

その結果が、とくに理系分野での博士課程進学希望者の減少という事態だ。国は「知的基盤社会」や「科学技術立国」をめざして大学院博士課程の定員を増やしたはずなのに、結果はきれいに裏目に出た。

はじめはこれから競争が熾烈になるぞというくらいの思いだったのが、基盤的経費の減額による研究環境の劣化がボディーブローのように響いてきて、大学関係者たちはもはや打つ手なしという心境にまで追いつめられている。

が、研究予算の減額以上に深刻な問題がある。減額分を競争的資金に回す、その理由としてあげられた「選択と集中」の必要、つまり、「効率」というマーケットの論理が研究現場に導入されたことである。

そのことで何が起こったか。それぞれの大学、そして研究機関が、研究や教育の独自性を失ってしまったのだ。

競争すればするほどたがいに似てくる。これは上からの改革の常。「成果」が同じ一つの物差しで評価されるのだから、大学が同じ顔つきになってゆくのは避けられない。偏差値というかたちで各大学は一本線上に序列化され、いってみれば金太郎飴状態になる。

発端は「21世紀COE」だった。わが大学こそこの分野の研究拠点であるという主張を各大学が競い合うことを迫られた。拠点というのは研究交流のハブのことなのに、じっさいには個々の大学の体力競争が迫られたのだ。これは、二重の意味で、研究というものの本来のありに反するものであった。

第一の問題。学問は大学を超え、国境も超えて、同じ分野の人たちが研究の現況について緻密に連絡を取り合い、かつたがいに切磋琢磨するなかで発展してきた。中にはほんの十名ほどで取り組んでいる研究分野もある。大学間競争というのは、そういう研究の地道な協力関係を断ち切ってしまう。

第二の問題はより深刻だ。国公私立を問わず大学の運営に多額の税金が投入されてきたのは、この国の運営がこれまでのやり方では立ち行かなくなったときに、別の発想にそれを切り換える、そういう知的資源の蓄えを求められるからである。たとえば人類史では異例ともいえる「高度成長」が破綻したとき、そして人類史上はじめての人口減少に直面したとき、かつての定常社会の生き延び方や、資本主義とは別の途を歩んできた社会のありようを参照しつつ、「成長」

とは別のどのような社会運営のしくみを構想できるかを、大学をはじめとする研究機関は問われているのだ。

そのためには研究機関は現行の評価軸に沿った競争にかまけていてはならない。いざというときにオルタナティヴ（別の選択肢）をさっと出せるよう、直近の社会的ニーズとは切れたところで探究を着実に進めておかねばならない。

「選択と集中」という短期的な視点による研究の偏りではなく、「いつでもどれでも」といえるほどに多様な知的資源が蓄えられていることが、社会が確実に生き延びてゆくためには必要なのである。次の時代を切り拓くためのシーズ（種）は、現行の評価軸にうまく沿わない平面にこそある。大学間で競争させ、成績良好な機関のみ残すというのは、社会が生き延びるためのその資源を削ぎ、枯渇させることにしかならない。

学問の世界に「選択と集中」は禁物である。

2017年12月

選択と分散

《集団からのけ者になるたび、ここととはちがう世界を知っていることが、ひそかな救いであった。》

西川祐子さんは近著『古都の占領』のなかで、家族内の事情、それに占領期の政情に翻弄されるかのように、祖父母に預けられた京都と両親のいる岡山のあいだで何度も転校を余儀なくされた小中学生時代をふり返り、そう書いている。

「ここはちがう世界を知っていること」が、苦境のさなかにある人をかろうじて支えるというのはよくあることである。

病気、事故、被災、失職、事業の行きづまり、大事な人の死……。そういう思いがけない出来事に遭遇するたび、ひとは人生の語りなおしを迫られる。それまで人生の前提となっていたものが崩れるからだ。

人生の語りなおしとは、別の言葉でいえば、希望の書き換えでもある。じぶんが生きるうえで軸とするものを、これまでとは少し違うものに移し変えるということである。

そのとき必要になるのが新たな学びである。これまで考えもしなかったが、世の中にはこんな問いもある、世界にはじぶんが知らない領域が想像をはるかに超えて広がっている……。それを知ることが、じぶんが生きるべき世界を拡げる。ふんづまりになっていたじぶんを助けるのである。生き延びるために、学びはそれほど大切なのである。

それほど大切な学びの場がいよいよ狭まってきている。ひどく画一化してきている。どの大学もアクティブ・ラーニングとかグローバル人材育成とかいったかけ声のもと、「教育改革」に殺到している。

理由はあきらかである。国や自治体から大学運営の基盤となる交付金が年々きびしく減額されるなかで、国や自治体の提示する競争的資金を少しでも多く獲得しようとするからである。

4

教育

Education

定員充足が困難な大学は、受験生を一人でも増やすために、何かが新しく始まるとの印象を与え、流行の少しでも前を走ろうとするからである。

モデルは経済界のいう「選択と集中」である。資金が限られるなかで「不採算部門」を整理して、特定の部門に集中投資しようというのである。その結果としての、取り組みの画一化と偏りである。

教育はしかし、だれも予測できない不確定な未来にあっても着実に生き延びてゆける、そうした能力を身につけるためにある。大事なのは、マニュアルの存在しない問題への対応能力なのである。そのためには、こんな生き方もあるという多様な選択肢を知るということが必須となる。教育に必要なのは「集中」ではなく「分散」なのだ。

各大学は創建に際して「建学の精神」を掲げた。独自の教育を謳った。人が人としてしかと生き抜いてゆくために、さらに協働してこの社会を支えてゆくために、ほんとうに必要な資質が何か、それぞれの考えで打ちだしたはずだ。ときに宗教を、あるいは芸術を教育のベースとして。何が大事かという《価値の遠近法》が複数あることが、大学が数多くあることの理由である。いま大学は、他にはない教育、そこにありったけの知恵を注入すべきではないか。

「グローバル教育」の空虚なかけ声？

2014年2月

「グローバル教育」へのかけ声が喧《かまびす》しい。それを世間がではなく、大学自身が、「イノベーション」と並べて、その目標の第一に掲げている光景に、わたしは首を傾《かし》げずにはいられない。

というのも、「グローバル教育」とは、そもそも高等教育の核をなすものだったはずで、いまごろそれを目標として掲げるのは、創設時以来、大学がそのもっとも重要なミッションを果たせてこなかったということ、しかも大学自身がその事実に気づいていないという、破産の自己申告にほかならないからである。

多様な歴史段階にある世界諸地域を同じ一つの時間のなかに有無を言わせず引きずり込むという意味では、二度の世界大戦こそ20世紀屈指のグローバル化であった。その誘因になったのは、19世紀後半からの、地球規模における帝国主義の覇権争いであった。そのとき植民というやり方でのこの世界分割に対抗するかたちで立ち上がったのが、もう一つの世界標準、〈科学〉と〈人権〉であった。世界同時性という意味では、これにさらにスポーツやポピュラー音楽などのグローバル化が続いた。

大学がもしいまも〈科学〉と〈人権〉の拠点であろうとするなら、アカデミズム界の「帝国」をめざして留学生獲得を競うのではなく、グローバル企業の世界展開による地域社会の簒奪に対抗するものとして打ちだすべきグローバルな価値とは何か、とこそまずは問うべきである。

4
教育
Education

「グローバル教育」でつねにいわれるのは、英語による授業の拡大だ。留学生を増やすため？

さらにそれは大学の収入を増やすため？　あるいは研究のレベルを上げるため？

「グローバル教育」のそうしたプログラムを、留学生はほんとうに望んでいるのだろうか。そもそも留学生は英語を学ぶために日本に留学してくるわけではないから、彼らに必要なのはまずは日本語教育の充実であろう。また海外から招く若手研究者のためには、家族が安心して暮らせるような環境の整備がもっと必要だ。家族の住まい、医療、子どもの教育、法律の相談などのサポートの仕組みである。日本の大学で遅れているのはそこだ。それさえきちんとやれば、あとは本来の研究と教育にしっかり磨きをかければよい。留学生はおのずと評判を聞きつけてやってくる。

日本人学生についていえば、大事なのは一人でも多く海外留学へと送りだすことだろう。その経済的支援の仕組みを厚くすること。異質な環境にさらされ、言葉のハンディを乗り越えて人のネットワークを編む力をつけることが、「タフな知性」に求められる「コミュニケーション力」や「交渉力」を鍛えるにもっとも近い途だ。

「帝国」の覇権争いに対抗するためには、国家を超えた普遍的価値の追求が必須であった。いまグローバル化の名で「世界標準化」がなし崩し的に強行されるなかでは、逆に、価値観の多様性へのセンスを育むことがなにより求められる。大学のいう「グローバル教育」が、企業戦士の育成ではなく、もう一つのグローバル化、つまり、それぞれの文化に固有でかつトランスナショナルな価値をもつ評価軸がいかに多様にありうるかを知らしめることにあるとするなら、大学は在学生の留学支援にこそもっと力を入れるべきだとおもう。

２０１７年〇月

教養と専門

２０１１年４月、あの東日本大震災の直後に、大阪大学は原子力発電と放射線汚染にかかわる研究者を動員して、市民向けの緊急シンポジウムを開いた。大きな不安を抱えた市民に、その時点で科学的に言えることをできるかぎり正確に伝えようとして、である。シンポジウムも終盤にさしかかり、企画者のひとりが聴衆に問いかけた。「どんな専門家がいい専門家ですか?」と。

聴衆のひとりから返ってきた答えは、きわめてシンプル。高度な知識をもっている人でも、市民に代わって正しい答えを出してくれる人、責任をしっかりとってくれる人でもなくて、「いっしょに考えてくれる」人というものであった。

専門の職業研究者といえば、その資格を保証するものに博士号（Ph.D）がある。博士号といえば、ある専門分野で研究を究めた人というイメージがある。素人には理解できないような専門的知見をもつ人というイメージである。

そのようなイメージがあるものだから、企業は、製品開発や営業戦略のために高度な研究者を求めながら、「博士」の採用にしばしば二の足を踏む。企業が目下取り組みつつあるプロジェクトへの参加を求めても、「それはわたしの専門ではありません」と返される例を、うんざりするほど見てきたからである。

プロジェクトへの誘いにこのように答える専門研究者は、専門領域で勝負したいという当人の思いとは逆に、じつはプロフェッショナルではない。研究のプロというのは、どんな課題を与えられても、与えられた課題がどういう問題なのか、それを解決するためにどのようなデータが必要で、それをどのような方法で分析し、解を得るかの道筋を示せる人のことである。そういう研究の作法を身につけた人に与えられるのが、「博士」号というものである。「それはわたしの専門ではありません」としか言えないのは、実は「博士」の恥なのである。

かつて大学では、まず「教養課程」で関心の裾野を拡げてから、上位学年に進むにつれて専門的な精緻な研究領域へと進むものだとされてきた。教養と専門との関係はほんとうはそのようなものではない。専門家としてじぶんが研究しているものが、科学の現況のなかでどのような位置を占めるものかをしかと知ることのない研究者は、まだ専門家未満でしかない。じぶんが取り組む研究を現在の科学研究全体のなかにきちんとマッピングできてこそ、専門家の名に値する研究者なのである。科学研究の方法（仮設・推論・検証）をしかと身につけ、他のどんな主題を与えられても科学者として対応できてこそ、専門家なのである。知人の言葉をここで引かせてもらえば、「スキルというものは、隣の芝生に行って発揮されなきゃじつはダメなんじゃないか」ということである。それをなしえてはじめて、現場の人に「やっぱりプロは違うなあ」と言われるのである。

科学（者）への信頼は、何が確実に言えて、何が言えないか、それを科学者自身が明確に述べるところに成り立つ。科学とは、何よりもまずは《限界》の知である。それを別の言葉でいいかえれば、世界は一つの視点からは見通せないと知ることである。では、どうしたらもっと見晴らしのよい場所に立てるか。世界をより正確に立体視できるよう複眼をもつことであり、一つの事態を多角的に見られるよう一見遠回りともみえるいくつかの補助線を引けることである。

いったん身を後ろに退くことで得られるこのような広い視野のなかで、じぶんがいま取り組んでいる作業の位置を見定めるというのは、どこか、世阿弥の「離見の見」、つまり舞うじぶんを後ろから見つめるまなざしをもつことに通じるものがある。民族学者のレヴィ＝ストロースは、世阿弥のこの「離見の見」を le regard éloigné（離れた視点、遙かなる視線）と訳し、これを科学的営為がそなえるべき特性——むしろ、徳性というべきか——としたのだった。

そうだとしたら、真の「専門」は「教養」なしには成り立たないことになろう。専門的知識を「一般人」にわかりやすい言葉で概説するところに「教養」が位置するのではなく、専門的探究の核心においてこそ「教養」がはたらいていないとだめだということである。そしてそういう「遙かなる視線」の持ち主のまわりに、さらには人びとがどうしても解決を必要としている未決の問題領域に、異なる分野の野心的な研究者が集ってくるというのも、〝プロ〟には見なれた光景である。

いい専門家とは、問題を「いっしょに考えてくれる人」だという冒頭の市民の言葉は、そのことをしかと言い当てていたのだとおもう。

水平方向の教養

2016年10月

国立大から教養部という機関が消えてから、次いで国立大学における「文系」縮小、ないしは「社会的要請のより高い分野への転換」への路線が敷かれてから、逆に教養教育の必要を訴える声が、大学の内外から頻繁に聞こえるようになったのは、なんとも皮肉なことである。

教養人といえば、かつてこんなイメージがあった。古今東西の古典に親しむ博識の人、文芸から美術・音楽まで高尚な趣味をもつ人、いわば眺める人、観照の人である。観照的というのは、裏返せば、あえて国家社会の外に立って実利に無縁であろうとすることである。要は、上から見下ろすような高踏的な構えである。

大正までのこうした高等遊民的な教養人像には、昭和の初期につよい批判が起こった。たとえば三木清は、政治や経済の世界を軽蔑して文化を偏重するその教養主義に、国家エリートへのルサンチマンを嗅ぎつけた。彼は、知識は断片的であってはならず、それらを関係づけ、とりまとめる、より基礎的で根源的な視点を内に含まねば、時代のうわべをなぞるだけに終わると考えた。あらゆる知的探究を束ねるこの根源的な思考は「哲学」にほかならず、それを軸に組み立てられてはじめて、教養は社会的な実践に活かせるものとなりうるとした。「デカンショ」

と歌われたあの旧制高校的な教養像である。

いずれの「教養」も、同時代の社会に対して批判的な距離を置こうとしている。ただ、前者が時代を俯瞰する「人間性(ヒューマニティ)」の高みへと上昇しようとするのに対して、後者は時代の根源へと潜り込もうとする。向きが逆なのである。

上向きか下向きかは別として、これらはともに時代に垂直方向から向きあおうとした。これに対し、現代に求められている「教養」はむしろ水平方向にはたらくべきものではないかというのが、わたしの考えだ。

時代を至近距離からでなく、一定距離を置いて見ることが大事なのは、直近の利害に眼を曇らせないためである。いますぐ役に立たないかもしれないが、時代が危機的な状況に陥ったときに、こういうやり方もあるという選択肢をできるだけ多く用意しておくためである。「教養」もそのためにある。

マッピングという言葉がある。じぶんが世界のどのような位置にあるのか、じぶんがどのような歴史的脈絡のなかで生きているのか、それを知ることである。その意味で、マッピングは、世阿弥のいう「離見の見」、つまり舞うじぶんを後ろから見つめるまなざしをもつことに似ている。

とはいえ、政治状況や経済市場についても、さらにはエネルギー源や環境保護をめぐっても、諸要因が複雑にからまり、さらに不確定要因も多くて、全体を俯瞰することも、一義的な視点から制御することも困難なのが、現代世界である。世界が一つの視点から見通せないときに必要なのは、別の視線である。世界を立体的に見るためには複眼が要る。そのためには、世界を別の眼で見ている人たち、つまり異なる文化的背景をもつ人たちとの対話をこまやかに紡いでゆかねばならない。

自己を世界のなかにマッピングするというのは、じぶんを後方から見ることであると同時に、他者の視線をみずからの内に引き入れることでもある。そのためには対話のセンス、さらにはどのように人と人を編むかというネットワーキングのセンスが要る。そういうセンスこそ、水平方向にはたらく「教養」の核をなすべきものだとおもう。

〈対話の場〉としての図書館

2016年10月

図書館は、いうまでもなく対話の場所です。未知の著者の声にふれ、その思いや考えを聴き、みずから考え、しばらく間をおいてまた著者の思いや考えをもういちど聴きなおす……。読書とはじぶん以外の他者との対話だからです。

いうまでもなく、世界をよく見るためには、複眼が必要です。視点が複数あることで、世界はいっそう立体的に見えてきます。複雑な世界の構造を知るには、そこにいくつかの補助線を引くことも必要です。別の眼をもつこと、補助線をいくつか手にすること、これを可能にしてくれるのが本なのです。ひとは、このように、より見晴らしのよい場所に立とうとして、さまざまの他者が書いたものにふれようとして、図書館を訪れるのです。

その意味で、図書館はたしかに著者との沈黙の語らいに集中する場所であり、また自己を点検すべく内に深く沈潜する場所だといえます。が、同時にじぶんをもっと広いところ、見晴らしのよいところへと開いてゆく場所でもあります。

ところで図書館には、著者という未知の他者のみならず、そこでおなじように本を読んでいるさまざまの人たちがいます。図書館が対話の場所だとすると、そういう人たちとの対話が起こってもなんの不思議もありません。別の眼をもち、複数の補助線を手にするためには、そういう他者との対話の機会もおなじように重要です。図書館は「沈思黙考」の場所、声を立てるなんて……という声がすぐに聞こえてきそうですが、図書館を対話の場所として考えたときには、人びとをじっさいの対話や談論へと誘うということは、図書館のもう一つの大きな役割だということになります。そこにたまたま集っている人たちは、家族でもご近所さんでも同僚でもなく、未知の他者だからです。特別な縁はないがおなじ地域社会にたまたまいっしょに暮らしている人どうしの対話は、デモクラシーのレッスン、つまり公共生活のトレーニングともなるのです。

最近、よくビブリオバトルが開かれます。ビブリオバトルは、わたしもその最初期からかかわってきましたが、図書館でも学校でも町なかのオープンスペースでもできるとてもシンプルで、だれもが準備なしに加われる集いです。「この本、グサッと刺さるよ」「この本、読めば目が醒めるよ」と、大事にしている本について人が心を込めて語るのを聞きながら、こんな物語があるのか、こんな問題領域があるのか、こんなふうに社会を語る人がいるのか……と、世界を見るさまざまな眼にあたりをつけることができます。いままで思いもしなかったようなアプローチを世界に対して試みるきっかけができます。

ビブリオバトルは、語るほうにも聴くほうにもいいところがたくさんあります。語るほうは、じぶんのことではなく他人の著書について語るのですから、照れずに、臆せずに、おもいきり褒めることができます。プラス思考です。目の前の参加者の顔を見つめながら話すので、言いっぱなしでなく、言葉がきちんと届くよう、聞き手の様子をうかがいながら話し方を調節せざるをえない。ということは、人に何かを伝える、訴えることの練習にもなります。

聴くほうも、一人ひとりがバトルのレフェリーでもあるのですから、ただ「この本、読んでみたい」と思うだけでなく、どういう理由であの本ではなくこの本なのかを、より大きな視野のなかで捉える必要が出てきます。他の人たちが別の本を選ぶその理由も気になります。そういうなかで、知らぬまにいろんな観点をじぶんのなかで擦り合わせることになるのです。そう、あの複眼が鍛えられるのです。

このような意味で、ビブリオバトルもまた、まぎれもなくデモクラシーのレッスンなのです。

図書館は、いますぐには役に立たないかもしれないが、いつかわたしたちの社会が危機に直面したときに、オルタナティヴ（対案）を提示しうるためのさまざまの思考や記録のアーカイヴ（資料庫）であるという意味だけでなく、市民の対話とそのトレーニングの場であるという意味でも、公共的な施設なのです。

5

震災後のことば

Literature After the Disaster

記憶についておもういくつかのこと

２０１５年３月

ひとの認識には影がつきものだ。ひとは世界を、社会を、いつもいま、ここから見ることしかできないのだから。そこには、見えるものの影になって見えなくなるものがかならずある。ある時点で過去をふり返ろうとすれば、過ぎ去った膨大な記憶からある何かを選択するほかない。そこでは想起されなかった無数の出来事が闇に沈む。

17世紀の哲学者、スピノザは、「光が光と影を顕わす」と書いた。光が当たるから影もできる。光がなければそもそも影もない。

見えないのは影になっているものだけではない。「燈台下暗し」というように、見る者は見ているおのれ自身を見ることは能わぬ。いくら場所を移してもこれは変わらない。そういう限界をもちつつ、ひとは世界を、社会を、さまざまの出来事を見てきた。見てこなかった。そう、盲点というのが、認識にも想起にもかならずある。

「かたる」という日本語がよく示しているように、世界について何ごとかを「かたる」のは、語ることであると同時に騙ることである。「誰某を騙る」ということばがあるように、騙るとはなりすますこと、偽ることである。だから、思い出を語ることにも騙りがつきまとう。

記憶は刻まれるとともに、選ばれるものでもある。何かを憶えているというのは、図として浮き上がるものと、地として背後に沈められるものとに、それと意識されることなく区分けされるということである。そういう操作を経たものとして、ひとの記憶はある。たとえばじぶんの過去。じぶんがこれまで経てきた途、体験してきたことについて、ひとは切々と語るが、それもほとんど騙りに近い。

記憶というのは、甘美なものも多いが、苦いもの、痛いものはさらに多い。いまなお納得できていない扱いとか、じぶんに深い傷を残したままの仕打ち、あるいは棄てられた体験とかは、ずいぶん時が経ったはずのいまも不意にじくじくと疼きだして、こころを波打たせる。そういうきわだった体験に沿ってじぶんの過去を語りだしてゆくうち、わたしが体験したはずのそれ以外の無数のとりとめもない出来事は、かき消されたり、背景に押しやられたりして、じっさいに体験したのとはずいぶん違った顔立ちになる。そうした語りをくりかえしているうち、過去の傷はじっさいよりうんと膨らんでくる。そうしてわたしは「悲劇の主人公」になる。

記憶は時とともに消えゆきもするが、このようにどんどん膨らみもする。だから、真に迫る記憶も、それを編む〈物語〉という糸を抜けば、存外ありふれた体験だったということがよくある。〈物語〉として編まれることがなければ、記憶とは、思いのほか、消え入りやすいもの、隠されやすいもの、歪みやすいものなのである。それほど微弱なものである。

他方で、記憶は、消そうにも消せないものでもある。からだに染みついて拭い切れないもの、そうと意識に上ることなくからだの奥深くにまで沁みてゆくものである。そして思わぬときに疼きだし、消そうにも消え去ってくれないものである。

記憶の痛みには、ずきずき疼くものとぎりぎり刺すもの、疼きと激痛の二つがある。過去に受けた深い傷はいつまでもずきずき疼く。ここで疼きは、いつまでも過去のものとなってくれずに、ふとしたはずみにしつこく首をもたげる。それとの向きあいを強いられつづけるなかで〈わたし〉というものがかたちづくられる。

これに対し、激痛はそういう向き合いそのものを不可能にする。激痛は、ひとを時間の一点、空間の一点に閉じ込めるからだ。ひとの意識はその痛みの瞬間に貼りつけられ、そこから身を剝がすことができない。いいかえると、痛みに苛まれて、痛んでいるこの「いま」の前へと、あるいはその先へと思いをなびかせることができない。思い出に浸ることも、未来に思いをはせることもできないのだ。時が、いってみれば庭を失って、点になる。苦痛のなかで、ひとは「いま」に閉じ込められる。

激痛はおなじように、ひとを「ここ」へ閉じ込めもする。からだが、痛むその一点へと内向して、もはやまわりの世界へとのびやかに開かれることがない。他人の言葉を懐深く迎え入れたり、他人の心境に遠く思いをはせる余裕もなくなる。ここでは、〈わたし〉は痛みそのものと化してしまい、じぶんというものに距離がとれない。痛みがうんと奥まり、ひとはただひたすらそれを独りで耐えぬくしかない。だれも代わりに痛んでくれはしないからだ。

九鬼周造は江戸の芸者のことばとして、フランス語で書かれたある随想のなかでこんな台詞を引いていた――"Je ne me souviens point de toi, car je ne t'oublie jamais"（坂本賢三はこれを「忘れねばこそ思ひ出さず候」と訳している)。これもまた激痛、こころの激痛の一つである。

だからこそ、西洋の哲人たちは古来、sympathy とか compassion とかいった「共感」の必要を説いてきたのだろう。「苦しみ(pathos)をともにする」という心ばせである。何かを「思ひ出す」ことができるためには、抱え込んだ激痛を脇でわずかでも吸い込み、軽くしてやる、そんなマラソンの伴走者のような支えが要るということだ。

私事になるが、昨秋『哲学の使い方』という書物を上梓したとき、その結びで、哲学するというような孤独な作業にも他者による支えが要ることを書いた。たった一人であってもきっとだれかが読んでくれるはずだ、というふうに。

わたし(たち)のいのち、わたし(たち)の存在は、他の人たちとの関係のなかで保たれるものである。そうした関係から外されると消えゆくものである。だから、わたしがわたしでありつづけるためには、わたしがわたしとして消え入りそうなまさにそのときに、だれかに引き留められるのでなければならない。憶えられているのでなければならない。「覚えがあること」「認めること」を、英語でレコグナイズという。レ-コグナイズを字義どおりに解せば、あらためて知ること、知りなおすことである。他者によってあらためて在りとされることで、ひとは生き存えることができるのだ。

おなじように、〈物語〉という糸を抜かれた記憶は、よたよたしたもの、脆弱このうえないものだから、それを保つには、是正するには、他者の証言という支えが要る。記憶とは独りのいとなみではないのである。もしそれが「忘れねばこそ思ひ出さず」にあるものならば、だれかが代わりに語るということもありうる。アドヴォカシー、その声（vox）の代理である。まさぐるようにしてその輪郭にそっとふれるという……。「記録」という作業もそのような、まさぐりの支えとしてあるのではないか。

「記録」というその作業は果てしのないものである。記憶、とくに痛みの記憶は、本人の意識も届かないほどに、からだの奥の奥に淀んでいるものだ。底のない淵のように、である。だから、理由のわからない痛みについに耐えかねて、あるいは記憶の淵をかき混ぜることによって生じるさらなる痛みに怯えて、その記憶を抑え込んでしまうこと、みずから蓋してしまうことも、ひとにはある。

語るに語れないこと、語るにしのびないこと。それに押し潰されそうになったとき、ひとは事前に、そうした記憶の隠蔽を図ることがある。隠蔽というか、それを隠蔽するために別の記憶をでっち上げるという、追いつめられたひとのぎりぎりの詐術である。精神科医の鈴木國文は、その著『時代が病むということ』のなかで、フロイトの「隠蔽記憶」という概念を引いて、「ある事を忘れるためにその代わりに想起される記憶の影絵のようなもの」であるとしている。そしてこう続ける。「たとえば、両親の寝室への幼時の関心を隠蔽するために、ベッド横の壁の模様を克明に覚えているといったことは分析実践ではよく経験されることである」、と。

身も凍りつくような、そんな何かを目の当たりにしたときの衝撃を隠すために、ひとは脇にある別のものを過剰なまでに鮮烈に覚えてしまうということなのだろう。鈴木はそこから、近代絵画とはこうした壁の模様そのものではないかと、問いを立てる。ここで表現は、ほんとうの経験を隠すためにこそなされているというのだ。もし、鈴木のいうように、表現されていないところにこそ表現の核があるのだとすれば、いいかえると、記憶というものはその起点からして隠蔽としてはたらくのだとすれば、それによって隠されたものにはついにたどりつけないことになる……。精神科医とは、なんとも怖ろしいことを言うものである。

制御不能なものの上に——〝風化〟させてはならないこと

2014年3月

東日本大震災から3年。すでにその記憶の風化を憂う声が聞こえる。が、それは何の風化を憂う声なのか。

震災後の3年、それもすでに一つの歴史として刻まれてきた。〝復興の遅れ〟に生活再建の途も見透せず、かつて描きかけたさまざまの可能性ももはや不可能と思い定めるほかないといった事態がいよいよあらわになり、だから人口流出も止めようがなく、それが復興事業に深い陰を落とす……。これは風化どころか逆につのりつつある困難であり、その意味で震災はいまも続いている。

過疎化の問題は、いうまでもなく震災前から東北が、そして全国の地方が、それぞれに直面していたものであり、それが震災によって東北沿岸部において急加速することになったという意味では、この国の地方の未来の縮図がここにはある。被災地の外で記憶の風化を〝憂う〟べきものというより、むしろ、じぶんが立っているその足下に差し迫った課題と地続きのものとして、それはある。風化させてはならないのは、まさにその意識なのだとおもう。

あの震災、とくに福島第一原発事故は、これまでまったく想像しなかった負の可能性にわたしたちを直面させた。それは、国土の何分の一かが「死の大地」になる可能性であり、事故が続発すれば、ついに国土を去らねばならない、そんな可能性をも想像させた。

わたしたちの社会はかつて、石油資源の限界を原子力発電の技術革新によって乗り越えようとしたが、その取り返しのつかない事故がさらに大きな別の枠をこの社会の未来にはめることになった。核廃棄物の処理に要する天文学的な時間と、放射線被曝へのたえざる不安。加うるに、人口減少と「超」高齢化社会への突入……。わたしたちは未来をいくつかの〈限界〉のほうから考えるしかなくなった。

わたしたちの日々の暮らしが、「原発」という制御不能なものの上に成り立ってきたということ、このことをわたしたちは今回の震災で思い知った。そしてそれへの対応のなかでもう一つ、制御不能なものとして浮上しているのが、グローバル資本主義である。ヘッジファンドとよばれる巨額の投機的資金と国境を超えて利を漁る多国籍企業とが市場を牛耳る世界経済は、すでに「経済」という軌道から逸れている。わたしがここで「経済」というのは、いうまでもなく「経世済民」（世を治め民を救う）という事業のことである。限られた資源と富の、適切な配分と運用を意味する「経済」は、いまや世界市場での熾烈なマネー・ゲームに、それを制御するすべもなく深く組み込まれている。

こういう制御不能なものの上に、わたしたちの日常生活がある。物価や株価の変動も、もろもろの格差や過疎化の進行も、就労環境も、これに煽られ、左右される。

ここ数年で海面下から一気に顔を出したこれら制御不能なものを前にして、わたしたちは、自然や人的資源とも折り合いながら、制御可能な、ということはみずからの判断で修正や停止が可能な、そういうスケールの「経世済民」の事業を軸に、社会を再設計してゆかねばならない。そこでは当然、中央／地方という枠組みさえも問い返される。それにどのようなかたちで一歩踏みだすか。これこそ東北の震災復興のなかで問われていることだとおもう。

〈語り〉の生成

2016年3月

「私の見るところでは、多くの人々は、自分たちが、揺りかごから墓場まで、同一の持続的存在であると考えようとする傾向がある」。ひとのアイデンティティについて、英国の精神科医、R・D・レインはこう書いている（『自己と他者』、志貴春彦・笠原嘉訳）。彼によれば、アイデンティティとは「一貫して同じ仕方で自分自身をみること」である。そのかぎりで〈わたし〉のアイデンティティはいわばイメージ、「空想のシナリオ」であることを免れない。ただし簡単に取り外しできる仮面や衣服のようなものではなく、顔の肉にくっついた仮面、それを剥がせば顔の表面もそれに貼りついたまま剥がれてしまうような、いってみれば〝肉付き仮面〟である。それが剥がれてしまったときには、爛れた剥きだしの肉が現われる。それなしには〈わたし〉なるものそのものが存在しえなくなるシナリオ……。そういう意味をも込めて、最終的にレインは言う。「自己のアイデンティティとは、自分が何者であるかを、自己に語って聞かせる説話《ストーリー》である」、と。

わたしがじぶんに語って聞かせる〈わたし〉の説話。〈わたし〉はそういう物語によって組み立てられている。先の震災は、そういう物語の破綻を多くの人にもたらした。その物語の語りなおしを少なからぬ人びとに強いた。物語の前提そのものを毀したからである。

親子の関係、友人たちとの関係、職場での関係……。ずっと続くであろうまわりの他者たちとの関係を前提に、人はみずからの来し方、行く末をみずからに語ってきた。そのなかで〈わたし〉はみずからの存在を象ってきた。その象りの前提が突如、壊れてしまったのである。その壊れについて、まるでそれを修復するかのように、数年を経て語りなおす人たちの言葉を映像とともに記録した作品がある。震災後、陸前高田に移住し、人びとの無数の語りを記録に残してきた小森はるか＋瀬尾夏美の映像作品の一つ、《波のした、土のうえ》だ。

幾年経っても未だに納得できないこと、忘れようにも忘れられないこと、認めたくないこと、整理のつかないこと。そういうことを抱えたままの人びとにとって、たとえば復興工事の終わりは、次の「復興後」の始まりでは断じてないだろう。それはむしろ記憶の手がかりの消失という痛い事実である。

流されたわが家の跡は、いずれ整地も完了し、公共の場所として整備されてゆく。そのことがわかっていても、そこで来る日も来る日も、きれいに洗濯した亡き母の服を広げ、並べ、また畳み、段ボールに戻すという行為をくり返す女性。あるいは空き地に花畑を造る女性たち。七夕を催す住民のために飾りを作る元製造主……。その人たちの揺れ動く気持ちを小森＋瀬尾のカメラが追う。

「復興は喜ばしいことだ」「復興の邪魔をしないように」と寂しそうな声で語りつつ、その復興の作業を見ていられないひとりの女性。その心の揺れはこう語りだされる――

「この前、流された建物の解体がすべて終わったでしょう。流された当初は早くなくならないかなあって思っていたんだけれどね、いざ解体の工事が始まったらわたし自身、びっくりするくらい落ち込んでしまった」。

別の、元消防団員の男性は、「ほんとうはここさ戻りたいんす……」と言いつつ、しかし同時に、「わたしはいったいどこに戻りたいと思っているんだろう。わたしの戻りたい場所がどこにあるのかがわからないと思うときがある」ともつぶやく。

男性はさらにこうも吐露する。――「わたしはもう何も失いたくねえ。津波であんなになくなったのに、まだ失うものがあったのかと驚いてしまう。……知らないうちになくなっていることもあるし、なくなったことにすら気づいていないこともある」。

映像のなかで語られている言葉を文字に再現しようとしてこれらの言葉を引いたのではない。むしろこれらの言葉がどのようにして紡ぎだされているのかを考えたくて引いている。というのも、これらは映像のなかで語りだされている言葉そのものではないからだ。これらの言葉は、映像のなかの（音量を少し下げた）生《なま》の言葉に被せられたナレーションなのである。それもアナウンサーによるそれではなく、語り手本人によるそれなのである。どういうことか？小森＋瀬尾は、陸前高田の彼／彼女らのつぶやきを撮影したあとそのつぶやきを書き起こし、書き整え、次にその文章を語り手に提示し、その感想にふれてそれをさらに書き換え、そしてこんどはその最終稿を語り手本人に読んでもらう。

こうした手法を導入したのには、ある痛い理由がある。小森＋瀬尾が被災地に通いだして半年ばかり過ぎた頃、関西の大学でその報告をする機会があった。そこで彼女たちは、たまたま経験したことの表面的で断片的な報告にすぎず、問題の深めもできていないといった、総否定ともいうべき批判に晒されることになる。「伝わらない」というのが、彼女たちが抱いた最初の思いだった。震災後半年ほど経って、何でも知りたいというよりも先に、被災の経験を受けとめる枠組みのようなものができ上がりつつあると感じたのである。事実の報告だけでは伝わらない、伝えるには方法が要る、「表現」が要ると思ったのである。

ここで「表現」とは、express、つまり内なるものの外への表出、という意味ではない。ここで「表現」とは、初発の茫漠とした吐露、あるいはもつれた表白を、〈語り〉へと生成させてゆくその媒介者になるということである。媒介者もしくは媒体（medium）が（死者もしくは超越者と民のあいだをつなぐ）巫女をも同時に意味するように。

哲学者の坂部恵は、『かたり――物語の文法』のなかで、〈話〉と〈語り〉の差異についてこんなふうに分析している――

> 起承転結というまとまりをもたない〈話〉が「はなしにならない」のに対して、〈語り〉はそもそも起承転結なしにありえないものだから「かたりにならない」とは言わない。一方、〈語り〉が一定の構成をもつのに対し、〈話〉は構成といった約めもなく吐露されるだけのものだから、「はなしに落ちる」とは言わない。つまり、〈はなす〉が「内容の真偽や話者の意図の誠実不誠実に無記な行為」であるのに対し、〈かたる〉は「高度の反省的屈折をはらみ、ときに、誤り、隠蔽、自己欺瞞などに通じる可能性」をもつ一段上の言葉のふるまいだというのである。

そして、〈かたり〉が「語り」であるとともに「騙り」でもあるゆえんも、ここにあると。

これに倣えば、小森＋瀬尾のいう「表現」も、〈話〉を〈語り〉へと生成させる試みだったのではないかとおもわれる。つい口から漏れ出てしまったこと、愚痴や不満の垂れ流しなのではなく、ほんとうに言わねばならないことへ向かって余計なものを削り落とし、起承転結を整えられた〈話〉、それが〈語り〉なのだと。つまり、〈話〉を〈語り〉へと、水準を一つ上げることである。

そのとき、感情の直接的な表出よりも、ある〈型〉を通した表現のほうが、なぜか、時としてユーモアや余情や凄みをも含みもつ分厚いものとなる。聞く人の記憶に強く刻もうと一ひねりした話をするよりも、定型どおりに語るほうがしみじみとした味が出る。歌うときもおなじだろう。歌謡曲であれ詩歌の朗唱であれ、他人のそれを歌うときには、歌う者と聞く者とのあいだに、これは他人の歌であってあなたの本音ではないですよね、だから聞かなかったことにしていいのですねという相互諒解があるから、逆にそのぶん自身の感情をたっぷりと込められるのだろう。

ここで重要なのは、真のかたりと偽のかたりを区別することではなく、「語り」も「騙り」ももともとに擬装という、自己を二重化する演技的な要素を核としているということだろう。だから、自己へのこの隔たりが十分にとれず、言葉が剝きだしになってしまえば、〈話〉は「語るに落ちる」ことになる。

ここでもう一つ重要なことがある。〈語り〉は独り言ではなく、だれかに向かって語られるものだということ。〈語り〉は、すでに見たように、起承転結を整えられた〈話〉である。苦しみに埋没し、あっぷあっぷしているじぶんをじぶんから引き剝がし、疎隔化して、だれか別の人のことのように語りだすことである。とどのつまりは、体験を共有していない他者にも理解可能なものとして、散逸しそうなじぶんを〈語り〉のなかでまとめること、まとめなおすことである。〈語り〉なるものへの〈話〉のこうした整えには、だから、他者という立会人が、証言者が要る。相づちを打つことで〈語り〉が起動する瞬間を支えるのである。さらにそのためには、〈語り〉が拓かれる場が、ここでは何を言っても咎められない、撥ねつけられないという安心感に満ちた場であることが求められる。そういう場をセットすること、そこに小森＋瀬尾のいう「表現」者の工夫がある。このとき、「表現」者はいわば共演者なのであって、たんなる観察者もしくは翻訳者なのではない。〈語り〉への移行を協働してなしてきた、まぎれもない当事者の一方なのである。

凄絶な体験を潜り抜けてきた被災者たちの〈話〉は、あたりまえのことだが、言い淀み、口ごもり、そして突然の沈黙に断ち切られ、滞る。そういう〈話〉の滞りを前にして、ひとは怯んでしまう。固まってしまう。これに対して、〈語り〉へと生成した〈話〉にはどこか体験の突き放しがあり、一方でそれゆえに悲しみや苦しみがよりいっそう深まるとともに、ときにそのなかにユーモアが醸しだされることさえあって、そのことで〈語り〉を超えて〈語らい〉の場が拓かれてゆきもする。〈語り〉が、それを体験していない人がじぶん自身の問題もそこへと挿し込める器のようなものとなるのだ。

ここに、やがて民話という〈語り〉へと至る途も予描されているのではないかとおもう。民話は、ある人を襲った苦難、並大抵ではない苦労とその顚末を、民として共有できる一つの物語へと位相転換したものだ。民話の主人公はここで「ある人物」である。ここでは「他人事」という設定があるから、語る人も聴く人も、かえってより深く感情を挿し込んで語り、聴くことができる。これは、そこで語られている悲しみや苦しみがけっして〈わたし〉だけのものではないということである。

以前、自死遺族の方々の集いに同席させてもらったことがある。遺族の方々の一つに収めきれない感情の引き裂かれを目のあたりにして、思わず息を乱した。遺族の方々は、「わたしが死なせた」という責め、すなわち「加害感情」と、じぶんが当てにされなかった、頼られなかった、そういう意味で見棄てられていたという惨めさ、すなわち「被害感情」とのあいだで裂かれていた。「悔恨することがなければ思い出さなかった多くのものごとをはじめて具象的に思い出させる」とは言えまいかと、マックス・シェーラーの言葉をとっさに引きたくなったが、そんなことは元よりできなかった。家族の自死をやむをえないことと認めてあげようとすればじぶんのほうが崩れてしまうし、逆にその死を認めてあげなければ死んだ家族は浮かばれない。いずれかを肯定すると他方が否定されるというジレンマに射ぬかれた二重感情である。

「一緒に使っていたタオルがすり切れ、掃除機が壊れ、冷蔵庫、テレビも買い換えることになりました。何かを捨てるたびにあなたとの時間が失われていくようで心が痛みました」。息子を亡くしたある母親は亡き人にこう語りかける。妹を亡くした別の女性は、もうじきあなたのことを憶えているのはわたししかいなくなる。わたしはあなたを憶えているただ一人の人間になり、わたしが死んだらあなたは消えてなくなってしまう……とつぶやく。そのときふと思うのだ。死なれたわたしのことではなく、死んだあなたのことをだれかに話したい、と。

彼女は亡き妹にこう語りかける。「あなたは必死に、切実に、生きることの意味を探していましたよね」と。自死の理由？　同じ時代に生き、それなりに同じような困窮をなめているのに、わたし、あるいはわたしのまわりの人たちは、ときにいっそ死んでしまいたいと願うことがありながら、それでも死なないできている。その分かれ道がどういうものか？　分かれ道はそこに立つ者にはじつは「分かれ道」とすら見えないものだろう。そのかぎりで自死に至る者とそうでない者とは地続きである。「わたしたち」もまた同じようにさらされている社会の複合的な誘因をおもえば、だれしも「自分だってそうしたかもしれない」と思わずにはいない。その意味で、他者の自死は「わたしたち」のすぐそばにある。唐木順三は書いている。──「我々の苦しみを典型的に苦しんでくれた」、だからその他者の自死は「僕等と無縁ではない」（「自殺について」）と。

妹について他の人に語るということの内には、妹の死をこの時代の一つの〈典型〉にまで育て上げたいという思いがこもっている。〈典型〉として無名の存在になることで、人びとの歴史に深く連なるということである。語りが〈民話〉へと生成するとすれば、まさにこういう場所においてではないだろうか。「語るということは、沢山の人の思いを背負った物語を背中に背負っているんだ」と、小野和子は語っている（講演「民話のおもしろさ、つよさ、ふかさ」）。

〈民話〉は特定のだれかについて語るものではない。しかし、〈わたし〉のなかにあって〈わたし〉よりも古いもの、つまり〈わたし〉の思い、〈わたし〉の情動が生まれ出ずるその原初のかたちを象ってきた境域《エレメント》に根を下ろしているかぎりで、だれにも通じるものである。そういう、各人がこれまで意識することのなかったような幽明の境へと、「物語」はひとを奥深く引き込んでゆく。ひとはそういう場所へ呼びだされるのである。

「歌はおもやいのもの」と谷川健一は言った。つまり人と人を繋ぐもの。だがそれは同時代を生きる人のみならず、時代を跨いで人を繋いでゆくものという意味でもある。時の流れを堰き止めるかのようにひたすらくり返される語り継ぎのなかで。

2014年12月

はじまりのごはん

「3月12日 はじまりのごはん」。こんなタイトルの展覧会がこの秋、せんだいメディアテークのラウンジでひっそりと開かれていた。NPO法人20世紀アーカイブ仙台と「3がつ11にちをわすれないためにセンター」の共同企画である。20年前の神戸の震災のときには「写メール」などなかったから、このような写真展を蝶番に、それぞれの思い出を交差させることなどありえなかった。

人の胸くらいの高さのパネルに、震災後はじめて口にした食事の写真が貼りつけられている。

付箋が用意してあって、その写真を見た人が、思い出したこと、感じたことを思い思いに書き込んでいる。たとえば——

「3・11は自宅に帰れたものの、何かを食べようという気がまったく起きず、そろそろ何かおなかに入れなければと思ったのが3・12の夕方。電気の止まった冷蔵庫の中で少し溶けた冷凍うどんを、ぬるくなったミネラルウォーターでゆっくり解凍し、醤油をかけて食べました」

「3・11当日〜翌日までは緊張で食欲がわかず、ほとんど食べられませんでしたが、妻と子どもを無事実家の山形へ預けることができたら、とたんに腹が減って一日4〜5食食べました」

「停電で電気が使えないので冷凍庫を大放出し、毎日、焼き肉食べてた（笑）。普段よりも食生活は充実していたかも。嫁が大事にしまっていた冷凍のウナギが満を持して放出された震災のごはんでした」

「自分たちの食べものよりも犬の食べものを手に入れるのに苦労しました」

「激しく同意！」と相づちを打つコメントから、写真からの連想でじぶんが震災後いちばん食べたかったものをリレーのように書き連ねたものまで、言葉が賑わっていた。

地震直後、すさまじい恐怖と不安のなかにあったはずなのに、ろうそくの明かりの下、ようやくありついたつましい食事を前にした顔にぽーっと赤みが差し、笑みがこぼれる。コンビニのガラス窓に貼られた手書きの呼びかけを撮ったものもある。こうしてまだ生きている、からだにじわじわ熱が回りはじめた……そんな思いが暮らしの崩壊のなかにあって細い一筋の光として射しているような。それが、写っていない惨事を逆に強く想像させる。

はじめてありついた温かい食には威力があった。ただ、おそらく独りではそうはいかなかっただろうとおもう。だれかとともにいただく「はじめてのごはん」。乏しい食材でも分けあって食べる。作る人と食べる人が刻々と入れ替わる。物よりむしろ仲間の赤く染まった頬をいただいているという感じ。食べるということの原点を見る思いがした。

食はじつは人と人との関係である。それがうまく編まれていないときには、人は食への欲求さえ失う。人間関係がうまくいっているか否か、その幸不幸はまず口に出るものだ。が、長く続いたグルメとダイエットの時代、食は記号と情報の世界に呑み込まれ、もはや人間的な意味の凝集する場所ではなくなっていた。飢えはむしろ、食と切り離された場所でより痛切なものになっていた。

震災は、生きるということの原点をわたしたちに思い起こさせた。『はじまりのごはん』という言葉が頭の中でぐるっとまわって『おわりのごはん』のことについて考えてしまいます」という言葉に、はっとした。

2017年7月

震災とアート

阪神・淡路大震災と東日本大震災は、地震の型においても、被災の範囲においても、さらに火災被害か津波被害かという点でも、大きな違いがあるが、もう一つ、あまり知られない差異

5
震災後のことば
Literature After the Disaster

がある。いずれの地へも全国からヴォランティアが駆けつけたが、東北の場合、震災直後から少なからぬアーティストの参加があったことだ。

友人のひとりは、すぐに被災地に入り、泥や瓦礫を袋に詰めて廃棄場に積み上げる作業を現地の人たちとともに担った。ただ、被災者の人を元気づけようとしてか、それとも美術家としての習性からか、袋をピラミッドや動物の形に積み上げ、失意のただ中にある被災者たちのおもわぬ笑みを一瞬誘いだしもした。

アーティスト、なかでも若い世代にはさらに思いつめて現地に立つ人たちがいた。来る日も来る日も、散乱する大量のアルバム写真を集め、洗いつづける人がいた。被災者の言葉に耳を傾け、録音し、それを紙に写し取るばかりの人もいた。彼女たちは被災地に住みついてじつに数年間、ひたすらその語りを記録した。凄まじい喪失と消失の現場に立ちつくし、じぶんもおなじだけ失うのでなければそこにいられないと思ったのか。それとも、ゼロからもういちど暮らしを立てなおすときに、ともに一つの力として立ち上がるのでなければアートにいったい何の意味があるのかという問いに身を掻きむしられていたのか。

「しまいには外食で食べるものすべてが柔らかすぎると感じて、噛み切れないほどの固いものは何処かにないかと飢えてさえいた」と言い、これを機になんと猟師の世界に飛び込んだ女性もいた。この惨禍を前にして、これまでじぶんが生きものとして「仮死状態」にあったのだと気づかされた。この人、鴻池朋子は、画家としてこれまで取り組んできた作業をもはや〈芸術〉とか〈表現〉といったやわな言葉では語りえないと感じ、食うか食われるかの〈動物〉の世界にじぶんも〈動物〉としてじかにつながっているという、そうした連続のなかにこそ、アートの立ち上がる場所があると確信したらしい。

じぶんがこれまで取り組んできたことからもっともらしい意味づけをことごとく剝ぎ取り、ゼロ点に身を置きなおして、創らずにまずは問う。何の意味も見えない場所にまで確実に引き返す。何がそれを突き動かしているのか見えないアートのその淵源にまで溯る作業はしかし、ひょっとしたらアートが「これではない」「これでもない」とみずからに強いてきた模索の一過程だったのかもしれない。

新しい「当事者」たちとの連帯——6度目のその日に寄せて

2017年3月

その日を迎えるのが、もう6度目となった。まる6年というこの日は何かを区切るものではない。いまだその日から時間が凍結したままの人がいる。「心の時計」が少しだけ動きだしたと漏らす人もいる。その一方で、《復興》への道のりを思い、時の歩みはむごいまでに遅いと、ずっと苛立ってきた人がいる。時の流れはこの間、さまざまに異なった相貌で人びとに経験されてきた。

けれども被災地で、あるいは避難先で、人びととの暮らしは途切れることなく続く。日々の必要と《復興》の鈍い時間とがしだいにずれゆくなかで、大きな幹が無数の小枝に分かれてゆくように、大震災という「共通の経験」も、それぞれの問題へと分岐してきた。

いまだ避難生活を強いられている12万3000人もの人たち、この間生活の拠点を何度も移しかえねばならなかった人たち、帰郷しても先の見通しが立たない人たち。仕事のこと、健康のこと、老後のこと、なによりも子どもの将来のこと……そんなあたりまえの大事が、それぞれの場所でそれぞれに問題を深く抱え込んだままだ。被災地の外では「記憶の風化」が口にされるが、被災地では6年経っても完了形で語れることは少ない。

《復興》の遅滞は、ときに諦めや見切りを、ときに希望の書き換えを強いる。思いもよらない摩擦、利害の衝突を引きおこしたりもする。大規模な復興工事を見ながら、これがじぶんが帰りたかった場所なのか、それさえよくわからなくなった人がいる。《復興》から「取り残されて」いるのではないかとおもう人も多い。

至近距離でないとなかなかに見えにくいこのような不安や焦燥が、このあまりに鈍い時間の経過のなかで、一人ひとりが想像力をどれだけ駆っても追いつけないほどに枝分かれしてきている。

そうしたなか、6年経って震災についてもそろそろ距離をとって語れるかとおもいきや、事態は逆で、語りはいっそう難しいものになっている。

震災のあと、大津波や原発事故が東北で起こったことの意味を、腰を据えてみずから探りはじめた人たちがいる。兵士と労働力と食糧を「中央」に供給するばかりだった「東北」のその歴史をあらためて問う人もいれば、東北の「つくる」文化を見なおそうという人もいる。とくに原発事故については、そこに市場のシステムへのわれわれの過剰な依存を読みとり、日々の暮らしの基盤をみずからの手で担い、手当てし、修復もするそんなあたりまえの習慣を取り戻すよう説く人もいる。

《大津波や原発事故をもし「未曾有の出来事」と言うなら、それに対しては「未曾有の物言い」が用意されなければならないはずだ。》

あの日以降、故郷・陸前高田に通いつめる写真家、畠山直哉のことばである。そのような「未曾有の物言い」、つまりは文明のかたちの根本的な問いなおしが、被災地かその外かにかかわりなく迫られていると思い定めたはずなのに、いざそれについて語ろうとすると、一概には語れないという、語りのもうひとつの難しさが浮上してくる。

「当事者」という観念が人びとを口ごもらせるのである。

例をひとつあげれば、震災に見舞われた各地で、震災遺構をモニュメントとして残すかどうかの議論が浮上している。震災遺構は、「記憶の風化」に抗い、記憶をしかと伝承するための物証として大きな意味をもつ。しかし遺族には、その無残な姿を目にするのは耐えがたいことである。そもそも忘却ということがかなわぬ遺族にとって、そこは記憶の場所ではなく、気持ちを鎮めてじっと祈る場所である。遺構は震災を「記念」するものでは断じてないし、3・11も「記念日」として年にいちどやってくる恒例の行事ではない。

「当事者」の存在は重い。が、「当事者」という観念は人びとについ「被害較べ」をさせてしまう。より悲惨な経験をした「当事者」の語りの前で、別の「当事者」を「わたしはそれほどひどくなかった……」と押し黙らせてしまう。そういう語りの構造をこそ乗り越えなければならないのではないか。

震災遺構をめぐる意見の対立にも、一つの共通点がある。記憶の風化に抗ってなんとしても未来の世代に伝えねばという思いと、亡くなった過去の人たちを悼む思い。これらはともに「不在の他者」を宛先としている。

そして6年という時間は、じつはこれとは違う「他者」も生みだしてきた。震災時にはまだ物心のついていなかった人たちが、新しい「当事者」として同じ場所に立ちだしている。震災後、東北に移住してきた若い起業家やアーティストたち、さらに将来そこに住みつくであろう人をもふくめて、「当事者」もまたあらたに生まれるのだ。コミュニティのメンバーは現員だけではない。コミュニティの意思決定にあっては多数決が最後の手段だとしても、それで問題の解決が尽くされるのでないのは、コミュニティが未来と過去の多くの他者たちを背負っているからだ。

震災遺構一つをとってみても、それをだれが、だれのために、だれに向けて置くのかがつねに問われる。そしてそこでも、この新しい「当事者」たちが何を守りたいと思うかが大事になってくる。

若い人たちにとって被災後の現実は、そこへと追いつめられた結果ではなく出発地点だ。被災地にあって、彼らは確実に新しい暮らしのかたち、仕事のかたちを模索しだしている。その彼らの声が震災後の語りにこれからどのような別の風を吹き込んでゆくか。そういう新しい「当事者」たちとの連帯のなかに、ささやかでも確かな幾条《いくすじ》かの希望を探しあてたい。

2017年6月

「厚い記述」──震災遺構をめぐって

震災後、仙台市の複合文化施設「せんだいメディアテーク」での務めに通いだして、かれこれ5年になる。先日も仕事の合間に、おなじ宮城県内の南三陸町で保存されることになった「震災遺構」を見てきた。女性職員が防災無線で町民に避難を呼びかけつづけ、ついに殉職した、あの防災対策庁舎である。

この遺構から少し距離を置いたところに献花台があって、その上には折り鶴やお地蔵さんなど、犠牲者を悼む品々がどっさりあった。ここは犠牲者の家族や近隣の人たちが訪れる祈りの場所であるが、被災地外の人たちがバスで見学に訪れる場所でもある。鉄骨のみを残した建物と歪んだ非常階段。それを目にすれば、だれもが6年前の惨禍を思い、足が竦むにちがいない。

この「震災遺構」の保存をめぐっては、なかなかに悩ましい議論があった。記憶を後世にしかと語り伝えるために保存を願う人たちと、この無残な跡をこれからもずっと目にしつづけるのは耐えがたいと訴える遺族たち。そのいずれの気持ちもほんとうである。だからだれもが納得のゆく正解はない。が、そのことで人びとが二つに分かたれたとすれば、それはそれで悲しい事実である。

5
震災後のことば
Literature After the Disaster

ひとつ、異様に感じたことがあった。防災のために10メートルほど土地を嵩上げする工事のさなか、遺構は高く盛られた土で囲まれようとしている。将来、その由来を知らない人が見れば、この陥没はいったい何かと訝しむかもしれないほどに、である。

じっさい、一日も早く元の暮らしをしたいと町の復興を願う人がいる一方、いずれ再生したこの町で働こうと移住してくる人たちも増えてゆくだろう。その人たちもやがてこの遺構をめぐる当事者になる……。時の経過とともに、保存をめぐる議論はいっそう錯綜してゆくことだろう。

この錯綜をめぐり思い出す議論がある。米国の文化人類学者、クリフォード・ギアーツは、「厚い記述／薄い記述」という、ギルバート・ライル（哲学者）の概念を用いて、文化についてこんな喩え話をしている。人はよくまばたきをする。が、このまばたきが、たんなるまぶたの痙攣なのか、それともだれかへの目くばせなのか（たとえば悪だくみの合図を仲間にしている）はすぐにはわからない。いや、友人の目くばせを面白がってその真似をしているのかもしれないし、さらに人を騙そうとにせの目くばせをしていることも、そのために鏡の前で目くばせの練習をしていることもありうる。

まぶたの運動としては一つである。が、その意味は一つに収束させようがない。解釈をこのように多重にしているのはそれぞれの脈絡（コンテクスト）であって、それらを厚く記述することが文化の解釈には必要だと、ギアーツはいう。文化を読むとは、「見慣れない、字が消えかけ、省略や筋道の通らない点や疑わしい訂正や特定の意図を持った注釈などに満ちて」いる原稿を読むようなものだというのである。

この議論に照らしていえば、「遺構」は、それに人びとのさまざまな思いが錯綜するかぎりで「遺構」だということになる。その錯綜を厚く記述することが「遺構」の意味を支える。そのような錯綜した脈絡の記憶が失われてしまえば、「遺構」はやがて記念碑となり、遺跡となり、さらには考古学的な対象となりはてる。保存をめぐり対立する人びとが、じぶんとは異なる相手の思いにそれこそ厚く思いをはせあうことが、むしろこの保存の意味を支えつづけてゆくのだとおもう。

いちばん苦しかったスピーチ

2018年2月

来月、東日本大震災後まる7年を迎える。この季節になるといつも思い出す日付がある。２０１１年5月4日。その日わたしは、修復作業のただ中にある「せんだいメディアテーク」を訪れた。散乱した書架と図書の整理を終え、その日再開する図書館のイベントで被災した人たちに向けて関西からの声を届けてほしいと、友人から電話をもらったのだ。大阪から転勤したばかりだった彼の無事な姿をじかに確認したい一心で、仙台空港に降り立ったのだった。

とはいえ、じぶんよりはるかに苛酷な状況に置かれている人びとの前で「話」をすることがそもそも許されるのかとの問いは、置き去りにしたままだった。それに、家族やペット・家畜

5
震災後のことば
Literature After the Disaster

を失い、悲嘆の持って行き所のない人もいれば、戻るべき職場や地域を失い、元の生活に戻ることを断念しかけている人もいる。わずかずつ地域が復旧してゆくなかで、そうした差異が増幅しつつある。復旧の意味も地域の被災状況によって異なる。だからどんなに慎重に言葉を選んでも、きっとだれかを傷つけずにはすまない。同じ一つの言葉が正にも負にもなる……。

ひどく緊張するなかでほんの少し気持ちにすきまができたとすれば、スピーチの直前に、館内の図書館で、人びとが何冊も本を抱えてカウンターに並び、それぞれに席について頁の上に静かに視線を落としておられる姿を目撃していたことがある。避難所での生活からしばし離れ、一人きりになる時間を欲しておられたのだろうか。震災とは別の声にふれ、別の時間に浸ろうとされていたのだろうか。一階のがらんどうの会場に来てくださった方にもきっと、震災から2ヵ月近く経ってそういう時間を必要としている人がいるはずだと、微かに気を取り直した。

話に耳を傾けてくれた人たちの思いつめた表情やまなざしの強さは忘れもしないが、どんな話をさせてもらったのかはほとんど覚えていない。資料の山をひっくり返して、ようやっとそのとき携えていたメモを見つけた。それを見ると、おおよそ次のようなことを話したらしい。

阪神・淡路大震災から16年以上の時間を経ても、隣の人の貧乏ゆすりにもびくっとすること、いまも部屋の一部に明かりをつけておかないと眠れないこと。関西では多くの人が、被災地に十分な食糧や物資が回るよう消費を控えていたこと。今後、復興の課題が多面化してゆくなかで、被災した人びとのあいだに何らかの〈隔たり〉が生まれざるをえないだろうこと。大事な人、大切な土地を失った人はそれぞれにいわば人生の語りなおしを余儀なくされるだろうこと。

しかしそのとき、関西で被災者が「語り」の文化に救われたように、東北の「物語」の文化がきっと大きな力になるだろうこと……。

中身はともあれ、それはわたしにとって、何かを俯瞰できないいままに語る苦しさ、見届けていないものを見届けないいままに語る苦しさであった。友と別れを惜しみ帰路につくときも、最初のあの問いに答えは出ていなかった。けれどもそれこそ「考える」という、ふだんだれもがしているいとなみのそもそもの形だったのではないかと、いまは思っている。

その2年後の春より、わたしは毎月、この施設に通うようになった。

6

身辺雑記

Memories

閉ざした口のその向こうに

2016年8月

ことしもお盆がやってきた。

お盆前後の半日、両家の墓に参る。若い頃は墓参りは両親にまかせていたが、いまはわたしたち夫婦以外にその務めをする者がないから、空いている日を見つけ墓所を訪ねるのがこの季節の習いになっている。京都では16日に「送り火」という、街をあげての精霊送りの行事もあるから、どこからともなく線香の匂いが漂ってくる。

若い頃は逆だった。なぜこの日に、そしてこの日にかぎって厳粛な気持ちになるのか。そこに、大人たちのうさんくささを嗅ぎつけ、あえてその日を特別な日にしないぞと、家族の墓参りには同行しなかった。できるだけ普段どおりを装うようにしていた。これが十代の頃の、わたしなりの「大人」たちへの不同意のかたちであった。

特別な日にあらたまって何かに思いをはせる。かわりに普段は平気でそれを忘れている。普段は弔いの思いもない者がその日だけ手を合わせる、線香を焚く、そんなふうに形だけ整えるのを、偽善と感じたのだろう。「あらたまる」というのは、日々の思いがあってこその、その思いの凝集であるはずだと。

いつの頃からか、おそらく子どもたちが家を離れ、世帯をもつようになってからだとおもうが、そういうこだわりが自然と失せてきた。たんに意識のあちこちに隙ができただけのことかもしれないが、ときどきふと、思いもよらないものに目を止めるようになった。長年使ってきた艶のない食器にふと目を落としたり、通りなれた道を歩きながらふとこれを見るのも最後かもとしみじみ眺め入ったり、ふと見かけた子の行く末が気になったり、そして何より、とおにいない父や母、祖父、祖母のかつての姿を思い起こしたり。

歳をとればきっとだれにもあることなのだろうが、これはこれ、あれはあれと、じぶんのほうから意味の境をなぞるというよりも、ふと見知らぬ境が立ってくるという感じである。意識の網がほつれはじめたということかもしれないが、摑みにいくその集中力が落ちたぶん、思いもかけず向こうから何かが視野の端に滲み込んでくるといった気配である。

これが耄碌の兆しだとしても、それはそれでいいではないか。いままで見ようともしなかったものが見えてくるなら。たとえ残影であっても……。そんな思いもよぎる。

何年くらい前のことだろう、ある日ふと、食卓にあっても家族と目を合わせることのほとんどなかった父の姿が思い浮かんだ。細かな擦り傷だらけ、ところどころかすかに鈍い輝きを放つだけのあの食器のように。

父とこころを割って離すことはついに最期までなかった。ずっとそう思ってきた。しかしほんとうは話していたのかもしれない。口から漏れかけた言葉にただこちらが気づかなかっただけのことかもしれない。「かたり」が「語る」であるとともに「騙る」でもあるように、記憶もまた、それと気づくことなく体の奥に刻まれていることもあれば、後からキレイな話につくり変えられていることもある。

わたしには戦争の記憶はもちろんないが、父をめぐる記憶も終戦の数年のちから始まる。父については口下手というか口が回らないという印象がずっとあった。口数の少ない父がことさら寡黙になるのは、きまって戦地の話になるときだった。何を訊いてもなしのつぶて。ちらっと「何でそんなこと訊くんや」という顔をするばかりだった。かろうじて聞き出せたのは、子どもの頃の事故で片眼の視力を失っていたので、前線の後ろ、衛生兵に配属されたということだけ。祖父が空襲の話を饒舌にくりかえすのと対照的だった。

同級生に訊くと、よその家でも親父というのはそんなものだったらしく、それ以上詮索することもなく月日は過ぎた。

その沈黙を世代として受けとめなおす必要があると、このところ思いはじめている。声高の戦争語りには、子どもなりに反撥していた。が、その勢いで、言葉が滞るというかたちでの父たちの戦争の語りにも同時に耳を塞いでいたにちがいない。けれどもとさらにおもう。「わたしたち」は太平洋戦争を体験していないけれども、その体験者の失語にふれた最後の世代に属する。その人たちが断ち切ろうにも断ち切れなかったもの、少なくともその残照には「わたしたち」はふれていたはずなのだ。皮膚に細かいひっかき傷として残っているそれらを語りつぐ務めがわたしたちにはあるのではないか。

父は死ぬまで仏壇だけは疎かにしなかった。生まれてすぐに母を亡くし、それからずっと親戚の寺で預かってもらっていたというから（この話も父ではなく親戚筋から聞いた）、理由はそこにあるかもしれないが、そのときだけは戦地で逝った戦友のことを密かに思っていたのかもしれない。ひょっとして、消えるような声でたどたどしくしかお経を読めなかったのも、たとえお経であっても、走る言葉は信用しないということがあったのかもしれない。いずれもすべて霧の向こうにある。

父（たち）は何を拒んでいたのか。何を断念したのか。何がまだ済んでいなかったのか。足腰が弱くなって、ついでに「じぶん」というものまで痩せ細ってきて、何を見ていてもその光景に思いもかけずこの問いが重なることが増えた。父の代から引き継いだ盆の墓参りの道すがら、服にしみつく線香の匂いも昔とはかすかに違ってきている。

2017年10月

ちりちりする思い出——「遅れてきた青年」の

「阪急で河原町まで来て上にあがったら、どこの地方都市に来たんかとおもた」。1968年の春、京都育ちのわたしは、入学した京都大学で同級生になった大阪の公立高校出身の同級生からいきなりそんなふうに言われた。もちろん、わたしが京都の高校出だと知ってのことである。

わたしにとって京都大学は異郷であった。新入生が集められた教室は大阪出身の学生が席捲し、すでにもう不穏というか、なにかよく摑めぬ空気が漂っていた。一応ということで「自己紹介」の順番が回ってきたとき、大手前とならぶ進学校、北野高校出身の一浪生、ということは山崎博昭さんの同期生が、嘯くかのように一言、「闘争しに来た」とこの大学に入った理由を語っていた。

その頃読みだしていた大江健三郎の作品名でいえば、「遅れてきた青年」という表現を、この異郷でのじぶんに重ねるほかなかった。大手前、北野、天王寺、高津……。大阪の公立高校の出身者たちにはどこか、すくなくとも京都人にとっては、そしていまの大阪からはイメージしにくいだろうが、〝シティボーイ〟といった風が漂っていた。さすが、お目付のような武士が人口の三十分の一くらいを占めるだけの〝町衆〟のまちだっただけのことはあると思わされた。京都もほんとうはおなじように、大事なことはお上に委さない〝町衆〟のまちだったはずだが、その結束はどこかおおらかさを欠き、内にこもる傾きがあったのかもしれない。

あの時代の〝シティボーイ〟はしかし、表づらだけではなかった。彼ら一人ひとりにそれぞれ引きずるものがあった。

文学部というところは、親の意に反して入学してきた学生たちが少なくなかった。わたしもその一人だが、大阪出身にかぎっても、その後、全学共闘会議を中心とする活動の環に加わっていった同級生には、教員の子も寺の子も職人の子もいたし、警察官の息子もいた。

入学と同時に（あるいは以前から？）すでにある「過激派」のセクトに入っていた同級生の親が警察官だと知ったのは、出町から河原町を下って八坂神社へといたるデモ行進が終わったあと、同級生たちとともに入った喫茶店でであった。やはり大阪出身の同級生が、デモの先頭で機動隊と対峙したときの彼のその心情を思いやっていた。

バリケードのなかで議論しながら、そのあいだも親兄弟のことが頭から去らない人はほかにもいた。障害のある父と兄を置いて京都へ出てきた人は、残した家族への思いを短歌に滲ませていた。両親に無理をさせまいと金稼ぎに精を出す学生もいた。「一億総中流」などという幻想が社会を覆うのはもっと先のことだった。貧しさがそこかしこに目に見えてあった。「出自」ということが人生の壁としてまだまだ大きな意味をもっていた時代だった。リアルの定点がまだまだ人ごとに分散してある時代だった。しかしどの定点にあっても、同時にそのリアルは揺らいでいた。それをもはや「居場所」と思い定めることのできない学生たちは、じぶんが《社会》のなかにあるということの意味を問うて足掻いていた。

いきなりかの〝シティボーイ〟たちに煽られた一年遅れの現役組のなかには、喫茶店で読書会なるものを開き、マルクスの『経哲草稿』あたりから繙いていった者たちがいた。じぶんたちは《抽象的な実存》をしか生きておらず、社会の解放と連動しなければじぶん自身の解放すらありえないということを、「五感は世界史の労作である」などといったマルクスの、論理的である以上に修辞的な言葉を介して学びはじめた。そして『ドイツ・イデオロギー』にたどりついて、「〔共産主義社会では〕朝《あした》に狩りをし、午《ひる》すぎには魚をとり、夕《ゆうべ》には家畜の世話をし、食後には批判をすることができるようになり、しかも、これがためにけっして猟師、漁夫、牧夫、または批評家になることはないのである」という文章にふれ、《抽象的な実存》をしか生きていないのは、損なわれた分業というかたちでそもそも一人ひとりの存在が相互に分断されているからだと説かれて、ひそかに涙を拭いもした。

運動がデッドロックにさしかかっていた１９７０年、その春にある文学雑誌に福田恆存の

「自己は何處かに隱さねばならぬ」という文章が掲載され、そのなかにこんな箇所があった。

娯楽や趣味においては、誰も自己をそこからそっと引揚げて置く。その引揚げた自己の蔵《しま》い場所、預け場所というものが昔は何処かにあった。宗教とまでは言わなくとも、家庭とか町とか国家とかいう共同体がそれである。それが今や頗《すこぶ》る怪しげな頼りの無いものになってしまった。

（「文學界」一九七〇年三月号、仮名遣いは現代表記に改めている）

これを「聖化」された芸術にあてはめ、遊びは「共同体への埋没」、自己表現は「共同体からの逸脱」と考えて、この「逸脱」という遊びに興じえた時代は、ドストエフスキーを最後にもう終わっていたのではないかと、福田は締めくくっていた。

だれもが「解放」を口にするなかで、気持ちがうわずっている者、上すべりしている者はもちろんいやというほどいた。が、「解放」の二文字にこそある浮つきを見てとりつつ、それでもその言葉の正しさをどうしても切り棄てられない人たちも、たしかにいた。その人たちが当時この文章を目にしていたら、その足掻きは少しは違ったかたちをとったかもしれない。

その人たちの何人かは、その正しさに傷ついた。運動そのものが内包していた差別に深く傷ついた女の人もあったし、「平和な方法で」という枠を外せず運動から脱落していった人もあった。けれども運動のなかに、あるいは周辺にありながら、別のかたちで正しさに傷ついた人がいた。「解放」の二文字についにすべてを載せられなかった人たちだ。「解放」に重心をかければかけるほど、引きずっているもの、つまりはリアルのもう一つの定点との関係が痼《しこ》ってくる。「欺瞞」や「矛盾」という語で突き上げる。疚しさや負い目として影のようにつきまとう……。その確執を運動のなかで清算しようとしながら、揺らぎつつあるとはいえもう一つのリアルを潰えさせるわけにはいかない人たちだった。

少ない口数のなかにちらっとそういう確執をうかがわせた同級生の一人は、そのような心根をどう処理したのか知るよしもないが、1969年2月の「本部突入」の行動のなかでもっとも危うい役を担い、そのさなかに片眼を失った。そして二度とわたしたちの前に姿を現わさなかった。

数年をおいて、その彼をいちど哲学科の閲覧室で見かけたことがある。眼帯をし、手にはメルロ＝ポンティの『知覚の現象学』の原書があった。それは相容れぬ二つのものにまたがって存在しているということ、つまりは両義性（ambiguïté）の思考に貫かれた書物であった。相容れぬものに引き裂かれていること、つまりは二重性（duplicité、襞が二重になっていること）の思考を基とするパスカルの『パンセ』にかぶれていたわたしは、なんだかとてもうれしくなって、検索していた本を書棚に戻し、話しかけようとふり返ったが、彼の姿はもうなかった。

空回りの日々

2016年9月

大阪大学で哲学の講座を担当していたころ、演習でいちどだけ邦語の文献をテクストに用いたことがある。講談社学術文庫版の柳田國男『明治大正史 世相篇』である。1990年代の終わり頃だったとおもう。それまで演習では、西欧近現代の哲学者の文献を原典で講読するのを基本としていたが、この年にかぎって柳田のこの書物を読むことにした。その事情について少し書きとめておきたい。

絶句せざるをえない事態というのは、だれにも一度や二度はあるはずだ。歌人、詩人たちの〝失語〟、アーティストたちの〝五里霧中〟を、東日本大震災の直後にしばしば目撃したが、わたしにもそれに似た時期が、阪神・淡路大震災をはさんで十年ほどのあいだにあった。「臨床哲学」というプロジェクトを立ち上げた頃である。

哲学科の倫理学講座を「臨床哲学」講座に改組するという構想は、90年代に入ってすぐに練りはじめていた。古参の教授方の賛同を得るには時間がかかりそうだったので、当時助教授だった哲学科有志の協力を得てまずは研究会を毎月開いた。臨床現場からのゲストの数も毎回少しずつ増えていった。ちなみに「臨床現場」とは、「社会のベッドサイド」、つまりは社会のさまざまな問題が発生している場所を謂っている。

それにしてもなぜ「臨床」だったのか?

6
身辺雑記
Memories

もとはといえば哲学は市民の思考の基礎体力としてあるべきものなのに、この国では研究者の専有物のように受けとめられてきた。市井の人びとは哲学の書物を研究者の解説に従っておそるおそる開く、そしてその特殊なジャーゴンを習得することが哲学を学ぶことだと勘違いしている。これをどうにかしたいという思いがわたしたちのあいだでつのっていた。哲学は世界を解剖するメスを磨くことに没頭し、そのメスで同時代を切ることはしてこなかったのではないかとの思いである。

哲学とは本来、じぶんたちが日常使っている言葉を一つひとつ丹念に吟味するなかで、論理的な推理を可能にする基礎的な概念として練りなおそうとするものだ。その意味では哲学的思考は人びとが使う日常言語という海を泳ぎ渉る。が、近代日本の哲学はそのもっとも重要な過程を省略し、輸入した概念をだれも口にしたことのない造語で翻訳したり、仏教用語をあてたりしながら、語りだされてきた。抽象する作業を省いた抽象語で組み立てられてきた。その結果が、哲学が一階の生活の場ではついに始まらず、二階の書斎でのいとなみに終わるという無残である。この国では哲学はまだ始まっていない……。とはいえ、これもまた〈外〉にはとうてい届かない、アカデミズムという深窓での、とりすました雄叫びにすぎなかった。

以後、混乱の数年が続く。着地点どころか、出発すべき地点をめぐっても、議論は紛糾に紛糾を重ねるばかりだった。

現場とはどこかというそもそもの問題があった。とりあえず哲学の〈外〉と言う者もいれば、哲学は言語と論理による思考、だからその現場はあくまで討議の場ではないかと言う者もいた。

大学院生からは、「すでに哲学の文献研究を温室のような研究室で長らく積み上げてきた人が大学外の現場に行くのは勝手ですが……」という恨み節も聞こえてきた。論文作成と現場通いとの二足の草鞋はどだい無理、どっちも中途半端に終わると。大学外から参加する人たちからは、なぜ議論を大学内でするのか、ここは社会の問題発生の現場からはるか離れた〈内〉のそのまた内ではないかとの疑念も口をついて出た。一方、〈内〉側の研究者たちからは、方法論もなし、とにかく現場へといった行き当たりばったりでいいのか、そもそもどういう現場に行くのか、その現場でなければならない理由はどこにあるのか、といった批判の声が上がった。とにかく哲学を武装解除してまずは〈外〉に身を晒そうという主張は、ただの衝迫として見事なばかりに空回りしていた。

一方、大学院生たちはしかし、ためらいを引きずりながらも、それぞれに工夫して現場にふれだしていた。高校や小学校に押しかけて授業をさせてもらったり、幼児を抱えたお母さんたちの「哲学カフェ」を開いたり、フリースクールに参加したり。看護師たちのミーティングに加わった院生などは、スタッフたちから「何のプロとしてここにいるの?」と問いつめられ、一言も言い返せなかったと項垂れて大学に戻ってきた。何も売るものがない御用聞きのようなものだと、すっかり怯んでしまっていた。

頼まれもしないのに押しかけてゆくこうした行動は、傍からすれば漫画のように映ったにちがいない。けれども、なんの防具もつけずに体を張りにゆく、その滑稽さを潜り抜けることなしに「哲学の改造」などありえないという奇妙な高揚感だけは、院生たちも共有してくれだしているといると思うと、ちょっぴりうれしくもあった。

空回りの日々はこのあともまだまだ続く。そんななかである、柳田の『明治大正史 世相篇』を教室で読みだしたのは。たしかに現場に押しかけるのは、現場の人にとっては闖入者である。けれども闖入者でありつづけることで、その現場での議論の隠された前提をあらわにしてしまうことがある。闖入者の何げない発言が、別の補助線を引いたり、問題を立てなおしたりするきっかけになることがある。とすれば、闖入者になる前にまずはじぶんの「あたりまえ」への闖入者にみずからがならねばならない……。そう考えてこの本を教室に持ち込んだのだった。理念としての近代ではなく、わたしたちの体の底にいまも淀んだまま、しかし忘却の淵に沈められようとしている生活の記述。ついこのあいだまであった調理法、家の普請、恋愛の技術、労働の形態、自治のあり方などである。それらはわたしたちの「普通」がごく浅い歴史しかもたないこと、その浅い歴史にも複雑な歴史の文脈があることを教えてくれるものだった。こういう読書体験をすることが、防具なしで出かけてゆく大学院生たちに教員が贈れるほんとうの防具だと思ったのだ。副読本として、柳父章の『翻訳語成立事情』(岩波新書) もあげておいた。これもまた、わたしたちがふだんあたりまえのように使っている「個人」や「社会」「権利」「恋愛」「彼・彼女」といった語がおよそ百数十年前に生まれた歴史的事情を教えてくれるものだった。

臨床哲学とは、哲学の〈内〉と〈外〉のリミット (臨界線上) に立とうとする意志である。そんな思いで今日まで続けてきた運動は、もちろん失敗のほうがはるかに多かったとはいえ、わたしたちが始めた「哲学カフェ」が全国のほぼ全府県で開催されており、阪大関係だけでも延べ数百回というところまできている。東北の被災地のどまん中でも、大阪のドヤ街・釜ヶ崎でも、定着してきている。そのなかで「体を張りつづける」と言いえたのは、じつはこの空回りをおもしろがってくれる人が確実にいたからだ。その人たちの支えによって「臨床哲学」はまだもちこたえている。人びとのあいだから「哲学を汲みとる」というのは、哲学として人びとに支えられるということでもあったのだ。リミットに立つということについては、鶴見俊輔の『限界芸術論』の議論が後押ししてくれたし、このプロジェクトを立ち上げたとほぼ同時期にドゥルシラ・コーネルの『限界の哲学』(The Philosophy of the Limit) が刊行されたことも、海の向こうからのなにかの合図のように思われた。

さて、講談社学術文庫の刊行の辞にはこうある——

「生活と学術との間に、もし距離があるとすれば、何をおいてもこれを埋めねばならない。もしこの距離が形の上の迷信からきているとすれば、その迷信をうち破らねばならぬ」。

この檄をわたしたちもまたじぶんたちに飛ばしていたのだった。

2015年5月

オリザさんと同僚だった日々

平田オリザさんを大阪大学の教員に迎えようと企てたのは、2004年の夏のことだった。

おなじ春に国立大学が法人化し、わたしは思いもよらず教育担当の理事・副学長職に就くことになった。お引き受けするにあたって当時の総長にお願いしたのは、大学院教育の大がかりな改革であった。学年を追うごとに専門化してゆく大学院での研究に、逆ヴェクトルの教育を挿し込むこと、つまり大学院に研究科を超えた教養教育とコミュニケーション教育とを導入することだった。

いまの研究は細分化の一途をたどっている。それらさまざまの研究分野を俯瞰し、社会におけるみずからの研究の位置価を測ることをしないまま、研究だけがますます蛸壺化してゆけば、医療・工学をはじめとする科学技術の開発はひじょうに危ういものになるという憂慮が、理系の世帯が大きい大阪大学だからこそ、わたしにはとりわけ強くあった。だから多彩な研究分野に横串を刺すような教育プログラムを構想したのである。そこで、大学院の教養部ともいうべきコミュニケーションデザイン・センターの設置に動いた。

「なぜ」という理由について縷々述べることは省かせていただくが、この教育機関には、科学哲学者とアーティスト、それに医療や産業の現場経験者、コミュニケーション実験のできる人とがどうしても必要だと考えた。そしてこのセンターにこれまでになかったような教育の新風を吹かせてくれるキーパーソンとしてはこの人以外にはないと考えたのが、平田オリザさんだった。そして夏に幾度か、平田さんを摑まえては、この無謀な提案をぶつけた。無謀というのは、彼は東京・駒場に劇団をもつ演劇家であり、その主宰者を常勤教授として大阪に招くのは、どだい無理な話だったからである。

先に省いた「なぜ」という理由を彼には詳しく説明した。彼はすでに小・中学校での対話教育を全国で始めていて、それを大学、大学院まで発展させてゆくことでこの国の教育の大きな方向転換に寄与できると考えてくれたからだとおもうのだが、意外にもすっとこの無理筋の提案を受け容れてくれた。このことで関西の演劇界にも新風が吹き、かつまた平田さんの口語演劇じたいにも関西弁が入ることで予想もせぬ展開が起こるかもしれないと、そのときちらっと夢想しもした。

アイディアを事業へと落とし込むことがとても巧い平田さんは、大阪大学に着任後、次々と、それまでの大学教員が考えたこともないような教育実験に取り組んだ。大学の行事のなかに教職員と学生とを巻き込み、だれも展開を読めないようなスリリングなコミュニケーション・ゲームを組み込んだ。大学院生には半年かけて劇を作らせる授業を企てた（結果、看護学科の院生たちは患者の家族を演じ、数学科の院生たちは素数でしか注文を受けない奇妙な中華料理店員を演じるというふうに、おのれの立つ位置を普通ならありえないような仕方でぐいとずらせる体験をした）。異分野の学生たちに二泊三日の「合宿」と共同制作をさせる突飛な、というか手間のかかる選抜制度を導入した。学生たちを市内に引っぱり出して、街場で頻繁にワークショップを開いた。その間に、自身も工学部のロボット開発者と組んで世界でも例のないロボット演劇を幾作もつくり、世界各国に招待されて上演した。部署の違うわたしが知りえただけでもそれくらいある。大学という教育現場で実際にここまで大胆な取り組みができるとは、だれも予想できないことであった。

くりかえすと、彼は何かのアイディアを着実に事業へと落とし込むのが巧い。ここで何が可能か、どこまで食い入ることができるか、どこまで予想を裏切って展開できるか、そういうことが正確に読めるらしいのである。それを天性と呼ぶのはたやすい。が、違うとおもう。平田さんはそれこそ工夫に工夫を重ね、それを身に刻んできたのだとおもう。

あるとき、平田さんからこんな話を聴いた。劇団員の採用面接では、入団希望者の話を聴きながら、彼らを、コンテクストがじぶんに近い人と、コンテクストをもっと拡げてゆける人と、独特のコンテクストをもつ人とに分類する。そして後者から順に、つまりもっとも遠い人から順に、選んでゆくというのだ。彼が学生たちの演劇制作において彼ら一人ひとりに試みさせたのもおなじことだったのだ。

こんな幼時の回想を読んだこともある（『地図を創る旅――青年団と私の履歴書』）。子どものころ、買ってほしいものがあると、「どうして買ってほしいのか」「買うとどうなるのか」を親に原稿用紙に書かされたのだという。まるで企画書を書くように、である。その文面の効果まで考えて書く。そのことで、買い物も事業の一つであると早くも心得たのかもしれない。

平田さんのコミュニケーション教育にはひとつの信念がある。それは、さしあたって「対話の技法」や「伝える技術」など教える必要はないということだ。そんなもの、何が何でも伝えたいという気持ちがないところでは、なんの役にも立たない。「伝えたい」という気持ちが否応もなく立ち起こってくるのは、「わかりあえない」という痛い経験のさなかである。こういう「わかりあえない」「伝わらない」という経験が、いまの子どもたちには決定的に不足していると、平田さんはいう（『わかりあえないことから』）。

そこから平田さんが引きだす処方はこういうものだ。

一つは、対論ではなく対話を練習すること。対話は「わかりあえない」異なる価値観や価値感情をたがいに摺りあわせることだから、どうしても「差し障りのないところ」、いってみれば「腹の探りあい」から入ってゆくしかない。となると、どうでもいいような無駄なことばもたっぷり含まれざるをえない。問題はだから、そういう冗長さをなくすることではなく、それをきちんと「操作する力」ではないかと平田さんはいうのである。滑らかなスピーチや無駄なおしゃべりのないディベート（対論）よりも大事なのは、「冗長率の操作」なのだ、と。

いま一つは聴くことの作法。ここで平田さんのことばをそのまま引いておこう。「私は、自分が担当する学生たちには、論理的に喋る能力を身につけるよりも、論理的に喋れない立場の人びとの気持ちをくみ取れる人間になってもらいたいと願っている」（前掲書）。

平田さんとのたびたびの語らいのなかで、彼からわたしが学んだこと、なかでもその後のわたし自身に格別に大きな意味をもつことになったのは、コミュニケーションについてのこんな考え方だ。コミュニケーションは、他人と同じ考え、同じ気持ちになることではなくて、その逆、話せば話すほど他者との差異がより微細に分かるようになることだということ。その意味では、「話さない」のも確実に一つの表現だということ、である。

だから、（先ほどの劇団員の採用面接でもそうだったが）ことばではなく、ことばのコンテクストをどう摑むかが、コミュニケーションの死活を決することになる。よくあるコミュニケーション教育では、冗長率を低くすることがことばが通じる前提と考えられ、ことばにできるかぎりの明確さや論理性が求められるが、ことばが一致したり、共有されたからといって、たがいの理解が深まるわけではじつはない。ことばの背景をなすコンテクストをどれだけ丁寧に摺りあわせられるかに、事はむしろ懸かっている。相手の心持ちに思いをはせる、それを慮るという、よくいわれる「想像力」も、相手のことばそのものではなく、そのコンテクストにこそ向けられるものなのだろう。

たがいに特定のことばを共有し、それによって同調しあうという閉じた社会から、それぞれが引きずっている異なった文化的背景の摺りあわせをきちんとおこなえる社会への移行が、この時代、求められているのだとおもう。「多文化共生」とは、そういう意味で、「わかりあえない」「伝わらない」という事態をしかと引き受けることから始めるほかない。そこにはたしかに表現の不安がつきまとう。演劇人のみならず普通の市民もまた、日々その不安と格闘している。だからこそ演劇は社会的実験につながる。

「どうしてこの社会に演劇が必要となったかわかりますか？　身分でも階級でもなく、どのようにしてひとが普通の『ひとりの人』になるかが近代社会では課題になるからですよ」。久しぶりに大学本部に顔を出された平田さんと、帰り道、肩を並べて坂を下りているとき、ぽつり、しかしはっきり、オリザさんがつぶやいたことばである。

アンダーパス

2016年11月

リオ・オリンピックの男子400メートルリレーで、日本チームが銀メダルに輝いた。個々の選手はスピードで他チームに劣るが、下から上へバトンを渡す「アンダーハンドパス」で加速を高めた。そのためだけに事前に合宿もしたという。パスの勝利である。

競技ではないがわたしにもこんな思い出がある。数年前、私立大学の哲学科に勤めていたときのこと。助教のT君から、ある案件について教員の意見をうかがうメールが流された。教員たちは学科の連絡網にしたがって順に意見を述べることになった。

最初はA教授のT君への回答。「T様、下記のこと、了解いたしました。ご提案の対応策で問題ないと思います。他にご意見がなければ、その対応で進めて下さい。よろしくお願いいたします。A」

すると B 以下、順に教授たちがそれぞれ意見をメールで回す。「A先生の言うことに間違いはない！ B」→「B先生の言うことに(たいていは)間違いはない！ C」(これがわたし)→「私（D）以外の教員の言っていることに間違いはない！ D」

みな控えめでありながらも自他へのからかいを潜ませていて、業務連絡とはいえ、愉快な一夕であった。

パスといえばラグビーのそれが好きだ。「今はこれが限界、あとは頼むよ」と後ろのメンバーにボールを回す。これは、プロの政治家ではなく、他にそれぞれ仕事をもつ住民がまとめ役を交替で担う地域社会の運営に似ている。だれか一人がボールを死守するのではなく、手から手へと滑らかに回してゆく地域はたぶん住み心地がいい。

自然環境とのつきあいにもおなじことがいえそうだ。問題を俯瞰的に論じるより先に、まずはまわりの生きものの環境に丁寧に手入れをし、しかもしすぎず、あとは生きもの自身の育つ力にまかせること。「まわり」にはいうまでもなくヒトの子どもも含まれる。

パスは、上からの判断ではなく、個々人が他のメンバーの状況を見やりつつ水平方向になす。そのことでチームにも力がつく。

2015年9月

ガラパゴス讃

この4月より学長職を務めさせていただいております。下京区で育ったものですから、子どもの頃から東山の芸大の学生さんたちとはしばしば往来ですれ違うこともあって、えらい派手なにいちゃんたちやなあと、あっけにとられたりしてきました。

昨年の暮れ、まだ就任していないのに、《漂流するアクアカフェ》という、学長から教員、卒業生、学生らごちゃまぜの集会に招かれたのですが、討論のテーマがなんと「芸術にとって本当に芸術大学は必要ですか?」。これから学長になる予定の者にこのテーマはないんじゃないか……と、なんとも手荒な歓迎に面喰らいました。

でも、先輩後輩関係なし、言いたい放題のおしゃべりのあと、会場だったお寺の奥の間に、手作りのオートヴルやごつく切った生野菜とともに、大きな鍋が具や菜っ葉もなしにどんと置かれたときは、そのあとどういう展開になるのか想像もつきませんでした。そして大量の餃子のネタと皮が横のテーブルに置かれるや、陶芸や彫刻の大先生からOB、学生までがあたりまえのように餃子をくるんでゆく。そして沸き立った鍋の蓋を開けてぽいぽい入れる。その手際のよさ、隔てのなさに、仰天しました。

着任してからもおなじように、面喰らうこと、あっけにとられることが続きました。

着任早々、事務局の人にキャンパスを案内してもらうと、すれ違う学生のことを逐一、どういう学生か教えてくれる。一回生の総合基礎実技の作品展では、朝からニセ応援団の熱い出迎えを受けたり、事務棟の階段に可愛くも意味不明なマスコットが飾られていたり、トイレにあっという仕掛けがしてあったり。五芸祭では、中央広場でどこからともなくサンバのリズムが始まり、学生のみならず職員までが居ても立ってもいられなくて職場放棄で踊りの輪に入ったり。コンプライアンスなんぞという強迫観念のなかで、いずれの組織も、それぞれのセクターが閉じこもり、萎縮していくなかで、ああ、まだこんな風通しのいい大学があったんだと、ちょっとばかり熱くなってしまいました。

教員も事務も学生のことをほんとうによく知っている。なれない学長にも学生のほうから声をかけてくれる。あ、やばいというようなことでも、職員はぎりぎりのところで黙って見ていてくれる……。そんな古きよき大学がいまもあるとは、着任前は想像もしていませんでした。
というわけで、《自由》という名のこのガラパゴスをしっかり守るというところから、わたしの仕事は始まりました。

驚愕の日々

2015年11月

この4月に京都市立芸術大学に着任し、あっという間に半年が過ぎました。次から次へと驚きばかりの日々でした。美術については、作家の友人も多く、わたし自身も油画をちょこっと嗜むところがあり、また展覧会評もこれまで少なからず書いてきましたのですぐになじむことができましたが、音楽のほうにはちょっと距離がありました。

初期体験が不幸だったからかもしれません。京都の下町育ちなので、幼い頃、近所にピアノのあるお家は一軒もありませんでした。窓越しにピアノの音色が聞こえてくるのを聴くともなしに聴きながら道端で遊ぶ、といった経験がなかったのです。それに通っていたのが醒泉《せいせん》小学校。当時、小学生の合唱コンクールで全国優勝した学校です。同級生（なぜか女子ばかりでした）が毎日、朝の六時くらいから練習していて、その流れでしょうか、始業後にわたしたちの受ける授業もそれはそれは厳しいものでした。少しでも悪ふざけをしていると、すぐに教室から追い出されました。いちばん苦手な授業でした。そんなわけで、音楽は聴くのは大好きですが、自分でもやろうとはついぞ思いませんでした。

そんなわたしがなんとゲーダイに招いていただくことになりました。はじめは美術学部と音楽学部、気質は大いに隔たり、ファッションもゆるいのときちんとしたの、まさに正反対だろうと勝手に予想していたのですが、うれしくも見事に裏切られました。

まずあんなに精密で繊細な音を出されるのだから、先生方はきっと神経質な方が多いのではないかと内心怯えていたのですが、あにはからんや、逆にとてもくだけていて、さばさばした方ばかりでした。真声会〔音楽学部の同窓会〕の集いにも幾度か出させていただきましたが、これまた宴会のノリ。たまらずそのノリの理由を訊ねましたら、あっさりとこんな答えが。「ステージに上がったら何もかもお見通し。カッコつけてもごまかそうにも丸ばれだから」。意外なその答えになぜか深く納得しました。

定期演奏会やもろもろの発表会もできるだけ聴かせていただくようにしています。ピアノの連続演奏会でのことでした。わたしは後援していただいている団体の前会長と大嶋義実音楽学部長にはさまれて聴いていました。一人の演奏が終わったところで、友人でもあるその前会長が「すごい！　楽譜をぜんぶ憶えられるだけでもすごい」と興奮している傍らで、学部長のほうは「いや、まだまだです」と低い声で返される。その学部長から、修了後、「レッスンを百回受けるよりも一回のステージです」と教わりました。

レッスンでは表現の心と技法を習いますが、ステージでは観客の評価が死活の意味をもつのでしょう。一回勝負、やりなおしがきかないのです。だからその日のために血の滲むような練習をする。顔つきまで変わってきます。合奏の場合だと、じぶんが手を緩めたら、ミスをしたら、みんなの演奏が台無しになってしまう。そんな「真剣」を音楽学部の学生は身に沁み込ませています。凄いです。

音楽に造詣のないわたしはそれまで、音楽学部の学生のために何ができるだろうか、演奏会の後どんなふうに感想を言ったり、激励したりすればいいのだろうと迷っていましたが、その迷いが吹っ切れました。聴いてあげればいい。演奏家が聴かれる場、そう、客席の一人となってあげればいい、と悟ったのです。その日をもって、音楽については聴くということがたしかな支援になると思えるようになりました。

こうして、演奏会には可能なかぎり出かけるように決めました。執務の時間に空きがあれば、できるだけ教室での練習風景も見させていただくようにもしています。驚いたのは、たった数十分のあいだにも、先生のちょっとした助言に学生の奏でる音が、曲調が変わってゆくこと。それが素人のわたしにも判るのです。OBの佐渡裕さんが、ウィーンのトーンキュンストラー管弦楽団の音楽監督に就任する直前、オーケストラの指導に立ち寄ってくださったときもそうでした。

そして最後にわたしにとって「青天の霹靂」ともいえる発見も。わたしは30代も半ばになって、ある日突然ピアノを習いはじめました。じつは小学生の息子がすでにその先生に教わっていたのですが、送り迎えするうちにちょっとじぶんも習いたくなったのです。メトードローズ、子どものためのバイエル、ツェルニーと進み、3年経ったところで故あって終了しました。近所にお住まいのその先生はなんと、京都子どもの音楽教室を始められた中原郁男先生のご子息で、おなじ音楽教室の運営に尽力された中原昭哉先生の、その奥様だったのです。はじめて音楽教室の委員会に出させていただいたときに、会長の大村益男さんにそのことを教えていただきました。しかもその大村さんは「奥様先生はわたしの義理の姉です」、と。あらためて深いご縁を感じました。

さてその「故あって」ですが、あまりに長話になるのでここでは書ききれません。それについては別に文章を書いています。よりによってこの挫折談が、のちにＮＨＫのＦＭ放送の朗読コンクールのテクストとなって、多くの人によってくりかえし声に出して読まれることになります。羞ずかしくてしばらくは外に出られないくらいでした。その文章「モーツァルトにはじまりショパンに終わる」は小著『ことばの顔』（中公文庫）に収められています。

このように、学長に就任してからの半年というもの、びっくりすることばかりでした。ハイドンの交響曲ではありませんが、これからもどんな「驚愕」に見舞われるか、ひそかに楽しみにしています……と言って、結局ぜんぶ書いてしまいました。

２０１６年10月

生きものの十字路――わたしの住まい

柴犬の姉妹を飼っている。番犬に向いているので、玄関近く、犬小屋にでも住まわせたほうがよかったかもしれないが、室内で自由に遊ばせることにした。最初は、1メートル四方にも満たない小さなサークルで十分だった。やがて活動範囲が広がり、離れを明け渡すことにした。が、家族のそばにいたがるので（いたがるのは私たちのほうだったのかも）、居間に引っ越すことに。すると家族の行く所、行く所ついて回るので、ついに母屋全体を明け渡すことに。犬小屋に私たちが住むのとおなじになった。

夏はすべての襖を開けっ放しにするのでいろんな虫が入ってくる。冬は犬が出入りするたびに襖を開け閉めしなければならない。まあ、家族だからしかたがない。家は私たち人間も含め、生きものの共住の場所なのだとつくづく思った。

この春、大学の執務室を金をかけずに大改造した。大学には私物は持ち込まないようにしているし、私用の書棚も戸棚も要らない。テーブルなども重すぎる感じがする。そこでそれらを副理事長にぜんぶお譲りし、広々となったその空間を大学の〈十字路〉にしようと考えた。まず、空いた壁に、若い卒業生が黄色を基調とした巨大な現代フレスコ画を描いてくれた。漆喰の下塗りには三ヵ月かかったが、通りかかった教員や学生、職員らが手伝ってくれた。私はポップ調が好きなので、執務机は教室から学習机を二つ持ち込み、その上に粗末な板を磨いて載せることにしたら、デザイン専攻の学生が学習椅子をまっ白に塗って届けてくれた。出入り自由の感じが好きと私が言っているのを聞きつけた彫刻専攻の講師が、私の不在中に鉄の扉を外し、木枠のガラス戸に取り替えてくれていた。対面の壁もいずれギャラリーにできるように白く塗ってもらった。こうしてすっかり明るい学長室に様変わりした。

効果はすぐに現れた。廊下を通る人はみなガラス越しに中をのぞく。当然、アポなしの来客が増える。学生が一人で相談にやってくる。それを見た音楽科の学生たちが、美術科ばかり出入りしてずるい、私たちもここで演奏させてほしい、と言う。それで月に二回、昼休みに昼食をとりながら学生たちの演奏や歌を聴かせてもらうことになった。ドアも窓も開けて、音楽がキャンパス全体に漂う。一度、それに構内の池に住む牛蛙がコントラバスのように伴奏をつけたこともある。その開かれた空気はやがて教職員にも伝わり、ここでの会議も、椅子だけ、円座になって、というスタイルが定着した。

さすがに動物までは入ってこないが（キャンパスには写生用に鶏がおり、ときどき牛もやってくる）、大学の全構成員がここですれ違う〈十字路〉にはたしかになった。

2014年11月

あんかけ——有り難い味

「あんかけ」といううどんがある。関西、とくに京都にしかないのかどうか知らない。茹でたうどんに、片栗粉を熱い出汁で溶いた薄茶色の餡をかけ、その上にすり下ろした生姜をちょこんと一つまみのせただけの品である。葱も何ものらない、「すうどん」の餡かけ版である。

子どもの頃、風邪で臥せったときはかならず、親がこの「あんかけ」を店屋物でとってくれた。温かい餡がからだに沁みて、ぽかぽかする。生姜の苦みは、子どもにはふだんは口にしない大人の味だった。単純の極み。人生の最期、今際はワインの一滴を唇に、と家族にことばを遺した文豪の思いに通じるものがある。

正岡子規が病の床で綴った日録を読んでいると、見舞客と彼らがもってきてくれる食べ物の話が細々と綴られている。まるで病床がサロンになっているかのようである。

幼い頃をふり返っても、病気になって学校を休むというのは、ずる休みをしているわけではないのに、どこか嬉しいというか、妖しいときであった。このときばかりはみながひどく心配してくれ、やさしくなる。親には何かとおねだりもできる。大人になっても同様で、ふだんはめったに顔を見せない友人が、ぶらりと寄ってくれる。もちろんわたしの好物を携えて。わたしが苦しみのなかに独り陥没しないよう、気を散らしてやろうとでもいうかのように。

そんな思いが身に沁むときには、メロンのような贅沢な果物よりも、とにかく質素な食い物がいい。質素なぶん、人の情けが深く身に沁みる。

ものの味というのは、つまるところ人の情である。「あんかけ」は病気になったとき、まわりのみながじぶんのことをとにもかくにも案じてくれた記憶としてある。有り難い味である。

2015年6月

エッセイを書く

香・大賞もことしで30周年を迎えました。その大きな節目を迎え、ことしはエッセイを書くということについて、書かせていただくことにしました。

エッセイとか随筆といえば、なれた人ならすっと書けるようにおもわれがちです。でもそんな思いは、いざじぶんでそれを書きはじめたらすぐに砕けてしまいます。長いものを書くときも、短いものを書くときも、それぞれの難しさがあります。

理詰めで書く論文とは違う難しさというものがエッセイにはあります。それは全部を書かないということです。何を書かないか、そこにいってみれば書き手のセンスがもろに出ます。

エッセイは、論理の道筋を丹念にたどるのではなく、たまたまという意味での偶然にも席を空けておきます。行き当たりばったりとか脱線、これがエッセイでは存外大きな意味をもっているのです。一つの考えで全体を包み込むのではなく、たまたま思い浮かんだよしなしごとに、こころをたっぷりと遊ばせる必要があるのです。それらのあいだを揺れていていいのです。というか、揺れているのがいいのです。

そうすると読者が入ってゆけるすきまがいっぱいできる。そのすきまをぬって、読者はしゃちこばったじぶんの思いをほどいてゆくことができる。エッセイは読む人にそんな体験をさせてくれます。

でも揺れっぱなしで終わり、というのでは困ります。「ここが潮だと感じたところで切り上げる」、そのような余韻を残した終わり方というのも大事です。

いま引いたのはアドルノという哲学者のことばですが、彼はまた、いろんな思いが絨毯のように交織される、その「交織の密度」にエッセイのできはかかっているとも言っています。

読む人の日々の思いの縄を解き、それぞれのさまざまなニュアンスを繊細に浮かび上がらせ、その全体を存分にたゆたわせたうえで、これまでとは違ったふうに編みなおす。そうすることでそれまでよりももっと見晴らしのよい場所への引っ越しをうながす。そんなきっかけを、優れたエッセイは与えてくれます。

いちどこんなふうに見てみたら、と、エッセイはそれまで知らなかった世界の切り取り方を教えてくれるものなのです。ひるがえって、「エッセイ」という語も、元はといえば「試み」を意味していました。

「文」というたしなみ——「たしなみ」のかたち・1

2015年2月

「文学は理学部にも工学部にもあります」と申し上げると、一瞬、訝しげな顔をされる。そして「たとえば天文学」と続けると、「なになに?」と膝を乗りだしてこられる。

高等学校ではいくつかの授業が文系志望と理系志望とに分かれる。大学ではこのところずっと「文理融合」が叫ばれてきた。教育機関では「文」はいつも「理」に対置されてきた。

が、「文」は、元来は「武」に対するもの。「文武両道」といわれるように、学芸の「文」と武道の「武」とが対照されてきた。いわば心と体の鍛錬、知と技の探究である。

その意味で、文系も理系もなく、あらゆる学問は「文」なのであった。「文」はもともと、ものごとのあらわれ、つまりは綾・彩・模様であり、すじみち（＝構造や仕組み）という意味でもあったから、学問の分類も、時代と地域によって事情は違うにせよ、中国のそれに倣って、天文学・地文学・人文学と大別され、天文学は「天」（宇宙）の、地文学は「地」（地上の自然現象）の、人文学は「人」（とその歴史・社会）の構造の探究にあたるとされた。文学とはだから「天地人」をめぐる学問一般のことであり、今の大学でいう文学は、狭義の文学、つまり「文」（文書・文集）に関する学をいう。

土木工学という学問分野がある。談合や賄賂などの不祥事が続出し、また工事現場の泥まみれの作業のイメージが濃かったりして、志願者数が減る一方となり、大学は土木工学科という名称が泥臭いからだと名称変更に乗りだした。社会基盤工学だとか社会環境工学科だとかいうふうに。土木工学は英語でシヴィル・エンジニアリングだから「市民工学」と直訳したところもある。何を学ぶところかわからないということでかえって志願者数を減らしたらしい。

土も木も、火や水や空気とならんで、宇宙を構成する元素《エレメント》とされてきたものだ。現に土木工学にはいまも水文学の講座がある。そんなポエジー溢れる名称をどうして手放そうとするのか。わたしにはこちらのほうが不可解だ。現に「ドボジョ」（土木系女子）が増えているというではないか。

ますらおぶりとたおやめぶり――「たしなみ」のかたち・2

2015年5月

男らしい歌風、女らしい歌風を表わすことばに、「ますらおぶり」と「たおやめぶり」というのがある。それぞれ、「益荒男振り」「手弱女振り」と書く。

ときに散文についても、「ますらおぶり」「たおやめぶり」がいわれる。日本語で書かれた思想書、哲学書は、これまでほとんどが「ますらおぶり」で書かれてきた。語調としては、字画の多い語を連ねた概念、漢文調の接続詞、「べし」「ねばならぬ」といった当為の表現を多用するところに、この「ますらおぶり」が強く染み出る。寝転んで、あるいはソファに深く身を沈めて読むような書物ではない。

明治以降の哲学界において、その唯一の例外とされてきたのが、九鬼周造の文章だ。坂部恵によれば、それは「たおやめぶり」というよりは「両性具有」の語調である。

論と歌、断言と余情、強ばりと淑やかさ、堅さとしなやかさ、苦さと甘さ、きりりとくねくね、押しと退き……。それらが鬩ぎあうなかに、ふと隙間が生まれる。空き地ができる。不思議なことに、こういう文章のほうが後代に生き残る。風のようにすっとその隙間を吹き抜けるからだ。

だれしも両性を具有している。そのことに気づいた魂には、異質なものを受け容れる空白がある。心を開いてくれる文章、胸に染み入る言葉はたいてい、「ますらおぶり」と「たおやめぶり」を併せもっている。人においてもそうで、全身「ますらお」ぎっている人も、全身「たおやめ」に浸された人も、ともに対立項を削ぎ落としているので、セクシーでもエロティックでもない。つまり、人の眼を奪うことがない。

一方が姿を現わせばその反対が浮き立ってくる。つまり一方が立てば他方がそれを裏切る。そのような緊張と不安定をかもす人、そう、水の滴る色男やハンサム・ウーマンが人の眼を惹いてやまないのも、「エロかわいい」がもてはやされるのも、そういう理由による。

2015年8月

「強い」と「弱い」――「たしなみ」のかたち・3

世間にはいつも勝ち負けがある。「勝ち組・負け組」といった少々品のない言葉、「サバイバルゲーム」といった「経世済民」に相応しくない言葉があたりまえのように口にされる「競争社会」や「グローバル市場」では、勝ち負けはあまりにあからさまである。

しかし、勝ち負けというのは、思われているほど自明のものではない。勝ちが強く、負けが弱いというふうに、かんたんに言えるものではない。漆黒の闇のなかでは、眼の不自由な人に手を引いてもらわなければならない。病みがちの人は天候の異変に敏感である。また、他人の痛みにも気づきやすい。そこでは「強い」が「弱い」に裏返り、「弱い」が「強い」に裏返る。

勝負事というのもそうだ。ひたすら勝ち続けるというのは至難の業である。とくに名人級の人ともなれば、囲碁や将棋がそうであるように、勝ったり負けたり、対戦成績はほとんど互角である。すぐには気づかれないような小さな、小さな瑕疵が、命取りになる。だからトーナメント形式の闘いは酷なものである。一度きりの微かな瑕疵によってすべてが決してしまうのだから。

とはいえ、トーナメントはよく考えられた形式でもある。頂点に立った一人を除いて、強きも弱きもすべて等しく、一度は負けを経験するのだから。そしてトーナメント戦に出場できた選手の背後には、さらに無数の敗者が控えている。そう考えると、トーナメント戦においてもっとも普遍的な経験とは、負けることだと言えそうだ。負けたときの口惜しさ、苦労の報われなさ、それを思い知らされるという経験をもつことが、他者を思いやる気持ちを育む。そう、敗者を、人として一回り大きく、ということは強く、する。

17世紀フランスの思想家、パスカルが『パンセ』(前田陽一・由木康訳)のなかで書いている。——「人間の弱さは、それを知っている人たちよりは、それを知らない人たちにおいて、ずっとよく現れている」。

2015年11月

しんがり——「たしなみ」のかたち・4

「しんがり」という古い言葉がこのところ頭について離れない。わたしたちの社会がいよいよ退却戦に入りだしたとおもわれるからである。

「しんがり」とは、敗戦濃厚となった戦で一党の退却にあたって最後尾を務める役のことである。味方が安全な場所まで引き揚げたことを確認してから最後に撤退する兵、つまり敵の追走を体を張って足留めさせんとする兵たちである。これと並べるのははばかられるところがあるが、現代なら、警察の追跡から仲間を逃がすため、わざとスピードを落としてパトカーの前を蛇行運転する暴走族の「けつもち」がそれに当たる。

もう少しましなところで連想すれば、登山隊の最後尾が「しんがり」の一例になる。登山のパーティでは、もっとも屈強でかつ経験が豊富なメンバーは、先頭ではなく「しんがり」を務める。先頭を務めるのは二番手、そしてもっとも体力の劣る人がその後ろにつく。先頭はその弱いメンバーの呼吸を背中で推し量りつつ、ペース配分を決める。

最後尾はじつはパーティ全体を見渡しうる唯一のメンバーである。そしてだれかが足を踏み外したりすればすぐに体を張って受けとめ、支えるという重い務めをはたす。

そのような「しんがり」の役を務めうる人が、いまほど求められる時代はない。人口減少にともなって社会も縮小してゆかざるをえない時代には、社会が上向きのときはもちろんあったほうがいいが、余裕がなくなればその継続をあきらめざるをえない事業をいくつか選び、放棄しなければならない。すると当然、職からあぶれる者が出る。メンバーのだれかにそういうしわ寄せが集中していないかを点検し、脱落を余儀なくされる者をきちんとケアし、別の役へと再配置する、そういう知恵ある者がいなければ社会は立ちゆかなくなる。

「しんがり」はいま、戦国時代以上に社会に欠くことのできない人材となっている。

2016年2月

一本の太い筋――「たしなみ」のかたち・5

一人はK子ちゃん。大学院生の時代に塾で教えた生徒さんだ。近所の仕出屋さんの娘。口数はいたって少ないのに、なぜかいちばん明るいお嬢さんだった。

高校時代は剣道部に属し、短大に進学したあと府警に就職した。初めての「女デカ」とあって最初は扱いも随分ぎこちなかったらしい。それがやがて麻薬取り締まりの現場など、けっこう危ない場所に配属されるようになった。十数年勤めたあと、こんどは料理専門学校に通い、亡き父の思いを継いで料理屋を開いた。

高校時代は竹刀を帯同し、刑事時代は拳銃を懐に忍ばせ、料理屋では包丁を握る。物騒なものばかり携える半生だったが、温和で、何でも抱擁してくれる人なので、そばにいて安心感がある。

もう一人は、私学に勤めだして最初の学生だったNくん。夜間の哲学科に入学してきたのだが、哲学にかぶれすぎて逆に「絶望」し、バーテンやダンプの運転手など職を転々としたが、見かねた母親に強く促され、看護専門学校に通いながら、母親が勤務する病院の精神病棟で看護見習いとして勤めだした。しばらくしてまた放浪のような生活に戻り、ある職安で大手病院の看護師長と出会ったのが縁で、透析専門の看護師として働くことになる。そして十数年してこんどはわたしが大阪大学で《臨床哲学》のプロジェクトを始めたと知って、大学院に編入してきた。勤め先も大学近くの介護施設に変え、そこで看護師として働きだし、今はその第二の母校の教員をしている。

精神看護、透析、高齢者介護。これらに共通するのは、入院加療するのではなく、病を抱え込みつつ日常生活を送る人を支援するという点だ。人生を漂流してきたかに見えて、じつに一貫している。

K子ちゃんもNくんも、人生の半ばまでに何度か大きな転機を迎えている。迷いに迷った決断だったのだろうが、あとでふり返れば一本、太い筋が通っている。そのつどしっかり生きていれば、その軸は本人には気づかれずともきちんとした曲率を描くものらしい。

2016年5月

負けるということ——「たしなみ」のかたち・6

「負ける」という言葉はなかなかに含むところが多い。試合に負けるだけでなく、商売で値引きするのも「まける」という。売る側の利益が減るから負けるというのだろう。駄菓子などについている「おまけ」も意味をただせば売るほうが「負けました」ということだ。が、じっさいには、買い手のほうが、値段以上のものがついているから得だとつい手を出してしまい、結果として売り手の魂胆にひっかかる。そう、買わされるのだ。となると「おまけ」は「あなたの負け」という意地悪な表現ともとれる。

「負けるが勝ち」といえば、押すのでなく引くことで勝つこともある。商売なら「値引き」や「二割引」。売れ残りそうだから損を承知で安売りするのだが、それで客を釣ることもある。先に高めの値段をつけておいて、そこから値を引くことで「おまけ」とおなじく客を得した気分にさせ、買わせるのである。

こういう駆け引きは、じつは人間の知性のはたらかせ方にも通じるものだ。対象に、あるいは他者に向きあうときのその態度である。

物知りというよりは賢明さ。知力以上に深い洞察力。日本語ではこれを「理性」というが、それにあたるドイツ語はVernunft、フランス語はentendementである。ともに「聴く」を意味する動詞、vernehmenとentendreからきている。日本語の「知る」は「領る」に通じ、対象を統べる、支配するといった含みがあるが、ドイツ語やフランス語だと逆に、できるかぎりじぶんは引いて、相手の声に耳を済ますという意味がこもる。

そういえば相撲にも、商売とおなじで「引く」とともに「釣る」技がある。この場合はつり出しの「吊る」である。英語では宙づりにすることをサスペンドというが（小説のサスペンスも最後まで真相を明かさずに読者を宙づりにしておくことだ）、何でもすぐに真に受けないでいったんは疑ってかかること、つまりは「懐疑」という宙づりの精神もまた、知の大切な作法なのである。

「楽」とアート——「たしなみ」のかたち・7

2016年8月

児童文学者の斉藤洋さんが面白い話をしてくれた。「快」には「苦」、「喜び」には「悲しみ」といった対項があるが、「楽《らく》」にはその対項がないというのだ。

彼がいうには、「楽」とは、たとえば家族との温かくて満ち足りた座があること、欠けるものがないこと。『家なき子』をはじめ多くの児童文学がこの「楽」の欠損から物語を紡いできたが、斉藤さんが描く三蔵法師も孫悟空も「欠陥家族」に育ち、「楽」を経験したことがなかった。

斉藤さんはそこからさらに「楽」のイメージを拡げ、「楽」には食がつきものだともつけ加えた。

なるほど。スポーツの観戦、音楽や演劇の鑑賞を例にとると、オリンピックの陸上走など食べながら見れば不謹慎と指さされそうだが、運動会だと弁当がつきものだ。もぐもぐ口に入れながらというのは、サッカーや柔道ではありえないが、野球や相撲だとあたりまえ。オペラではありえないが、歌舞伎は弁当がないと道楽気分も半減する。

運動会や相撲、歌舞伎などは、芸術や近代競技に対置するかたちで、これまで「娯楽」に位置づけられてきた、つまり消費行動の一つとみなされてきたのだが、アートがどんどんインフレーションを起こして、ポップスの歌い手にまでアーティストの枠が広がってくると、芸術と娯楽との境目もほぼ消えてしまう。

こうした状況を嘆いているのではない。それよりも芸術やアートをもういちど「消費」から「生き存える」という文脈へと置きもどして、その技、つまり《生存の技法》としての可能性のほうから捉えなおすチャンスだと思っている。

そういえば東日本大震災時に多くのアーティストが、アーティストとしてではなくヴォランティアの一員として被災地に駆けつけたのも、暮らしをゼロから立ち上げなおすときに、人びとが何からとりかかるか、その一つに歌や舞や祭がなかったら、アートなんて余裕のあるときの飾りの一つにすぎないことになる、と思いつめてのことだったのではないか。

ふるまいを整える――「たしなみ」のかたち・8

2016年11月

わたしは体を使うのがあまり巧みなほうでない。とくに器械体操が苦手で、小中学校では体育の評点はあまりよくなかったし、音楽も好きだけれど、歌は下手、ダンスは踊れない（照れもあるのだろうが）。武術もしたことがない。唯一、まあまあかな、と思うのは料理くらいだ。

そんなわたしだが、若い頃、ピアノと水泳をしばらく習ったことがある。だがすぐ壁にぶち当たった。それで、体を鍛え、技を磨くのはともにあきらめて、その場しのぎでできる体の芸でもと思い、舞踏家と舞踊家に、宴会での芸としてのごまかし方を冗談交じりに訊いた。まことに無礼千万な質問だったのだが。

呆れも怒りもせず、返してくださったのはこんな答えだった。舞踏家は、「歩くときにふだんより十倍ほどゆっくり歩けばいい」と言う。舞踊家は、「中腰になって両手で、水屋を開けてお皿を取りだす仕草をしてください」と言う。なるほどふるまいがとたんに舞っぽくなった。

芸とは面白いものである。目的を遂げるだけなら、効率よくやるだけなら、やり方などどうでもいい。それこそなりふりかまわず邁進すればいい。ところが、芸では、おなじことをどんなふうにやるか、つまりは、着地点ではなくそこにいたる過程がどうも大事らしい。

中国で古くからいわれてきた「六芸」がふと思い浮かぶ。「射」(弓術)、「御」(馬術)、それに「書」と「楽」(音楽)、「数」と「礼」である。君子が修めるべき教養を意味しており、座敷芸のようなものではもちろんないのだが、先の舞手の助言は存外、これら芸の本質を深く言い当てている。いずれも佇まいが、あるいは事をなすふるまいのそのかたちが重要なのである。そして(おそらく)、それらを整えることで、息づかいを、さらにはこころを整えることが、ほんとうの目的となっているのである。

数日前、ある高名な日本画家が銘を入れるところを幸運にも横でつぶさに見る機会に恵まれた。墨を磨られるお姿は、風雅そのものであった。

はじめての東北行き――微風旋風・1

2014年1月

2011年5月、せんだいメディアテーク内の市立図書館の業務再開にあたって催されたイベント《歩きだすために》で講演をさせていただいた。震災後、数十日しか経たない時期に、被災された方々に向かってじかにお話をするということで、とても緊張したのを憶えている。沿岸の集落で眼にした光景に言葉を失ったあと、こんどは館内に入り、図書館のカウンターに行列をなす人びとの姿にふれて、おもわず目頭が熱くなった。

続く強い余震への不安のなか、それでもじっとページに眼を落とす人びと。彼らはいくつもの異なる時間が分厚く折り重なる日常が、「被災」の時間へと有無を言わさず収束させられてゆくことに漠とした不安をおぼえ、それとは別の時間にしばしじぶんを漂わせておきたいと願ったのかもしれない。あるいは「被災」の経験とはかけ離れた場所からの声に一時ふれたいと思ったのかもしれない……。

その満席の図書館でふと思い起こしたのは、40数年前のじぶんであった。

はじめて東北を訪れたのは、19歳の夏だった。「大学闘争」とよばれる運動の渦中で、煮つまりというか塞ぎのようなものを感じ、ふと思い立って東北に向かった。寺山修司の詩や演劇に魅せられていたこともあったのだろう、まず下北の恐山へ向かい、そこから十和田湖、立石寺へと南下した。浅虫では、宿でお世話いただいた年配の女性のことばが一語も聞き取れなかった。山形では、財布が底をついたので駅のベンチで朝を迎えた。

旅から戻ったあと、しばらくして、青森出身の永山則夫による連続殺人事件を描いた新藤兼人監督の映画『裸の十九才』にうち震えたのは、おなじ19歳のわたしであった。大学の混乱のなかでもみくちゃになっていたわたしは、東北という地で、短いとはいえおよそ異質な時間のなかに身を置けたことで、じぶんを破裂させずにすんだ。

2014年2月

哲学の遠隔修業——微風旋風・2

わたしは京都で生まれ育ち、京都の大学で学んだ。

幼年時代に過ごしたのは、浄土真宗本願寺派の本山である西本願寺の近く。その裏手には島原という花街と、当時高校野球で全国制覇をしていた平安高校があった。放課後は、西本願寺の前の広い通りで野球をして遊び、龍の姿をしたお寺の手水で埃だらけの頭を洗い、参拝者向けの休憩所で温かいお茶をいただいてから、平安高校の野球部の練習をまぶしい面持ちで見学し、そして島原で駄菓子を買って分け合いながら帰路につく。それが日課だった。

大学に入ってメルロ＝ポンティという現象学者の書き物にふれ、いきなりぐいと引き込まれた。その思想の核にあるのは〈両義性〉や〈可逆性〉という発想だ。ものごとはつねに相対立する二つの契機のあやうい均衡のなかにあるという考えである。

毎日、夕刻にわたしが目撃していたもの、それの意味がかれの著作を読むなかでくっきり浮き彫りになった。幼いわたしには、あの豪奢なきものに身をくるみ、夜ごとご馳走をいただき、舞う若い芸妓さんがなぜ、近くのお宮で早く故郷に帰れるようにと願をかけているのか不思議だった。なぜ、あの貧相ないでたちの修行僧のことを祖母が「うちらが知らん幸福を知ったはる」と言うのか解せなかった。一つのものを見るとその反対のものが裏側に透けて見える、そういう癖を、こうしてわたしは知らず知らず身につけていったのだった。

だから、議論がくるくる裏返る難解なメルロ＝ポンティの書き物も苦痛ではなかった。メルロ＝ポンティの思考の癖をみごとに日本語に移した、木田元と滝浦静雄という、ともに仙台で学ばれた先生方による翻訳の文体が、ひどく心地よかった。そして東北大学・現象学トリオのもう一人、新田義弘先生には、その後、論文を書くたびに厚かましくも手紙でご指導をいただくこととなった。

仙台はわたしの哲学修業の原点、現象学のメッカだったのである。そして奇しくも、後年、大阪大学の総長に就任したその日の初仕事は、大阪ではなく仙台にての、東北大学創立百周年の記念式典への列席となった。

臨床哲学——微風旋風・3

2014年3月

大阪大学には、全国の哲学科でただ一つ、「臨床哲学」という講座がある。1998年に、それまでの「倫理学講座」の看板を付け替えた。その準備は、阪神・淡路大震災の半年後に開始したから、震災をきっかけに生まれた講座だと言えなくもない。

哲学を、孤独な思考としてではなく人びとの対話として実行すること。哲学の作業をなにかある理論の発明（あるいは解釈）としてではなく、さまざまな現場の人たちの智慧やふるまいから学びとる、そう、人びとのなかに「哲学」を発見する、そんなプロジェクトとしてやりなおすこと。

哲学はこの国では「研究」としてばかり取り組まれてきた。けれども哲学は、人びとの暮らしや社会の運営をしっかり支えるもの、支えてきたものであるはずだ。

ひとはどのような経験をしてきたかで、おなじものを見ていても見え方はそれぞれに違う。一人ひとりがその経験を、不安定なまま、不確定なまま、そっとみなの前に差し出し、みなでいっしょに考える。「なるほど、そんなふうに思うんだ」「こういう考え方もできないかな」とあれこれ揉む。不安定なまま、不確定なまま問題を差し出すのだから、どんなふうに受けとめられるか不安になる。けれどもみなに揉まれて、あるいはじぶんとは異なる他人のまなざしに促されて、それぞれにこれまでよりももっと見晴らしのよい場所に出ることができるようになる。

そのためには、ここでは何を言ってもきちんと受けとめてもらえるという安心感がまずは必要だ。そのためにわたしたちは、椅子の配置やたがいの呼称に工夫を重ねた。見知らぬ参加者にも「どこの所属?」などとは訊かない。

その大学院で学んだ学生が、仙台市内の大学に就職した。そして震災後、せんだいメディアテークで継続して「てつがくカフェ」を開いてきた。どのような被災を経験したかで、そしていま復興のどんな途上にあるかで、それぞれの思いも視点も大きく異なる。その人たちがそれでもこの場に集まり、このたびの震災をどう受けとめるか、ずっと掘り下げてきている。勇気ある行為だとおもう。

いのちの世話――微風旋風・4

2014年4月

出産、調理、排泄物処理、子育て、教育、看護、介護、看取り、葬儀、もめごと解決、防犯・防災など、生き延びるために一日たりとも欠かせない「いのちの世話」は、かつては地域社会でみなが共同して担ってきた。その知恵と技を世代から世代へとしっかり伝えてきた。

しかし、明治期以来の社会の《近代化》のなかで、わたしたちはそれを、官庁や自治体や企業によるケア・サービスにそっくり委託するようになった。医療サービス、教育サービス、流通サービス、司法サービス、行政サービスなどに、である。わたしたちの義務はかわりにそれらに税金やサービス料を支払うことになった。そのことで都市生活のクオリティは大いに上がった。

けれどもその代償として、わたしたちはじぶんたちの手でそれを担う能力をひどく損なってしまった。災害のときでも、たとえば雨や湧き水を飲料水に変えることすらできず、ペットボトルの到着を待つことしかできなくなった。「いのちの世話」についてのそんな無能力が、被災時にあらわになる。気づかぬうちに、わたしたち市民は、行政や企業から提供される手厚いサービスの消費者、つまりは顧客になり下がってしまっていた。

想像したくないが、福島での原発事故がもし別の地域でも断続的に起これば、わたしたちは難民としてこの国を去らざるをえないということもありうる。そのときはもちろんわたしたちが頼っているサービス・システムはもはや機能しない。それでも生き延びるためにどうしても必要なのは、人びとの「相互扶助」のしくみであろう。いざとなればたがいの「いのちの世話」をみずから担いうるような力量の回復であろう。

はじめに挙げたような「いのちの世話」の互助能力をふたたびみずからの手に回復するというのは、並大抵のことではない。それをかつて担った高齢の人たちの話をよく聴き、問題がどこにあるか意見を交わしながら、みなでこの事業に取り組む、その手法を開発すること。コミュニケーションと表現のわざを育む公共施設としてのせんだいメディアテークには、震災後、このようなミッションも加わった。

仙台と京都──微風旋風・5

2014年5月

ホームタウンは京都、勤め先はずっと大阪、個人としての仕事はほとんど東京、という状態が33年続いた。都市による空気の違いをたっぷり味わうという幸運に恵まれてきた。

そして、仙台市に毎月通うようになって1年が過ぎた。京都と仙台は街並みから料理までずいぶんちがう。なかでもとくに異なるのは、市民の社会活動。京都はたしかに町内会の力は強いけれど、NPOやボランティアなどの社会活動は仙台よりはるかに弱い。

どうしてなんだろうと統計をいろいろ調べてみて、面白いことを発見した。人口移動の特徴である。

京都市は学生数が人口の10人に1人を超える。2位の東京23区が18人に1人だから、全国でも突出して多い。仙台市は6位。だが他の都道府県から入学者を見ると、京都市は過半数を優に超えて1位、そして仙台市で過半数弱で2位である。ともにアウェーが多いのだ。

ところが、人口の移動率を見ると正反対。転出入率で仙台市は全国3位なのに対して、京都市は下位クラス。仙台市の人口は5年間で2割が入れ替わると市の職員の人から聞いたが、逆に学生以外の転出入がうんと低いのが京都市なのである。それで合点がいった。

京都のような古い都市や地方の過疎の町村というのは、成員のかなりの部分がたがいによく見知っていて、公共性を動かすにもしきたりという根強い型がある。それを改編するにはよほどの知恵と根気が要る。一方、大都市周辺の「ニュータウン」（巨大集合団地）も古いところは過疎化に見舞われ、新しく開発されたところは見知りの人がほとんどいない点で、これもまた公共的な活動を編んでゆくのに工夫が要る。

これに対し、政令指定都市でなおかつ人口移動率が高い仙台のようなところは、期間限定の市民が、旧市民と協働しておこなう社会活動のなかで、「他所ではこういうふうにやってるよ」というふうに、外からの情報、別の発想を持ち込む。そしてそのことが、公共的な意識や行動を活性化する要因の一つになっていると考えられる。

この連休はどっぷり仙台詰め。あいだにこの仮説をどこかで検証してみたい。

2014年5月

はなしの作法——微風旋風・6

おなじ関西といっても、京都と大阪では、人のあいだのバリアーというものに大きな差がある。京都では、他人の中にまで踏み込まない。というか、わたしなどはいまの場所に40年以上住んでいるのに、隣の家には玄関口までしか入ったことがない。一方、若いころ大阪ではじめて喫茶店に入って、いきなり、注文を訊くのではなく「あんた、その眼鏡どこで買うたん？」と訊かれ、「えらいとこ来たなあ」とため息をついたことがある。

それぞれ歴史の事情がある。まちの支配者がいつも外部からやってきて、しのぎを削ってきた京都では、表面的にはだれとも等距離でつきあうのが安全だったこと。一方、長らく徳川幕府の「天領」であり「天下の台所」でもあった大坂では、行政の実際を担うのは町人であって、まちのことは町人の談合で決めたし、さらには外から派遣された役人や中之島の蔵屋敷を司る藩士たちと日々、丁々発止のやりとりをする必要があった。

京都の人は「すましている」「お高くとまっている」と大阪人は言い、大阪の人は「えげつない」「わきまえがない」と京都人は言う。おたがい相手の弱いところを熟知しているので、京都人と大阪人が会話するとふだんの倍のスピードでけなしあう。それをそばで聞いた他所の人は、表情をこわばらせる。

けれども、けなしあっているのではなく、けなしあいを楽しんでいるのである。イントネーションの微妙な違いをまるで合唱のように楽しんでいるのである。いずれも斉唱というのが大嫌いなのだ。

じつはそういう会話には、おなじ関西人としての作法というものがある。たえず茶々を入れて会話に弾みをつけること。そして何でも言い切らないで、話が次に続くような終わり方をすること。これが、関西人が子どものときからしつけられてきたコミュニケーションの作法なのである。

仙台ではどうなのか。仙台に通うようになって一年になるが、まだそこのところが摑みきれていない。相手の言葉をいったん呑み込む、というところにその術の一端が出ているのかな、と探りを入れはじめている。つい気が急く関西人の、見習うべきこととして。

考えるテーブル――微風旋風・7

2014年6月

せんだいメディアテークには、《考えるテーブル》というプログラムがある。市民が企画した、だれにでも開かれた対話のセッションを、メディアテークがさまざまのノウハウや機材を提供しつつ支援している。現在も「てつがくカフェ@せんだい」や「ヤングファーマー農宴」など、11のプログラムが動いている。

わたしが何より楽しみにしているのは、そのセッションを後ろに立ってじっと見つめること。とりわけこの7月に第35回を迎える哲学カフェは、15年ほど前にわたしが大阪で大学の同僚たちと始めたものなので、それが遠く仙台でも活動として定着しているのを見るのはなんともうれしい。

セッションが終わったあと、たまにアンケートをとるのだが、「なぜ哲学カフェに参加しようと思いましたか」という質問に、「ほかにこのような場所がないから」と答えた人が過去に何名かおられた。

そう、まさにそうなのだ。

わたしたちの社会で友だちといえばたいていは同級生か同期生、つまりは同い年の人間だ。どうして20、30と歳の離れた友人がめったにもてないのだろう。それをずっと不思議に思ってきた。いやそもそも、時代の懸案から人生の悩みまで、大事な問題を老若男女が、いっときその社会的なポジションを離れて、膝をつき合わせ、議論するという場が、この社会にはない。70代の老人が高校生とたとえば「家族って何だろう」という問題を議論するなど、ほとんど想像できない。が、哲学カフェではそれが起こる。そして何度も語りあっているうち、その二人が友だちになることだってあるかもしれないのだ。

社会のなかにそういう思いがけない接線を引くこと、それを《考えるテーブル》はめざしている。そこに生まれた小さな隙間をこじ開けて、同時代に起こっているさまざまな問題や困難を解決する道筋をみずから紡いでゆく、そんな関係が生まれることを希《ねが》っている。そういうネットワークこそ、市民生活の足腰を強くするほんとうの力線になると信じている。

対話の可能性——あとがきに代えて

2013年7月

人と人のあいだには、性と性のあいだには、人と人以外の生きもののあいだには、どれほど声を、身ぶりを尽くしても、伝わらないことがある。思いとは違うことが伝わってしまうこともある。〈対話〉は、そのように共通の足場をもたない者のあいだで、たがいに分かりあおうとして試みられる。そのとき、理解しあえるはずだという前提に立てば、理解しえずに終わったとき、「ともにいられる」場所は閉じられる。けれども、理解しえなくてあたりまえだという前提に立てば、「ともにいられる」場所はもうすこし開かれる。

対話は、他人とおなじ考え、おなじ気持ちになるために試みられるのではない。語りあえば語りあうほど他人とじぶんとの違いがより微細に分かるようになること、それが対話だ。「分かりあえない」「伝わらない」という戸惑いや痛みから出発すること、それは、不可解なものに身を開くことなのだ。

「何かを学びましたな。それは最初はいつも、何かを失ったような気がするものです」（バーナード・ショー）。何かを失ったような気になるのは、対話の功績である。他者をまなざすコンテクストが対話のなかで広がったからだ。対話は、他者へのわたしのまなざし、ひいてはわたしのわたし自身へのまなざしを開いてくれる。

対話は、生きた人や生きもののあいだで試みられるだけではない。あの大震災の後、わたしたちが対話をもっとも強く願ったのは、震災で亡くした家族や友や動物たち、さらには、ついに〝損なわれた自然〟をわたしたちが手渡すほかなくなってしまった未来の世代であろう。そういう他者たちもまた、不在の、しかし確かな、対話の相手方としてある。

初出一覧

・濃霧の中の方向感覚――はじめに ●「考える人」２０１６年春号

1 社会 Society

・「摩擦」の意味――知性的であるということについて ●内田樹編『日本の反知性主義』（２０１５年）
・社会に力がついたと言えるとき ●内田樹編『転換期を生きるきみたちへ』（２０１６年）
・中間の消失 ●「学士會会報」第９０７号（２０１４年７月）
・「倫理」と「エチカ」 ●「中日新聞」２０１４年６月４日
・未来からのまなざし ●「中日新聞」２０１４年８月13日
・概念の誤差 ●「中日新聞」２０１４年10月22日
・方法を模索するかのように ●「中日新聞」２０１５年11月４日
・インターディペンデンス――となりの畑で ●「中日新聞」２０１６年４月６日
・命に近い仕事――「消費者」から「生活者」へ軸足を戻す ●「中日新聞」２０１６年５月11日
・サイズを考えなおす ●「中日新聞」２０１６年６月22日
・〈中景〉を厚くする ●「京都新聞」２０１７年９月17日
・納得のゆく仕事？ ●「中日新聞」２０１６年９月７日
・まっとうなワークを模索する？ ●「TOYRO BUSINESS」２０１７年４月号
・子どもとお金 ●「紫園」第18号（２０１６年２月）
・エリオットの炯眼 ●「中日新聞」２０１７年２月８日
・下がりゆく許容不能の水準 ●「中日新聞」２０１７年５月20日

・エクストラオーディナリーということ ●「京都新聞」2015年7月12日
・タウンの行方 ●「京都新聞」2018年7月8日
・〈安心〉の生まれる場所 ●「神戸新聞」2018年8月2日
・歴史の踊り場 ●「中日新聞」2018年7月7日

2 政治 Politics

・政治の話法 ●「中日新聞」2014年7月9日
・削がれゆく国家 ●「中日新聞」2015年1月12日
・デモクラシーの礎 ●「中日新聞」2015年8月19日
・「市民」とは誰か ●「中日新聞」2015年9月23日
・対話と方向感覚 ●「中日新聞」2017年10月7日
・ひとを「選ぶ」? ●「群像」2015年2月号
・「押しつけ」と「おまかせ」 ●「京都新聞」2014年3月23日
・政治の足許 ●「京都新聞」2014年5月18日
・言葉を養うもの ●「中日新聞」2018年8月4日
・言葉の倫理 ●「神戸新聞」2014年7月26日
・「真実」の後先 ●「中日新聞」2017年4月22日
・虚言と空言 ●「中日新聞」2018年6月9日
・憎しみと怒り ●「中日新聞」2018年4月14日
・噴きだす威力と暴力 ●「神戸新聞」2016年10月28日
・あそびの幅 ●「神戸新聞」2017年11月14日
・普通でありながら、すごく普通ではないこと ●岩波新書編集部編『18歳からの民主主義』(2016年)

3 文化 Culture

・なりふりをかまうということ ●「中日新聞」２０１５年２月18日
・精神の窪みを拓く ●「中日新聞」２０１５年６月10日
・「真剣」になるほかないとき ●「中日新聞」２０１５年７月15日
・正しい大きさの感覚 ●「中日新聞」２０１６年11月16日
・「落とし咄」の効用 ●「中日新聞」２０１７年７月15日
・「忘れないって知性なんです」 ●「中日新聞」２０１７年８月12日
・「つくる」と「つかう」 ●「神戸新聞」２０１７年５月12日
・使うことの痩せ細り ●「中日新聞」２０１７年11月４日
・「景観」から「景色」へ ●「中日新聞」２０１７年12月３日
・ユーモアの力 ●「中日新聞」２０１８年１月20日
・呼称をめぐって ●「中日新聞」２０１７年９月９日
・「生き残った」という思い ●「中日新聞」２０１８年２月17日
・匂いを残して…… ●「中日新聞」２０１８年５月12日
・もう一つのグローバル化 ●「京都新聞」２０１４年１月26日
・ある家訓 ●「京都新聞」２０１４年９月７日
・こころのアトム化 ●「京都新聞」２０１８年４月29日
・品位、あるいは人の弱さ ●「神戸新聞」２０１５年１月31日
・忘れまじ――まなざしの起点を未来に ●「神戸新聞」２０１７年８月５日
・「自由」の意味 ●「神戸新聞」２０１８年５月１日
・幸福論の幸不幸 ●「アステイオン」第79号（２０１４年５月）

4 教育 Education

- いくつもの時間 ●「日本経済新聞」２０１８年１月７日
- わたしの《ガラパゴス宣言》●「JOINT」No.22（２０１６年10月）
- ステージの袖で ●「京都新聞」２０１７年４月30日
- トラックより畦道を ●「中日新聞」２０１４年９月17日
- 学びの射程 ●「中日新聞」２０１５年５月６日
- 「ゆとり」再考 ●「中日新聞」２０１６年８月３日
- 知恵の働かせどころ ●「京都新聞」２０１５年２月８日
- 酷薄な国 ●「中日新聞」２０１５年12月９日
- ふぞろいの柿たち ●「中日新聞」２０１６年12月21日
- 喝采 ●「中日新聞」２０１６年１月20日
- 小出楢重の算術嫌い ●「京都新聞」２０１７年７月９日
- 生き存えるための知恵――家庭科教育の意味をめぐって ●「家庭科」２０１４年第４号
- 哲学の使い方 ●「京都新聞」２０１４年７月13日
- 哲学を開くために ●「神戸新聞」２０１４年１月25日
- いまどきの…… ●「神戸新聞」２０１４年４月26日
- 傷つきやすいという能力 ●「京都新聞」２０１５年12月13日
- 芯となるものを一つ ●「神戸新聞」２０１７年１月28日
- わからないものにわからないまま正確に…… ●「ミルフイユ」06号（２０１４年３月）
- ぶれとしての文体 ●池澤夏樹編『日本文学全集30　日本語のために』月報（２０１６年８月）
- 学問の曲がり角 ●「京都新聞」２０１７年２月19日
- 大学に求められていること ●「神戸新聞」２０１８年２月10日

・選択と分散 ●「京都新聞」2017年12月4日

・「グローバル教育」の空虚なかけ声？ ●「中日新聞」2014年2月5日

・教養と専門 ●「村田学術振興財団年報」（2017年）

・水平方向の教養 ●「中日新聞」2016年10月12日

・〈対話の場〉としての図書館 ●ビブリオバトルシンポジウム2016仙台「ビブリオバトルとコミュニティの深化」（2016年10月）

5 震災後のことば Literature after the Disaster

・記憶についておもういくつかのこと ●「ミルフイユ」07（2015年3月）

・制御不可能なものの上に――〝風化〟させてはならないこと ●「中日新聞」2014年3月12日

・〈語り〉の生成 ●「ミルフイユ」08（2016年3月）

・はじまりのごはん ●「中日新聞」2014年12月3日

・震災とアート ●「こころの未来」第17号（2017年7月）

・新しい「当事者」たちとの連帯――6度目のその日に寄せて ●「西日本新聞」「中國新聞」「京都新聞」「山形新聞」ほか（共同通信配給）2017年3月11日

・「厚い記述」――震災遺構をめぐって ●「中日新聞」2017年6月17日

・いちばん苦しかったスピーチ ●「京都新聞」2018年2月18日

6 身辺雑記 Memories

・閉ざした口のその向こうに ●「日本経済新聞」2016年8月14日

・ちりちりする思い出――「遅れてきた青年」の ●10・8山崎博昭プロジェクト編『かつて10・8羽田闘争があった』（2017年10月）

・空回りの日々 ●「本」2016年9月号

・オリザさんと同僚だった日々 ●「文藝別冊　平田オリザ」（2015年5月）

・アンダーパス ●「SINRA」2016年11月号

・ガラパゴス讃 ●「同窓会報」vol.61（京都市立芸術大学美術学部同窓会 象の会、2015年9月）
・驚愕の日々 ●「真声会会報」vol.61（京都市立芸術大学美術学部同窓会 真声会、2015年11月）
・生きものの十字路——わたしの住まい ●「週刊現代」2016年10月31日号
・あんかけ——有り難い味 ●「新世」2014年11月号
・エッセイを書く ●「かおり風景」vol. 30（2015年6月）
・「文」といういとなみ——「たしなみ」のかたち・1 ●「武道」2015年2月号
・ますらおぶりとたおやめぶり——「たしなみ」のかたち・2 ●「武道」2015年5月号
・「強い」と「弱い」——「たしなみ」のかたち・3 ●「武道」2015年8月号
・しんがり——「たしなみ」のかたち・4 ●「武道」2015年11月号
・一本の太い筋——「たしなみ」のかたち・5 ●「武道」2016年2月号
・負けるということ——「たしなみ」のかたち・6 ●「武道」2016年5月号
・「楽」とアート——「たしなみ」のかたち・7 ●「武道」2016年8月号
・ふるまいを整える——「たしなみ」のかたち・8 ●「武道」2016年11月号
・はじめての東北行き——微風旋風・1 ●「河北新報」2014年1月9日
・哲学の遠隔修業——微風旋風・2 ●「河北新報」2014年2月6日
・臨床哲学——微風旋風・3 ●「河北新報」2014年3月6日
・いのちの世話——微風旋風・4 ●「河北新報」2014年4月3日
・仙台と京都——微風旋風・5 ●「河北新報」2014年5月1日
・はなしの作法——微風旋風・6 ●「河北新報」2014年5月29日
・考えるテーブル——微風旋風・7 ●「河北新報」2014年6月26日
・対話の可能性——あとがきに代えて ●《対話の可能性　世界夢／霧》展ちらし（せんだいメディアテーク、2013年7月）

鷲田清一《わしだ・きよかず》

1949年京都府生まれ。京都大学大学院文学研究科博士課程修了。大阪大学教授、大阪大学総長などを歴任。現在、京都市立芸術大学理事長・学長、せんだいメディアテーク館長。哲学・倫理学を専攻。89年『分散する理性』（のち『現象学の視線』に改題〔講談社学術文庫〕）と『モードの迷宮』（ちくま学芸文庫）でサントリー学芸賞、2000年『「聴く」ことの力』（阪急コミュニケーションズ／ちくま学芸文庫）で桑原武夫学芸賞、12年『「ぐずぐず」の理由』（角川選書）で読売文学賞を受賞。他の著書に『ちぐはぐな身体』（ちくま文庫）、『「待つ」ということ』（角川選書）、『〈ひと〉の現象学』（筑摩書房）、『おとなの背中』（角川学芸出版）、『パラレルな知性』（晶文社）、『哲学の使い方』（岩波新書）、『しんがりの思想』（角川新書）、『まなざしの記憶』（写真・植田正治、角川ソフィア文庫）、『素手のふるまい』（朝日新聞出版）などがある。

濃霧《のうむ》の中《なか》の方向感覚《ほうこうかんかく》

2019年2月5日　初版

著者　鷲田清一

発行者　株式会社晶文社

東京都千代田区神田神保町1-11　〒101-0051

電話　03-3518-4940(代表)・4942(編集)

URL http://www.shobunsha.co.jp

印刷・製本　中央精版印刷株式会社

ISBN978-4-7949-7066-4 Printed in Japan